LA GLOIRE DU SEXE
LES FEMMES ILLVSTRES
Auecq Priuilege du Roy

LES FEMMES ILLVSTRES

OV

LES HARANGVES HEROYQVES,

DE

Mr DE SCVDERY.

SECONDE PARTIE.

A PARIS,

Chez TOVSSAINCT QVINET, & NICOLAS DE SERCY. au Palais.

M. DC. XLIIII.

AVEC PRIVILEGE DV ROY.

AVX DAMES

L est certain que toutes les promesses doiuent estre inuiolables: mais lors qu'elles sont faites aux Personnes comme vous, elles doiuent estre Sacrées. Ce qui n'est qu'infidelité en toute autre rencontre, est sacrilege en celle cy: & quoy que les menteurs de l'Antiquité, ayent dit que les Dieux se moquent des sermens qu'on vous fait, ce crime ne demeu-

re pas si absolument impuny qu'ils disent ; puis que la honte & le repentir, sont les châtimens infaillibles, d'vne action si basse & si lâche. C'est donc, ILLVSTRES DAMES, pour ne tomber pas moy mesme, dans l'erreur que ie condamne aux autres, & pour m'aquiter de ce que ie vous auois promis, que ie fais voir le iour à cette Seconde Partie de mes HARANGVES HEROIQVES. Elles ont (comme les premieres) la Gloire de vostre Sexe pour objet : & c'est par elles que ie tâche, d'acheuer l'Arc de Triomphe que i'ay Consacré à cette Gloire, en y adioustant vn Trophée, aussi superbe que glorieux ; puis qu'il est composé des Armes, des Sceptres, & des Couronnes, de

tant

plus d'vne fois, receuez ce dernier Preſent comme l'autre, & d'auſſi bon cœur qu'il vous eſt offert.

TABLE DES HARANGVES
contenuës en ce Volume.

TABLE DES SVIETS DE CES Harangues.

Que l'absence est pire que la Mort.
Que la haine ne doit point aller au delà du Tombeau.
Que les aparences sont trompeuses.
Que la Mort est plus facheuse en la Personne aimée qu'en soy mesme.
Que tout est permis en l'Amour comme en la Guerre.

Fautes d'Impression.

Page 3. ligne 12. il faut vn poinct au lieu d'vne virgule.
Page 25. ligne 2. de, lisez des.
Page 75. ligne 13. deliurée, lisez deliuré.
Page 114. ligne 1. souuenir, lisez le souuenir.
Page 124. ligne 7. qne, lisez que.
Page 133. ligne 15. conserur, lisez conseruer.
Page 165. ligne 2. quant, lisez quand.
Page 175. ligne 5. chaigez, lisez chargez.
Page 296. ligne 19. contiuel, lisez continuel.
Page 314. ligne 23. la Sepulture, lisez ta Sepulture.
Page 331. ligne 9. tronué, lisez trouué.
Page 350. ligne 17. de le contenter, lisez de les contenter.
Page 353. ligne 3. amouroux, lisez amoureux.
Page 367. ligne 7. suffire, lisez suffire.
Page 376. ligne 22. fortnne, lisez fortune.
Page 378. ligne 23. i'aye, lisez l'aye.
Page 413. ligne 9. vons, lisez vous.
Page 447. ligne 3. monrir, lisez mourir.
Page 456. ligne 3. manquent, lisez manque.
Page 466. ligne 1. fuuestes, lisez funestes.
Page 487. ligne 25. ennems, lisez ennemis.
Page 488. ligne 17. fi, lisez si.
page 493. ligne 3. mouroient, lisez mourroient.
page 517. ligne 1. il faut vne virgule au lieu d'vn poinct.
page 530. ligne 4. passionniz, lisez passionnez.
page 548. ligne 10. vn vrne, lisez vne vrne.
page 558. ligne 24. malheurense, lisez malheureuse.
page 575. ligne 15. tonte, lisez toute.
page 671. ligne 15. commes, lisez comme.

ARGVMENT.

COmme les Grecs s'enretournoyent en leur Païs, apres la prise de Troye, l'Ombre d'Achille s'aparut à eux, qui d'vne voix espouuentable & menaçante, leur reprocha leur ingratitude & leur oubly; & leur dedemanda en fin, pour recompense de ses grands exploits, & de la vie qu'il auoit perduë en ce long & fameux Siege d'Illion; que Polixene fille de Priam, dont il auoit esté amoureux, fust sacrifiée sur son Tombeau, Quoy que cette demande fust infiniment cruelle, la crainte d'vn Mort que les Grecs auoient tant redouté viuant, luy fit obtenir ce qu'il demandoit: de sorte que Pirrhe son fils la fut prendre, pour l'immoller aux impitoyables Mannes de son

Pere. Et ce fut en ce funeste instant, où nous supposons que cette belle & genereuse Princesse, luy fit le discours que vous allez voir, par lequel elle pretendit luy prouuer, QVE LA MORT VAVT MIEVX QVE LA SERVITVDE.

POLIXENE
C'est icy que la Victime
Meriteroit un Autel;
Tombant sous le coup mortel,
Et jeune, et belle, et sans crime.
Auecq priuilege du Roy

POLIXENE A PIRRHE.

NE craignez pas que le deſir de la Vie, me face auoir recours à des larmes, pour exciter la compaſſion en voſtre ame : le cœur de Polixene eſt trop grand pour craindre la mort; & ſon eſprit eſt trop raiſonnable & trop genereux, pour ne la preferer pas à la ſeruitude. Ceux que l'on fait deſcendre du Thrône auec violence, ne doiuent point aprehender de deſcendre au Tombeau : il vaut mieux qu'ils ceſſent de viure, que de commencer d'eſtre Eſclaues; & il vaut mieux n'eſtre rien du tout, que de ſuruiure à ſa gloire & à ſon bonheur. Ne craignez donc pas, que la Victime s'eschape du pied de l'Autel; elle souhaite la mort, que vous luy allez donner; elle voit sans frayeur le coûteau qui luy doit percer le sein; & l'Ombre d'Achille ne demande pas la fin de sa vie auec plus d'ardeur, qu'elle la demande elle-mesme. Qu'atendez vous donc, pour acheuer cette funeste ceremonie? il n'est point besoin de s'amuser à tous les aprêts d'vn Sacrifice ordinaire; car ie ne pense pas qu'il y aye aucun des Dieux qui puisse receuoir fauorablement, celuy que vous allez faire en ce iour. La Victime est pure & innocente, ie l'aduouë; mais si ie ne me trompe, elle noircira la main qui respandra son sang; le Sacrificateur deuiendra criminel; & le Sacrifice ne sera auantageux, qu'à la Victime seulement. Mais que fay-je en cette occasion! il semble à m'entendre parler de cette sorte, que ie veuille retenir le bras qui me doit fraper! Non Pirrhe, ce n'est pas mon dessein; au contraire, ie cherche à vous irriter, afin de haster ma mort. Ie voy auec impatience & auec inquietude; que ma naissance, ma jeunesse,

nesse, & ma condition presente, vous inspirent quelques sentimens de tendresse : ie crains mesme que ma constance ne vous donne de la compassion ; & i'aprehende en fin, tout ce qu'vne moins genereuse que moy desireroit. Mais souuenez-vous, pour ne vous laisser pas fléchir à la pitié, que vous estes Grec, que ie suis Troyenne, que vous estes fils d'Achille, que ie suis fille de Priam, & sœur de Paris ; qui pour vanger la mort du genereux Hector, tua ce cruel Achille vostre Pere & mon ennemy. Car que l'on ne me die point qu'il estoit deuenu mon Amant, depuis le funeste iour qu'il me vit aux funerailles de mon frere ; & que mesme, c'est encor par vn sentiment d'affection, que son Ombre veut que l'on me sacrifie sur son Tombeau : non Pirrhe, non, Achille ne fut que mon ennemy, & ne fut iamais mon Amant : du moins sçay-je bien, que i'aime mieux estre sa Victime, que d'auoir esté sa Mestresse. Les yeux de Polixene seroient coupables, s'ils auoient pû donner de l'amour au meurtrier de son frere : & elle s'estimeroit tres-malheureuse, si on la pouuoit soupçonner, d'auoir contribué quelque chose, pour vne semblable conqueste. I'ay souhaité de luy percer le cœur, ie l'aduouë; mais non pas de me l'assujetir : i'ay desiré sa mort, & non son amour; & i'ay en fin eu pour luy toute la haine que l'on peut auoir, pour l'ennemy de son sang, pour le destructeur de sa Patrie, & pour le meurtrier d'Hector. Que si toutefois vous voulez publier par toute la Terre, que le Vainqueur du Grand Hector a esté vaincu, non pas par la beauté de Polixene, mais par sa douleur seulement; publiez aussi que Polixene n'a pas esté vaincuë par les submissions d'Achille; que les larmes qu'il a respanduës, n'ont point effacé le sang que son frere auoit respandu par sa main; & que lors que Priam & tous les Princes de Troye, ont voulu pour le salut public, l'immoller à la passion d'Achille, afin d'obtenir la paix; publiez, dis-je, qu'elle s'y est opposée de toutes ses forces; qu'elle n'y a iamais consenty; & que la mort qu'elle se prepare à receuoir en ce iour, est la seule complaisance qu'elle a iamais euë, pour la passion d'Achille. O Dieux, qui vit iamais vne telle marque d'amour, que celle que ie reçoy presentement? Achille (à ce qu'on dit) fut Amant de Polixene; mais voyons vn peu quels tesmoignages il luy a rendus, de la passion & du respect qu'il a eus pour elle. Tant qu'il a vescu, il n'a employé sa Valeur, que contre tout ce qu'elle a aimé, & contre tout ce qu'elle a dû aimer: ie l'ay veu, ce cruel Achille, poursuiure tous les miens auec vne opiniastreté, qui tenoit plus de la fureur, que du veritable courage. Ie l'ay veu cent fois du haut de nos Ramparts, tremper ses mains dans mon sang. Mais, ô pitoyable spectacle! ie l'ay veu combatre le vaillant Hector, ou pour mieux dire, i'ay veu les Dieux irritez contre nous, se seruir de son bras pour surmonter celuy qui surmontoit tous les autres. Oüy, i'ay veu tomber l'inuincible Hector sur la poussiere, par la volonté du Ciel: mais par la seule cruauté d'Achille, i'ay veu cet Achille, non seulement combatre mon frere, non seulement luy faire perdre la vie, mais ie l'ay veu par vne inhumanité qui n'eut iamais d'exemple, outrager le corps de son Ennemy tout mort qu'il estoit. Ie l'ay veu se charger de ses despoüilles; ie l'ay veu luy faire des blessures, qu'il ne pouuoit plus ressentir; ie l'ay veu atacher à son Char, celuy qui ne deuoit aller que dans vn Char de Triomphe; ie l'ay veu faire trois fois le tour de nos murailles, traisnant cet Illustre Heros lié par les pieds, & la teste pendante dans la poussiere & dans le sang. Mais que dis-je! Polixene a-t'elle pû voir toutes ces choses sans mourir! ou ce qui est le plus estrange, Polixene a-t'elle pû donner de l'amour, au plus cruel de ses Ennemis? Ouy, Polixene a vescu, & ses larmes à ce qu'on dit, ont attendry le cœur de l'impitoyable Achille. Il a pleuré comme elle, aux funerailles d'Hector; il a souhaité la paix auec Priam, & luy a demandé sa fille. Mais dans ce mesme temps, (ô prodige d'extrauagance, aussi bien que de cruauté!) il a encor vne fois trempé ses mains dans le sang des freres de cette infortunée, dont il vouloit faire sa femme ; il a tué Troile de cette mesme main dont il a tué Hector; & de cette mesme main, il vouloit apres receuoir Polixene pour son espouse, si elle eust esté assez lâche pour y consentir. Sont-ce là des marques d'amour ou de haine? est-ce vn Amant ou vn Ennemi, qui agit de cette sorte? ou pour parler plus veritablement, ne sont-ce pas les actions d'vn furieux & d'vn insensé? pour moy, ie vous le confesse, toutes ces choses me sont incomprehensibles : car si Achille n'estoit que mon Ennemy, pourquoy pleurer aux funerailles d'Hector? & s'il estoit deuenu mon Amant, pourquoy déchirer encor vn de mes freres, auec vne cruauté de Tigre? Mais ce qui m'estonne & ce qui m'outrage le plus, c'est qu'il aye pû s'imaginer, que ie fusse capable d'escouter ses pleintes & ses soûpirs ; d'oublier la mort de mes freres ; d'estre la Mestresse de leur ennemy, & la femme de leur meurtrier. Cette pensée est si injurieuse pour Polixene, qu'elle ne peut mesme comprendre, qu'elle puisse estre tombée dans le cœur d'Achille, tout inhumain qu'il estoit. Elle ne peut dis-je s'imaginer, qu'il aye pû croire, que la Sœur d'Hector fust assez lâche pour cela: car quand il n'auroit esté que son aduersaire, comme tous les Grecs le sont, elle n'auroit pas crû facilement, qu'il eust eu de l'amour pour elle; & n'auroit iamais consenty à son injuste passion. Iugez donc, si apres tout ce que ie viens de dire, elle a pû se persuader, qu'Achille aye esté son Amant, & moins consentir à son amour? Mais voyons vn peu les sentimens qu'il conserue pour elle dans son Tombeau: C'est là, que les Grecs & les Troyens, doiuent finir leurs differens; c'est dans la Sepulture que tout le monde se trouue de mesme party, & que l'amour & la haine doiuent cesser; cependant, il se trouue qu'Achille n'est pas satisfait, de la ruine entiere de l'Empire de Priam. L'embrasement de Troye, n'est pas vn Bucher assez fameux pour ses Funerailles; & ses Manes ne sont pas contentes, de tout le sang que les Troyens ont respandu. Il faut que ses Cendres soyent arrosées de celuy de Polixene: & pour marque de l'amour qu'il a euë pour elle, il faut que ſon fils ſoit ſon Bourreau; & que n'ayant pû eſtre ſa femme, elle deuienne ſa Victime: Certes, pour aimer de cette ſorte, il faut eſtre Grec, & Achille tout enſemble. Ne penſez pourtant pas que ie me pleigne, de cette cruelle procedure; au contraire, ie rends graces aux Dieux, de la bonté qu'ils ont, d'acourcir ma chaine par cette voye: en l'eſtat qu'eſt ma fortune, la mort ne peut que m'eſtre tres-auantageuſe: mais pour me la rendre agreable, on ne pouuoit mieux choiſir, que de me faire perdre la vie, ſur le Tombeau d'Achille. C'eſt mourir en triomphant, que de mourir de cette ſorte; c'eſt voir ſon Ennemy à ſes pieds; c'eſt eſtre vangé de tous les outrages que l'on a receus; & c'eſt remonter ſur le Thrône, que de deſcendre au Cercueil de cette maniere. Que ſi malgré moy, vous voyez quelques marques de triſteſſe ſur mon viſage, ne penſez pas que ce ſoit vn effet de ma crainte, & de la douleur que i'ay de perdre la vie; au contraire, i'en ay de la joye. Mais s'il m'est permis de dire tout ce que ie sents; la seule pensée de l'affliction qu'en receura la malheureuse Hecube, est ce qui fait toutes mes inquietudes. Elle m'a fait naistre sur le Thrône, & ie la laisse mourir dans les fers; ie vay recouurer la liberté, & ie la laisse dans la seruitude; & lors que ie luy tiens lieu de Mary, d'Enfans, & d'Empire; Ie la priue de toutes ces choses, en la priuant de la consolation qu'elle rencontre en moy seule, & qu'elle ne peut trouuer ailleurs. Hé veuille le Ciel mesurer sa constance à ses malheurs, ou acourcir ses iours, pour acourcir ses infortunes. Helas, est-il possible, que ie ne puisse rien souhaiter de plus auantageux, pour celle qui m'a fait voir la lumiere, que de la voir dans la Sepulture? Non, il n'est point de puissance au monde, qui puisse la rendre moins malheureuse: & les Dieux mesmes, ne pouuant reuoquer le passé, ne peuuent luy acorder de fort plus fauorable, que de luy donner la mort, auant qu'elle aprenne la mienne. Car ie ne doute point, encor que ie fusse assurée, de passer

ma

ma vie dans l'Esclauage, que cette infortunée Princesse, ne me regrette auec autant d'affliction, que si en perdant la clarté, ie perdois toutes les Couronnes du Monde. Les sentimens de la Nature, seront plus puissans en elle que ceux de la raison; & le dessein d'acroistre ses desplaisirs, fera qu'elle ne trouuera rien qui la doiue consoler de ma perte, que l'esperance de la sienne. Du moins, Prince à qui ie parle, n'ayez pas l'inhumanité, de luy refuser le corps de sa fille, ou de ne le luy acorder, qu'en vous en payant la rançon. Car que vous pourroit donner vne Reine, dont l'Empire est destruit, dont la Ville est embrasée, & à laquelle il ne reste en partage, que les Cendres de ses Enfans? tant qu'elle a eu des Thresors, elle les a donnez prodigalement, pour retirer les corps de ses fils, d'entre les mains du cruel Achille: mais aujourd'huy qu'il ne luy demeure rien de tout ce qu'elle a eu, que le souuenir de son bonheur passé, afin d'augmenter son malheur present; contentez-vous de ses larmes. C'est la seule rançon que vous deuez exiger d'elle; & la ſeule qu'elle vous peut payer. Que ſi la compaſſion n'eſt pas entierement eſteinte en voſtre ame, vous trouuerez que les larmes des Princeſſes malheureuſes, ſont d'vn prix ineſtimable: que les prieres qu'elles font chargees de chaines, ne doiuent point eſtre refuſées, quand elles ne ſont pas injuſtes: & que les Eſclaues qui ont porté des Couronnes, ne doiuent point eſtre traitées auec inhumanité. Permettez donc à la malheureuſe Hecube, de mettre au Tombeau, tous ceux qu'elle a mis au monde: redonnez luy le corps de Polixene, quand Polixene ne ſera plus: & ne refuſez pas cette funeſte grace, à celle dont vous auez enuahy le Royaume, tué les enfans, & poignardé le Mary. Prenez garde qu'en vſant mal de la victoire, vous ne meritiez de trouuer vn iour des Vainqueurs rigoureux, comme vous l'aurez eſté. Les Dieux qui nous opriment aujourd'huy, ſe laſſeront peut-eſtre de vous proteger & de nous nuire; & peut-eſtre encor, que le ſang que ie m'en vay reſpandre, ſera plus fauorable aux Troyens qu'aux Grecs. Ne meſpriſez donc pas les conseils que ie vous donne, quoy que ie sois vostre ennemie: & respectez en la personne de ceux que vous auez vaincus, ceux qui certainement eussent esté vos Vainqueurs, si le Ciel eust secondé leur courage. Pour moy, qui n'ay plus autre part à la vie, que celle de mourir auec constance, & d'vne maniere qui ne soit pas indigne de tant d'illustres Heros dont ie suis descenduë; ie vous demande pourquoy vous n'acheuez pas promptement, ce que vous auez dessein d'executer? attendez-vous que l'Ombre du cruel Achille, ressorte encor vne fois des Enfers, pour vous redemander Polixene? où croyez-vous me rendre la mort plus cruelle, en me la faisant attendre long-temps? quoy qu'il en soit, hastez vous de satisfaire, & Achille, & Polixene tout ensemble. Si vous atendez dauantage, peut-estre que la pitié vous surprendra; peut-estre que tous les Esclaues Troyens rompront leurs chaines pour me deliurer; peut-estre mesme, que les Grecs aimeront mieux me voir captiue, que me voir mourir; leuez donc le bras, & m'enfoncez le poignard dans le cœur : ie vous presente le sein; & sans crainte comme sans regret, ie me resous à ma perte. Ne preparez donc ny fers ny cordeaux pour me retenir : ie n'ay garde de fuir ce que i'irois chercher : & il n'est pas dificile, de sacrifier vne Victime, qui s'offre volontairement; & qui se seroit sacrifiée elle-mesme, si elle en eust eu le pouuoir. C'est la moindre grace que l'on puisse accorder à vne Princesse, que de mourir libre : comme fille de Priam, & comme Sœur d'Hector, ie dois obtenir ce que ie demande : car qu'importe à l'Ombre d'Achille, si i'ay des liens, ou si ie n'en ay pas; pourueu que ie respande tout mon sang; pourueu que i'expire sur ses Cendres, & qu'en fin ie demeure au pouuoir de la mort? Mais que cette cruelle Ombre ne s'imagine pas, que la mienne soit sa compagne, dans les tenebres du Tombeau : non, ie seray tousiours, sa plus mortelle ennemie. I'iray, (si les Dieux me le permettent,) errer de Cercueil en Cercueil, à l'entour des ruines de Troye, pour chercher les Sepultures de mes Parens : & m'atachant inseparablement à l'Ombre d'Hector, Achille verra lors, si le cœur de Polixene estoit genereux; s'il estoit capable d'escouter ses pleintes, & de respondre à sa passion; ou si plustost, elle n'estoit pas digne Sœur d'Hector, & digne Fille de Priam. Helas, pourquoy faut-il que les Cendres d'Illion, couurent les Cendres de tant d'illustres Personnes? Plût aux Immortels, que le sang que Polixene va respandre, pêt les retirer de dessous ces fameuses ruines, & que sa mort pût leur redonner la vie. Mais il n'est plus temps de faire des vœux inutiles: les Dieux ne changent pas leurs resolutions; & le Destin de Troye, ne se peut plus reuoquer. C'est à nous seulement à subir ce que le Sort nous ordonne: & soit que nous soyons vaincus, ou que nous soyons Vainqueurs, nous sommes esgalement obligez d'obeïr sans murmurer, & de receuoir d'vn visage égal, le bonheur ou l'infortune. C'est par ces sentimens (ô Prince, & Sacrificateur tout ensemble,) que ie demeure si tranquile, aux aproches de la mort, que si ie ne me trompe, ie voy plus d'inquietude dans vos yeux, que vous n'en voyez dans les miens. Car il y a cette difference, entre ce que vous allez faire, & ce que ie fay ; que i'obeis au Ciel, & que vous obeïssez à l'Ombre du cruel Achille, qui veut qu'on luy sacrifie celle qu'il a voulu faire croire qu'il aimoit, pendant qu'il a vescu parmy nous. Mais, ô Dieux, quelle pouuoit estre sa haine, puis que son amour produit la mort de la personne aimée ? a t'on iamais entendu parler d'vne semblable chose ? C'est sans doute vn sentiment, sinon genereux, au moins ordinaire & naturel, que de n'estre pas fasché, de la mort de ses Ennemis : mais de la desirer à ceux que l'on aime, c'est ce qui est contre la raison & contre la Nature, & c'est ce que tous les Siecles, & toutes les Nations n'ont iamais veu. Aussi suy-je fortement persuadée, que c'est plus par haine que par amour, que ie descends au Tombeau. Tant qu'Achille a vescu, il a souhaité que ie fusse son Esclaue : & maintenant qu'il a cessé de viure, il veut que ie sois sa Victime. Satisfaisons cette derniere enuie, puis que nous le pouuons sans honte : Et resioüissons nous de n'auoir esté, ny sa Femme, ny sa Mestresse, ny son Esclaue. Quiconque sort de la vie auec gloire, doit tousiours s'estimer heureux ; principalement quand on sort de la chaine en sortant du monde. Qu'importe si on desnoüe les liens qui nous attachent, où si on les rompt ? quoy qu'il en soit, c'est tousiours estre en liberté. Soyez donc mon Liberateur, & ne craignez pas qu'en vostre particulier, ie vous souhaite aucun mal. La main qui me deliurera, ne peut que m'estre tres agreable : & celuy qui m'empeschera d'estre Captiue, ne peut estre hay de moy. Mais que fay-je ! & que dis-je ! malheureuse que ie suis ! ie ne songe plus à qui ie parle. Celuy que ie voy, non seulement est Grec, non seulement est mon Ennemy, non seulement est le Fils d'Achille, non seulement est mon Sacrificateur ; mais il est encore le Bourreau de mon Pere. Non, Pirrhe, ce n'est ny comme Grec, ny comme mon Ennemy, ny comme Fils d'Achille, ny comme mon Sacrificateur, que ie vous regarde, lors que ie change de pensée, & que ie fay des imprecations contre vous ; mais c'est parce que vous auez esté le meurtrier de mon Pere. Quoy, Pirrhe, vous pûstes poursuiure opiniastrement, ce venerable Vieillard, iusques au pied des Autels, où il fut chercher vn azile, pour luy mettre vn poignard dans le cœur ! La main ne vous trembla-t'elle point, à l'aspect de ce grand Prince, Pere de tant de Heros ? elle le deuoit certainement ; mais qui ne reuere point les Dieux, ne sçait pas respecter les hommes. Ha certes, cette action vous a acquis beaucoup de gloire : & c'est vne chose fort difficile à faire, que de tuer vn Prince accablé d'années, de foiblesse, & de malheur : & qui ne cherche sa deffence, qu'en la protection des lieux sacrez, qui doiuent estre inuiolables. Il me semble qu'il n'estoit point besoin, de noircir vostre bras & vostre nom, par vne action si barbare : la flame qui a consumé nostre Ville toute entiere, suffisoit pour faire perdre la vie, à ce dêplorable Roy : & le moins que vous pouuiez faire, estoit de souffrir que son

Palais fust son Bucher. Mais vous estes trop scrupuleux obseruateur de cruautez d'Achille, pour ne les imiter pas exactement. Ce n'estoit point assez que d'vsurper vn Empire, & que d'embraser Illion : il faloit prophaner les Autels ; il faloit les arroser de sang humain ; & mesme il ne faloit pas encor, que ce fust d'vn sang vulguaire. Il faloit que le plus Noble sang de toute la terre y fust respandu ; il faloit fouler aux pieds, vne personne Royalle ; & mespriser en elle, & auec elle, tout ce qu'il y auoit de Saint & de Sacré, dans nos Palais & dans nos Temples. Apres vne action si desnaturée, i'auois tort de craindre, que la pitié ne s'emparast de vostre ame, & ne differast mon suplice : C'est vn sentiment que les Grecs en general ne connoissent point, & dont le Fils d'Achille n'a garde d'estre capable. Ce poignard que ie vous voy à la main, & dont vous m'allez percer le cœur, est peut-estre le mesme, qui a trauersé celuy du Roy mon pere. O spectacle funeste ! ô trop rigoureux suplice ! pourquoy faut-il que ie n'aye pas pery dans les flames qui ont deuoré tant d'Illustres personnes; & que i'aye esté reseruée, à voir de si épouuentables choses? Suy-je coupable du crime d'Helene, ou de la faute de Paris? non, Polixene est innocente; & si elle a suruescu à tant d'infortunes, c'est pour mourir auec plus de constance, & auec plus de gloire aussi : c'est pour faire voir aux Grecs, qui ne sont pas venus à ce Siege, quels pouuoient estre les Fils de Priam, puis que ses Filles mesmes sçauent affronter la mort sans la craindre. Si ces flames qui ont embrasé Troye, eussent acheué mon Destin, ie n'aurois point eu de tesmoins, des derniers sentimens de mon ame : La Posterité eust peut-estre pû douter, de la vertu de Polixene : & elle eust pû croire, que puis qu'Achille auoit eu la temerité, apres auoir desolé sa Patrie, & tué ses freres, de la demander pour sa femme, & de dire qu'il en estoit amoureux; qu'elle n'auoit pas agy comme elle deuoit, en vne si fascheuse rencontre. Mais de la façon qu'est la chose, ie meurs en publiant, que ie suis l'ennemie d'Achille, que ie l'ay tousiours esté, & que ie la ſeray eternellement. Que l'Ombre de ce cruel, reſſorte encor vne fois du Sepulchre; qu'elle aparoiſſe à tous les Grecs; & qu'elle leur die, ſi Polixene s'eſloigne de la verité. Pour iuſtifier ce qu'elle dit, il ne faut que conſiderer, l'animoſité qu'il conſerue pour elle apres ſon treſpas: & l'on connoiſtra aiſément, celle qu'elle a touſiours euë pour luy tant qu'il a veſcu. Car quoy que tout ce qui vient des Grecs, doiue eſtre ſuſpect aux Troyens, cette aparition d'Achille, n'eſt point vne fourbe d'Vliſſe, comme le fut celle qui fit prendre noſtre Ville; Non, c'eſt vne haine veritable, qui la fait ſortir du Tombeau pour m'y faire entrer: & cette Ombre ſanguinaire, n'a reueu la clarté du iour, qu'afin de me la faire perdre. Que tardez-vous donc, ô Prince indigne de ce nom, & pourquoy n'acheuez-vous pas, ce funeſte Sacrifice? reſpectez-vous plus la fille, que vous n'auez fait le Pere? & la main vous tremble-t'elle pluſtoſt, à poignarder Polixene, qu'à maſſacrer le déplorable Priam? eſcoutez cette voix ſouterraine, qui ſort du creux de ce grand Sepulchre, auec vn ton si effroyable, & qui vous commande en vous menaçant, de m'immoller à sa fureur. Voyez cette terre qui s'entr'ouure; voyez cette Ombre d'Achille qui m'aparoit; ou pour mieux dire, Achille luy-mesme, qui va quiter son Cercueil. Il est pasle & défiguré; la terreur esclate en ses yeux tous esteinds qu'ils sont; & ie le voy tel qu'il me parut, le funeste iour que ie luy vy combatre Hector; si ce n'est que la mort (& peut-estre le remors de ses crimes) luy a fait changer de teint. Voyez, Pirrhe, voyez ce fantosme hideux, qui s'esleue peu à peu; & qui joignant à son action menaçante, vne voix espouuentable, vous ordonne pour la derniere fois, de luy Sacrifier Polixene. Faites disparoistre cette Ombre en luy obeïssant; la Victime est preste, vous auez le poignard à la main, & vous estes acoûtumé, à respandre le Sang Royal. Frapez donc; comme vostre Esclaue, ie vous en conjure, & comme fille de Roy, ie vous le commande.

EFFET
DE CETTE HARANGVE.

CEtte belle & mal-heureuse Princesse, tira des larmes de tous les Grecs: Pirrhe luy-mesme en fut esmû; & ses yeux ne pûrent voir, le crime que sa main commit. Il la frapa toute-fois, le Barbare qu'il estoit: & cette ieune & déplorable personne, eut tant de pudeur, que mesme en tombant, frapée du coup de la mort, elle eut soin de porter les mains sur sa robe, de peur qu'apres son trépas, quelque action indecente, n'offençât sa modestie.

BRADAMANTE
A
ROGER.

SECONDE HARANGUE.

ARGVMENT.

TOut le monde ſçait que Roger vainquit Bradamante, ſous les armes de Leon; & que Leon, luy redonna ſa Meſtreſſe: Mais aucun ne s'eſt eſtonné, (au moins de ceux dont les ſentimens ſont publics,) qu'apres vne action ſi extraordinaire, comme eſtoit celle de combatre pour ſon Riual, contre la perſonne aimée; Bradamante non ſeulement épouſa Roger, mais ne luy en fit aucun reproche. Elle va donc icy luy dire en proſe, ce que l'Arioſte ne luy a point fait dire en vers : & tascher de luy prouuer ; QVE L'AMOVR EST PREFERABLE A L'HONNEVR.

BRADAMANTE
Elle est vaillante, elle est belle,
Et blessant en mille lieux,
Ou de la main, ou des yeux,
Tout est redoutable en Elle.
B.R

BRADAMANTE A ROGER

VOus auez vaincu Bradamante, ie l'aduouë, puis qu'elle n'a pû vous vaincre ; mais vous n'auez pas surmonté sa colere & son ressentiment. Cette seconde victoire, vous sera peut-estre plus dificile à remporter que l'autre : du moins sçay-ie bien qu'à cette fois, vous n'aurez pas de si bonnes armes pour vous deffendre, que i'en ay pour vous ataquer. La fortune dans les combats ordinaires, a sa part à tous les éuenemens : & en celuy-cy, la raison toute seule, en fait auoir l'auantage. Preparez-vous donc à me répondre precisément, ou à ne me répondre point ; deffendez-vous bien, ou ne vous deffendez point du tout ; & si vous obseruez cet ordre comme ie le souhaite, ie suis fort trompée, si vous interrompez mon discours, & si vous ne me donnez tout le loisir que ie vous demande, pour vous reprocher vostre peu d'amour, vostre injustice, & vostre inhumanité. Ie voy bien, Roger, ie voy bien, que ces paroles vous sont dures ; & que les marques de douleur & de dépit, que vous voyez sur mon visage, vous donnent quelque inquietude : Ie pense mesme, que vous estes assés injuste, pour ne deuiner pas le sujet de ma pleinte ; & que vous croyés peut-estre, que ie vous dois estre aussi obligée que Leon. Mais sçachés, que les sentimens d'vne Amante & d'vn Amy, sont des choses toutes differentes : Et qu'en cette ocasion, pour connoistre la juste grandeur de l'outrage que i'ay receu, il ne faut que considerer, celle de l'obligation que ce Prince vous a. Tout ce que vous aués fait pour luy, vous l'aués fait contre moy : & si ie suiuois la souueraine equité, ie vous deurois autant haïr qu'il vous doit aimer. Pour vous faire mieux comprendre, la iustice de ma pleinte, rappellés dans vostre memoire, vne partie des choses, que Bradamante a faites pour vous; lors que par le commandement de l'Empereur, & par les volontés de son Pere, on luy a voulu mettre la Couronne sur la teste, en luy faisant épouser ce mesme Leon, dont il s'agit auiourd'huy. L'ambition a-t'elle ébranlé mon ame en cette rencontre? le respect que ie deuois à l'Empereur, l'obeïssance que ie deuois à mon Pere, & ce que ie me deuois à moy-mesme, a-t'il empesché que ie ne vous aye conserué mon affection toute entiere, que ie n'aye refusé le Sceptre qu'on me presentoit, & que ie ne me sois estimée plus heureuse, d'estre femme d'vn simple Cheualier, que d'épouser le fils d'vn si grand Monarque? vous me dirés peutestre, que la parole que mon frere vous auoit donnée m'engageoit; & que le respect que i'auois pour luy, me fit agir de cette sorte: Mais pour vous dire le vray, Roger, le seul Roger, estoit le maistre de mon cœur & de ma volonté. Ce fut seulement pour l'amour de luy, que ie manqué à tout ce que ie deuois aux autres, afin de ne luy manquer pas. Ie souffris que mon Pere m'éloignât de la Cour, & qu'il me mist dans vne prison assés estroite: Et pour me deffaire des poursüittes de Leon, & pour vous assûrer le Triomphe; ie demandé que Bradamante ne pût iamais épouser, que celuy qui la surmonteroit en armes: m'imaginant bien, qu'il n'y auoit que Roger qui la pût vaincre; & esperant auec raison, qu'il ne seroit pas des derniers à se presenter au combat. C'estoit lors cruel, c'estoit lors, qu'il falloit venir les armes à la main contre Bradamante: le peril que vous eussiés couru en cette iournée, ne deuoit pas vous empescher d'y paroistre: elle ne vous atendoit, que pour mettre les siennes à vos pieds; elle ne vouloit gagner la victoire qu'en vous la cedant; & ne vouloit vous combatre, qu'afin que vous fussiés son vainqueur. Mais helas, c'est en vain que les Herauts & les Trompettes vous apellent: ils vont par toute la Terre; tout le monde entend parler du deffy de Bradamante; & Roger, le seul Roger, ne veut

pas

pas en estre aduerty. Il disparoit, il s'éloigne, il s'en va; & sans que l'on puisse sçauoir ce qu'il est deuenu, il abandonne sa Mestresse, dans la plus grande affliction, où vne personne de sa qualité & de sa vertu se puisse trouuer. Quoy (disoy-je quelquefois en moy-mesme, pendant cette fâcheuse abscence;) est-il possible, que Roger ne soit pas prisonnier, mort, ou inconstant, puis qu'il ne vient point? est-il possible, qu'il veuille m'exposer à estre vaincuë par vn autre que par luy? est-il possible, qu'il aye oublié ce qu'il m'a promis, ce que i'ay fait à sa consideration, & qu'il oublie encor vn iour, ce que ie veux faire presentement? mais quoy qu'il en soit (adjoûtoy-je) faisons ce que nous deuons: combatons auec ardeur, tous ceux qui se presenteront dans la Lice; esleuons à Roger, vn Trophée des armes de ses Riuaux, abatus par Bradamante; hazardons nous pour nous conseruer pour luy; & soit qu'il soit prisonnier, mort, ou inconstant; ne faisons rien contre ce que nous luy auons promis. S'il est prisonnier, il n'est pas coupable: s'il est mort, nous ne deuons pas craindre de nous expoſer, puis que nous n'auons plus rien à perdre : & s'il eſt inconſtant, ne l'imitons pas dans ſon crime. De vous dire la douleur que de ſemblables penſées me donnoient, ce ſeroit me couurir de honte & de confuſion : & renouueller en mon cœur, des ſentimens qui deuroient n'y auoir point eſté. Car Roger, le moyen de penſer, que dans le meſme temps que ie ne ſongeois (comme ie vous l'ay dit) qu'à me conſeruer pour vous, que dans le meſme temps que ie meſpriſois les commandemens de l'Empereur, les volontez de mon Pere, & ma propre gloire ; que dans le meſme temps que ie mettois ma vie au hazard, pour voſtre ſeul intereſt ; que dans le meſme temps que ie refuſois le Sceptre & Leon, comme le plus grand mal qui me pût aduenir ; Roger le plus vaillant, & le plus genereux de tous les mortels, Roger Amant de Bradamante, & Amant aimé ; ſe faiſoit Amy de ſon Ennemy, & de ſon Riual tout enſemble ? mais Amy iuſques à tel poinct, qu'il veut combatre pour luy : non pas contre des Subjets reuoltez ;

non pas contre des Barbares ; non pas en vne Bataille rangée ; mais il veut combatre ſa Meſtreſſe, pour la donner à ſon Riual ; pour s'en priuer pour iamais ; pour la rendre la plus mal-heureuſe du monde ; & pour ſe declarer luy-meſme à la Poſterité, le plus ingrat, & le plus cruel de tous les hommes. Car il ne faut point me dire, que l'honneur a produit, cette eſtrange & bizarre auanture, & que ſans ceſſer d'eſtre Amant, Roger a ceſſé d'eſtre Ennemy de Leon : cela ne peut eſtre ainſi ; quiconque eſt capable de ceder ſa Meſtreſſe, ne peut plus ſe dire amoureux : il ceſſe de l'aimer, dés l'inſtant qu'il conſent qu'elle ſoit à vn autre : il luy oſte ſon cœur, en permettant qu'elle diſpoſe du ſien : & renonce abſolument, à tous les droicts qu'il auoit à ſon affection. Enfin Roger, celuy qui aime mieux ſon Riual que ſa Meſtreſſe, ny que lui-meſme, eſt trop genereux Ami, pour eſtre fidelle Amant. L'Amour n'a point acoûtumé de ceder à nul autre ; il doit eſtre toûjours, non ſeulement le Maiſtre, non ſeulement le Roi, mais le Tiran de tous les cœurs qu'il possede. Ce n'est ni à la generosité, ni à la reconnoissance, ni à la sagesse, ni à la coûtume, ni aux loix, ni à la raison, ni mesme à l'honneur; à s'oposer à ce qu'il commande. Et puis, à parler veritablement, la generosité d'vn Amant consiste, à combatre son Riual, pour lui disputer sa Mestresse; & non pas à combatre sa Mestresse, pour l'abandonner à son Riual. Il n'est point de reconnoissance, qui le puisse obliger à manquer à ce qu'il doit à la personne aimée: Il n'y a point de sagesse, à se priuer de ce que l'on aime, pour le donner à vn autre: la coûtume ne veut point que l'on se ruine, pour enrichir ceux que l'on haït: les loix ne commandent point, de ceder son droict à son aduersaire: la raison n'enseignera iamais, qu'il faille se rendre mal heureux, pour establir la felicité d'autruy: & l'honneur mesme ne peut iamais estre, à ceder la victoire à son Riual. On peut quelque-fois ceder l'Empire auec gloire; on peut perdre volontairement & sans infamie, l'auantage d'vn combat; on peut jetter ses armes sans lâcheté; on peut embrasser son Ennemy sans foiblesse; mais on ne peut ceder vne Amante sans infidelité, sans ingratitude, & sans honte. En verité, Roger, toutes les fois que ie viens à penser, que vous auez esté capable, de combatre Bradamante, sous les armes de Leon; de vous resoudre à la voir femme d'vn autre, ou à ne la voir iamais; & de vouloir enfin, que vostre courage & vostre adresse, fussent les seuls moyens, qui me missent au pouuoir de vostre Riual; c'est ce que ie ne puis comprendre, & c'est ce qui me fait douter que vous soyez veritablement Roger, que ie sois encor Bradamante, & que tout ce que i'entends, & que tout ce que ie voy, ne soit pas vne fable ou vne illusion. Helas, lors que ie me souuiens, auec quel soin ie me preparois à ce combat; auec quel soin ie regardois si mes armes estoient assez tranchantes; & auec quel soin ie songeois à vous faire perdre la vie; peu s'en faut, que ie ne la perde moy-mesme. Qui m'eût dit lors, c'est contre Roger que vous allez combatre; c'est contre luy que vous allez employer vostre courage;

& contre luy, que vous allez faire vos plus grands efforts; ie ne l'aurois iamais creu: & i'aurois répondu au contraire, que c'estoit contre son Ennemy, que c'estoit contre son Riual, & pour ne l'abandonner point, que i'allois m'exposer à ce peril. O Ciel: combien de vœux secrets ay-je poussez, pour remporter cette victoire? & si ie l'ose dire, combien de vœux ay-je faits contre vostre vie, lors qu'au milieu de nostre combat, ie voyois que vous éuitiez auec adresse, tous les coups que ie vous portois? ie me pleignois de mon destin, i'accusois mes armes; ie m'estonnois de la dificulté que i'auois à vaincre; i'inuoquois le nom de Roger dans mon cœur; ie souhaitois d'auoir son courage & sa force; & lors que i'employois toute la mienne, pour surmonter celuy que ie croyois estre Leon; ie n'en estois point satisfaite, & n'y trouuois que de la foiblesse. Encor (disoi-je en moi-mesme) si Roger pouuoit estre témoin de ce que ie fay, pour me conseruer pour lui; s'il pouuoit voir quelle est l'adresse de celui que ie combats, pour excuser mon peu de valeur;

s'il pouuoit connoiſtre que ie n'épargne point ma vie, pour lui tenir ma parole ; ie ſouffrirois ma diſgrace auec moins de peine ; & ie me reſoudrois à la mort plus facilement. Voilà cruel, voilà ce que ie penſois, lors que trompée par voſtre fauſſe generoſité, ie combatois contre vous, en penſant combatre pour vous, & combatre contre Leon. Ie ne croyois pas que vous fuſſiez tout enſemble, mon Spectateur, mon Amant, & mon Ennemi : Le moyen de pouuoir ſoupçonner Roger, de vouloir changer de nom ? en eſt-il vn plus fameux que le ſien, pour faire qui lui ſoit auantageux de le prendre ? & la veritable generoſité, permet-elle aux perſonnes Heroïques, de ſe ſeruir de déguiſement ? Mais qui peut eſtre celle que Roger a voulu tromper, & qui peut eſtre celui, qui deuoit receuoir le fruict de cette tromperie ? Roger a voulu tromper Bradamante, ſe tromper lui-meſme, & donner tout l'auantage de cette fourbe à ſon Riual. Et que lui a fait Bradamante, pour meriter vn ſemblable traitement ? Elle l'a aimé plus que ſa vie ; elle a pour sa consideration des-obeï à l'Empereur & à son Pere ; elle a méprisé le Thrône, où on la vouloit conduire ; & pour se conseruer pour lui, elle s'est exposée aux plus grands perils de la terre, puis qu'elle s'est exposée à combatre, tout ce qu'il a de plus courageux, & de plus vaillant au monde. Peut-estre me dira-t'on, que Leon est vn Prince rempli de tant d'excellentes qualitez ; que Roger a creu que Bradamante seroit trop heureuse, d'estre trompée de cette sorte : nullement ; Leon est vn Prince si peu digne de Bradamante, que mesme il n'ose la combatre. Il ne veut pas gagner la victoire, il la veut dérober : & il aime mieux la deuoir à son Ennemi, qu'à son espée. Quoy, Roger, vous auez creu qu'vn lâche qui ne vouloit hazarder que son casque, sa cuirasse, son écu, sa cotte d'armes, & ses gantelets, pour épouser Bradamante, seroit digne d'estre son Mary ? Ha, si vous l'auez crû, vous estes le plus injuste de tous les hommes. Pour moi, ie n'en vse pas ainsi ; ie suis plus équitable enuers vous ; & ie vous aduouë

franchement,

franchement, que ie ne puis comprendre, comment vn Prince que l'amour n'a point rendu genereux, peut vous auoir seruy; & comment il peut auoir acquis vostre amitié. Il ne faut pas demander, pourquoy Renaud a aimé Roger, ny pourquoy Roger a aimé Renaud; La valeur est vne chaine, qui lie d'estime & d'inclination tous les Heros, qui sont au monde, quand mesme la Fortune les auroit rendus Ennemis: Mais pour Leon, (ie vous le dis encore vne fois,) ie ne puis comprendre, ce qui vous a porté à le seruir, & contre vous, & contre moy. Que s'il est vray (comme on me l'a dit,) qu'il aye rompu les chaines que la cruelle Theodore vous auoit donnees; ie tombe d'acord qu'en toute autre ocasion que contre Bradamante, vous estiez obligé de ne luy refuser pas vostre secours: Mais en celle-là, il valloit mieux rentrer en prison, aller reprendre vos fers, & vous exposer à toute chose, que d'exposer Bradamante aux mal-heurs les plus épouuentables, qui peuuent iamais arriuer. Car ne songez-vous point, cruel & injuste que vous estes, que si le sort des

G

armes l'eust voulu, malgré vostre adresse & vostre courage, ie vous eusse veu tomber, sous les efforts de mon bras? imaginez-vous, ie vous prie, quels auroient esté mon transport & ma douleur, lors que rauie de joye de ma victoire, i'eusse esté leuer la visiere de vostre casque; Imaginez-vous (dis-je) quel estonnement eust esté le mien, de voir que Leon eust esté Roger; que celui pour qui i'eusse combatu, eût esté l'ennemy que i'eusse surmonté; que celuy pour qui ie voulois vaincre, eust esté le vaincu; que l'objet de ma haine, l'eût esté de mon amour; & qu'enfin i'eusse tué de ma propre main, celuy qui seul me pouuoit rendre la vie agreable. O Dieu, cette funeste image, m'épouuente de telle sorte, que ie doute si ie vous pardonneray iamais, de m'auoir mise en termes d'éprouuer vne si déplorable auanture! Mais du moins injuste que vous estes, souuenez-vous auec repentir, de ce que vous auez pensé faire: & imaginez-vous à vostre tour, quel auroit esté vostre regret, si lors que ie vous poursuiuois si opiniastrement, vostre espée m'eût trauersé le sein.

Eussiez vous pû voir expirer Bradamante, sans vous repentir de vostre imprudence, & sans vous en affliger? Pour moy ie vous l'aduouë, ie sents bien que mon ame ne seroit point assez forte, pour suporter vn semblable accident. La mort de la personne aimée, doit tousiours causer vn extreme déplaisir: mais lors qu'elle aduient pour l'amour de nous & par nostre main, il faut perdre la raison, & mourir desesperé. C'est la plus grande infortune, qui puisse iamais arriuer; c'est la plus aigre douleur, que l'on puisse iamais sentir; & c'est enfin ce que l'on ne doit point endurer, sans auoir recours aux poisons & aux precipices. Cependant il est certain, que vous nous auez mis au hazard, de souffrir cet effroyable malheur: car malgré vôtre adresse, ie pouuois vous faire perdre la vie, & malgré vos soins ie pouuois me jetter precipitemment dans vos armes, & tomber morte à vos pieds. O Dieu, toutes les fois que ie me souuiens, de ce qui s'est passé en ce combat, ie tremble, ie fremis, & ie ne croy pas encor estre hors d'vn si grand danger! Considerez donc vn peu, en quelle estrange necessité vous m'auriez jettée, si les choses eussent esté dans l'ordre que vous les auiez resoluës: il faloit ou épouser Leon, ou tuer Roger, ou estre tuée par luy; comme quoy pensez vous excuser, de si bizarres desseins, & comment pensez vous que Bradamante, puisse oublier tous ces crimes? mais que fay-je! ie parle encor à vous, comme si vous n'estiez pas l'amy de Leon, l'Ennemi de Bradamante, & que vous n'eussiez pas cessé d'estre son Amant! & toutesfois il n'est que trop vray, qu'vne fausse image de vertu, vous a fait perdre la memoire, de tout ce que vous deuiez à nostre affection. Si ce Prince n'eust pas eu honte de triompher sans auoir combatu, & qu'il n'eût pas découuert la verité, en quel estat seroy-je presentement? ie serois morte; puis que sans doute ie n'aurois iamais esté femme de Leon. Apres cela, n'ay-je pas lieu de croire, que pour des raisons qui me sont inconnuës, vous auez voulu rompre auecques moy? car si Leon n'est pas genereux, (comme il y a grande aparence, puis qu'il a eu recours à la valeur d'autruy ;) pourquoy le seruir aux dépends de vostre felicité & de la mienne ? & s'il est veritable qu'il le soit en quelque sorte, pourquoy ne se fier pas en cette generosité, que vous auiez desia éprouuée ? Lors que Leon vous proposa, de combatre Bradamante, il faloit luy aprendre que vous estiez Roger ; que vous estiez son Riual ; & par vn discours tendre & hardy tout ensemble, tâcher de l'obliger à vous ceder volontairement vne conqueste, où il n'a-uoit point de droict. Enfin il eût tousiours esté bien plus beau, de se découurir à Leon, que d'employer vos armes pour luy. Que s'il eût esté assez injuste, pour vouloir exiger de vous, vne action si déraisonnable ; il faloit auoir la fermeté de la luy refuser. Tout ce que la reconnoissance la plus exacte, pouuoit demander de vous en cette rencontre, estoit de permettre à Leon, de me combatre le premier : & de consentir à estre le tesmoin de son mal-heur ou de sa victoire. Mais de faire seruir vostre valeur, & contre vous, & contre moy ; c'est ce que vous ne deuiez iamais faire, pour nulle consideration. L'interest de la personne aimée, doit estre preferé à toutes choses : & quiconque en vse autrement, n'est guere touché de cette noble passion qu'on apelle amour. Vous me reprocherez peut-estre, qu'en vne autre rencontre, i'ay esté vous chercher les armes à la main : Mais helas, quoy que cela soit ainsi, ie ne puis pas auoir esté soupçonnée, des erreurs dont ie vous acuse ! la jalousie estoit la seule cause, qui me portoit à ce funeste dessein : ie ne voulois pas vous combatre, pour vous donner à la vaillante Marphise, que ie croyois qui fût ma Riualle ; au contraire, ie ne voulois vostre perte, que pour l'empescher de triompher de vostre cœur à mes dépens. Ie vous poursuiuois comme vn infidelle ; l'amour, la haine, la vangeance, & la jalousie, regnoient ensemble dans mon ame : & cependant, quoy que mon desespoir me forçast de faire, ie ne fis rien que par vn sentiment d'amitié. I'eus de la colere & de la fureur, mais ie n'eus point d'indifference. Pour vous, il n'en est pas de mesme : vous agissez auec plus de froideur & plus de sagesse ; vous pensez qu'il est plus beau de combatre pour Leon, que de combatre Leon ; vous trouuez qu'il vaut mieux ceder sa Mestresse, que de manquer à vne simple reconnoissance ; vous croyez que le Thrône la consolera de vostre perte ; qu'elle vous remerciera, de la Couronne que vous luy aurez acquise ; & vous auez crû peut-estre aussi, que vous seriez loüé d'vne action, dont toute la terre vous blasmera. Au reste, on ne peut pas vous soupçonner, d'auoir épargné vostre adresse, pour soûtenir les interests de vostre Riual : vous auez combatu en homme qui vouloit vaincre ; iamais personne ne m'a donné tant de peine ; le Prince de Circassie, ny la vaillante Marphise, ne m'ont point resisté si opiniastrement. Il est vray qu'il ne m'a pas semblé que vous eussiez dessein sur ma vie ; mais c'est peut-estre à Leon à vous en rendre grace, & non pas à moy à vous en remercier. Il vous auoit prié de conquerir Bradamante, & non pas de la tuer : il vouloit la conduire au Thrône, & non pas au Cercueil : & vous auez fait enfin, tout ce qu'il a voulu de vous, Que si quelqu'vn vous demandoit, quelle intention vous auez euë, en hazardant mes iours & les vostres; que luy répondriez vous Roger? vous ne pourriez pas dire, que ç'a esté pour deffendre vostre Patrie, pour conquester vne Couronne, pour vanger vne injure, pour vous deffaire d'vn Ennemy, pour les interests d'vne Mestresse, pour la perte d'vn Riual, pour la conseruation de vostre vie, ou pour acquerir de l'honneur; puis qu'à dire les choses comme elles sont, rien de tout cela ne peut vous y auoir porté. Pour celuy que vous auez seruy, il ne luy seroit pas si dificile de répondre: & tout le monde voit assez, qu'il s'est plus fié en vostre valeur qu'en la sienne; qu'il a voulu gagner Bradamante sans peril; & qu'il a trouué plus commode de vaincre par autruy, que de se mettre en estat d'estre vaincu. Il n'a pas témoigné grand cœur en cette occasion, ie l'aduouë; mais du moins on voit quelque vtilité en son dessein: & l'éuenement a bien fait connoistre, qu'il auoit eu du iugement en son choix. Il n'en est pas ainsi de vous; car il est indubitable, que l'on ne sçauroit

comprendre,

comprendre, ny pourquoy vous seruez vostre Riual, ny pourquoy vous combatez vostre Mestresse, ny pourquoy vous cessez d'estre Roger. Vous seruez vostre Riual pour le rendre heureux; vous combatés vostre Mestresse, pour la rendre tres-mal-heureuse; vous ne la voulés conquerir que pour la donner; & vous ne cessés d'estre Roger, qu'afin que Roger se montre à tout l'Vniuers, comme vn prodige en amour, ou pour mieux dire comme vn Monstre. En effet, qui vit iamais vn homme amoureux sans jalousie, vn Riual sans haine, & vn Amant qui ne veuille vaincre sa Mestresse, que pour s'en priuer en faueur de son Riual? cela est si extraordinaire, qu'il en paroist incroyable. Car si vous me dittes que vous auez fait toutes ces choses, de peur d'estre ingrat enuers Leon, qui vous auoit obligé, i'ay à vous respondre, qu'il valoit encor mieux l'estre enuers luy qu'enuers moy. Et puis, excepté dans les occasions, où il s'agit de la personne aimée, la reconnoissance a ses bornes, aussi bien que toutes les autres vertus. Nos Peres à qui nous deuons la vie, ne peuuent auec juſtice, nous obliger à ſuiure aueuglement toutes leurs volontez : ſi le mien me commandoit de combatre mon frere, ie luy deſobeïrois, & penſerois obeïr à la raiſon, en ne faiſant pas ce qu'il m'auroit ordonné. Il n'y a que cette perſonne aimee, dont les Loix ſoient ſouueraines, dont l'Empire doiue eſtre abſolu, & pour les intereſts de laquelle, il faille oublier tout le reſte. Vn veritable Amant, n'a ny Patrie, ny Parents, ny Amis, que ſa Meſtreſſe ſeulement: & ſi vous auiez eu toute la tendreſſe dont ie vous croyois capable, vous vous ſeriez ſouuenu, que lors que ceux à qui ie dois la naiſſance m'ont voulu conduire au Thrône, & m'ont voulu forcer à rompre auec vous; ie vous ay fourny d'vn exemple, qui deuoit vous empeſcher de faillir. Car enfin, le Bandeau Royal ne m'a point aueuglée; i'ay veu que puis que i'auois engagé mon cœur, ie n'en pouuois plus diſpoſer; & qu'il n'eſtoit pas juſte que la Nature vous oſtaſt, ce que l'Amour vous auoit donné. Si i'euſſe voulu, ie pouuois vous dire, que deuant toutes choſes à mon

Pere, ie luy deuois de l'obeïssance : que par consequent, ie ne pouuois vous tenir ma parole : que la bien-sceance n'y consentoit point : que la raison ne le vouloit pas : & bref, qu'il faloit vous abandonner. Vous iugez bien sans doute, qu'en cette rencontre, ie pouuois gagner vn Empire facilement, & monter au Thrône sans beaucoup de peine. Pour conquerir cette Couronne, il ne falloit point faire de combats, & il ne falloit point donner de Batailles : Cependant, parce que cette Couronne, ne m'estoit point presentée de vostre main, & que ie ne pouuois la gagner sans vous perdre; ie la refusé sans peine; ie desobeïs à l'Empereur & à mes parens auec joye; & sans me souuenir de ce que ie leur deuois, ie me souuins seulement que ie vous deuois tout, puis que ie vous deuois mon affection toute entiere, & que ie vous l'auois donnée sans reserue. Dittes apres cela ie vous en conjure, qui de nous deux a agy auec le plus d'equité? deuiez vous plus à Leon, que ie ne deuois à mon Pere? la recompense que vous attendiez, valloit elle mieux que l'Empire de Grece que ie rejettois ? & ne vous auroit-il pas esté plus aisé, de refuser vostre Mestresse à vostre Riual, qu'à moy de refuser mon Pere, qui me presentoit vne Couronne ? que s'il est vray que la conformité de sentimens, soit presques vne marque infaillible, d'amour & de simpathie ; selon les aparences, il ne fut iamais rien de si contraire l'vn à l'autre, que les inclinations de Roger & de Bradamante. Ie mesprise Leon, pour me conseruer pour vous ; vous vous dérobez de moy, pour me donner à Leon. Ie haï vostre Riual plus que la mort, vous l'aimez plus que vous-mesme, puis que vous luy cedez ce qui vous deuoit rendre heureux. Ie cherche à faire perdre la vie à ce Prince, vous vous exposez pour luy. Ie hazarderois librement la mienne pour sauuer la vostre, vous me reduisez aux termes, de pouuoir vous en priuer de ma propre main. Et ce qui est le plus estrange, & le plus incomprehensible, c'est que ce qui pour l'ordinaire, ébranle les amitiez les plus fermes, & les plus solidement establies n'a fait qu'affermir celle de Leon & de Roger. L'experience a fait voir plus de mille fois à toute la Terre, que lors qu'il arriue que deux Freres deuiennent Riuaux, il arriue toûjours aussi, qu'ils deuiennent ennemis. Mais pour vous, qui ne voulez pas marcher dans les sentiers du vulguaire; vous n'aués pas plûtost sceu que Leon estoit vostre Riual, que vous estes deuenu le plus cher de ses Amis; puis qu'il est certain, que vous aués fait pour luy, ce que l'amitié n'a iamais fait faire qu'à vous. L'exemple que vous en aués donné, ne sera pourtant pas suiuy: & si ie ne me trompe, peu d'Amans cederont leur gloire & leur Mestresse, à leurs ennemis & à leurs Riuaux. Si la beauté de quelque Princesse Grecque vous auoit surpris, & m'auoit dérobé vostre cœur, ie trouuerois vostre procedure moins estrange: l'inconstance est vne foiblesse assés ordinaire aux hommes, & l'amour est assés acoûtumé, à se dérober luy-mesme ses propres conquestes, pour ne s'en estonner pas. Ie serois toûjours mal-heureuse, & vous seriés toûjours criminel, mais ie ne serois pas la seule infortunée de cette maniere, &

vous ne feriés pas le feul coupable de cette façon. Oüy, l'exemple vous authoriferoit en quelque forte, & vous rendroit plus excufable : au lieu que de me vouloir perfuader, que vous n'aués point changé de fentiments; que ie fuis toûjours la Meftreffe abfoluë de voftre ame; que vous m'aimés auec tendreffe; que voftre paffion ne fut iamais plus forte; & que dans le mefme temps que vous combatiés pour Leon, vous eftiés le plus amoureux de tous les hommes; c'eft ce qui ne peut trouuer de croyance en mon efprit; c'eft ce qui n'en trouuera point chés toutes les nations; c'eft ce qui fait que ie fuis feule mal-heureufe ainfi; & c'eft ce qui fera, que vous n'obtiendrés pas fi aifément que vous le penfés, le pardon d'vne faute qui n'aura iamais d'égale. Ne vous imaginés donc pas, encor que vous ayés vaincu Bradamante, que Bradamante doiue eftre le prix de voftre victoire : felon l'equité, elle ne doit point eftre à vous; & felon fon reffentiment, elle n'y fera iamais. Vous me dirés peut-eftre, que Leon vous ayant cedé fon droict, vous aués raifon d'y pretendre : mais sçachés, que Leon ne m'ayãt point vaincuë, n'a point eu droict de me donner à vn autre : & que vous, n'ayant pas combatu comme estant Roger, n'auez non plus de raison que luy, de pretendre me demander la recompense d'vn labeur, que vous n'auez entrepris, ny pour vostre interest, ny pour le mien. Vous voyez (si ie ne me trompe,) que par la iustice, ie ne puis estre ny à Leon, ny à vous; Souffrez donc que Bradamante soit à elle-mesme, puis que vous n'auez pas voulu qu'elle fût à Roger. Vous la cederiez encor à quelque autre, si elle cedoit à l'importunité de vos prieres : & vous vous acoûtumeriez peut-estre, à en faire la recompense, de tous les seruices qu'on vous rendroit. Celuy qui a pû, non seulement consentir à la voir passer au pouuoir d'vn autre, mais qui a hazardé sa vie pour cela; doit ce me semble souffrir plus facilement, qu'elle ne soit à personne. Si vous ne m'aimez plus (comme il y a beaucoup d'aparence,) il vous est auantageux que i'en vse ainsi : & s'il vous reste encor quelque étincelle de vostre premiere flame, (ce que ie ne pense pas,) vous deuez estre consolé, qu'apres m'auoir donnée à vostre Riual comme vous auiez fait, ie me trouue pourtant encore en liberté de disposer de moy. Enfin, soit par haine, par amour, ou par indifférence, que vous ayez agy, vous seriez injuste de murmurer du dessein que ie fay, de n'estre iamais qu'à moy-mesme. L'amitié de vostre Riual, vous consolera de ce que vous n'aurez plus l'affection de vostre Mestresse; & la conqueste de Leon, vous fera sans doute oublier, la perte de Bradamante.

EFFET

EFFET DE CETTE HARANGVE.

LA douleur & l'étonnement ayant acoûtumé d'oster la parole, il est à croire qu'en cette occasion, Roger ne pouuoit que dificilement se deffendre; principalement contre vn Ennemy, pour lequel il auoit tant de respect. Ne murmurez donc point de son silence, s'il vous empesche de sçauoir l'effet de cette Harangue: & suspendez mesme vostre iugement, iusques apres la lecture, de celle qui la va suiure.

MARPHISE
A
BRADAMANTE
TROISIESME HARANGVE.

ARGVMENT.

Ette Jllustre Sœur d'vn Illustre Frere , ie veux dire la belle & vaillante Marphise ; s'estant trouuée presente au discours que vous venez de voir , & remarquant que la crainte & le respect empeschoient Roger de se deffendre ; prist ellemesme la parole , & contre les sen-

timens de cette autre belle Amazone; elle entreprit de soûtenir, QVE L'HONNEVR EST PREFERABLE A L'AMOVR.

MARPHISE

Marphise adroite, et vaillante,
De la main, et de la voix,
Veut pour la derniere fois,
Combattre encor Bradamante.

MARPHISE A BRADAMANTE.

ROGER n'a pas vaincu Bradamante, puis qu'on luy voit encor les armes à la main : & que bien loin de ceder la victoire, elle veut en disputer le prix, à celuy qui l'a remportée. Mais comme ce combat a esté trop mal-heureux au vainqueur, puis qu'en vous surmontant il semble auoir perdu vostre affection; ce n'est plus à luy à tenter la fortune : c'est à moy à éprouuer cette fâcheuse auanture; c'est à moy à vous attaquer vne seconde fois; & à reconquerir pour mon frere, ce qu'il ne peut iamais perdre auec justice : si ce n'est que vous teniez la recon-

MARPHISE
Marphise adroite, et vaillante
De la main, et de la voix,
Veut pour la derniere fois,
Combattre encor Bradamante.
R.R.

noissance & la generosité pour des crimes; & que les vertus les plus heroïques, passent pour de grands defauts dans vostre esprit. Vous dites (si ma memoire ne me trompe) que ce n'est que par la seule raison, que vous pretendez disputer le fruict de cette victoire, à celuy que vous confessez qui vous a vaincuë; Si la chose est ainsi, l'éuenement de mon entreprise n'est pas douteux. Si i'auois à combatre vostre valeur & vostre adresse, ie ne me fierois pas à l'equité de la cause que ie deffends: mais puis qu'il ne faut employer que la raison contre vous, & que vous témoignez la vouloir suiure; ie ne mets point en doute, que ie ne vous persuade facilement, que mon frere n'a iamais manqué, ny à ce qu'il vous a dû, ny à ce qu'il a dû à la passion qu'il vous a toûjours témoignée. Si i'ose dire tout ce que ie pense, ie pretends vous faire voir, qu'il n'a pas tant obligé Leon, qu'il vous a obligée: & que si vous suiuiez la souueraine equité, vous le deuriez recompenser, de tout ce qu'il a fait pour ce Prince. Oüy, tout ce qu'il a fait contre vous, a esté fait pour l'amour de vous : & si vous n'estes vous mesme injuste, inhumaine, & inexorable ; vous vous repentirez de tout ce que la colere vous a fait dire, contre le plus fidelle, & le plus genereux Amant qui soit au monde. Et pour vous faire voir qu'il n'a pas oublié ce que vous auez fait pour luy, aprenez ce qu'il a fait pour vous : car ie ne pense pas, apres les choses que vous luy auez dittes, que vous en ayez esté bien informée. Vous auez peut-estre apris confusément, qu'il auoit esté prisonnier ; que Leon l'auoit deliurée ; & sans en sçauoir nulle particularité, vous auez jugé precipitement, & sans examiner les choses ; que Roger ne vous aimoit plus ; que Roger estoit criminel ; & que vous estiez en droict, de luy manquer de parole. Mais pour vous empescher de faire cette injustice, sçachez qu'apres que l'ambition de vostre Pere, l'eût porté à preferer la Couronne de Leon, à la vertu de Roger, & que sa cruauté l'eût obligé de vous éloigner de la Cour : ce mal-heureux Amant demeura en vn estat si déplorable, que si ie pouuois vous le representer, cela ſeul ſuffiroit pour iuſtifier tout ce qu'il a fait depuis. Il voyoit que le Pere de ſa Meſtreſſe s'opposoit à ſon deſſein; il voyoit que vous eſtiez priſonniere à ſa conſideration; il voyoit que ſon Riual eſtoit vn grand Prince; il voyoit que ce Prince eſtoit abſent, & par conſequent qu'il eſtoit hors de pouuoir de luy diſputer ſes pretentions; il voyoit meſme que vôtre modeſtie eſtoit contre luy, puis qu'elle vous empeſchoit de luy tenir la parole que vous luy auiez donnée, parce que vôtre Pere ne le vouloit pas. Vous auiez bien aſſez de generoſité, pour refuſer vn Empire pour l'amour de luy; mais vous n'auiez pas aſſez de force, pour ſecoüer entierement, le joug de l'obeïſſance Paternelle, & pour diſpoſer de vous à ſon auantage. Cependant, comme il ſçauoit que l'honneur eſt preferable à toutes choſes, il ne me murmura point de vôtre procedure: il ſe pleignit de ſon mal-heur; il accuſa l'ambition de vôtre Pere, qui s'opoſoit à ſon amour; il s'eſtima le plus infortuné des hommes; mais il ne trouua point mauuais, que pour vôtre propre gloire, vous fussiez capable de détruire toute sa felicité. Estant en ce pitoyable estat, c'est à dire abandonné de toutes choses, iusques à l'esperance; il fit vn dessein digne de vous & de luy. Il creut que pour vous meriter, il falloit tuer son Riual, conquester son Empire, & reuenir auec la Couronne de Leon sur la teste, afin que la mettant à vos pieds, l'ambitieux Aymon ne s'opposât plus à son bon-heur. Trouuez vous Bradamante, que cette entreprise soit grande, & qu'vn cœur qui ne vous auroit point aimée, eût pû en estre capable? mais il n'est pas encore temps, de comparer ce qu'il a fait pour vous, à ce que vous auez fait pour luy: Suiuons le en ce beau dessein; & voyons quelles forces il a pour l'executer. Selon les aparences, il faut qu'il aye intelligence auec les Ennemis de ce Prince, & qu'il soit assûré d'vn puissant secours: nullement; il n'a que son espée, sa propre valeur, la passion qu'il a pour vous, & la haine qu'il a pour son Riual. Voilà toutes ses forces; voilà tout ce qui le peut secourir; cependant il entreprend la conqueste d'vn grand Empire, la ruine de l'Empereur, & la mort mesme de son fils. Auec cette intention, il passe la Meuze & le Rhein; trauerse l'Autriche & la Hongrie; & côtoyant l'Istre à main droite, fait tant qu'il arriue à Belgrade. Pendant vn si triste voyage, l'esprit de Roger n'estoit remply, que de l'amour de Bradamante, & de la haine de Leon : il songeoit qu'il alloit deliurer sa Mestresse, & perdre son Riual : la longueur du chemin luy estoit insuportable; il mouroit d'impatience, de pouuoir joindre Leon; il pensoit à la maniere dont il le vouloit combatre; il faisoit dessein de luy tenir toute la rigueur, que les loix de l'honneur luy pourroient permettre; il vouloit l'ataquer sans auantage, mais il vouloit aussi le combatre sans courtoisie; le nom de Leon estoit toûjours dans son cœur; le desir de le vaincre, occupoit toute son ame; enfin la seule mort de Leon, estoit le sujet de son voyage, & le terme de tous ses souhaits. En cette pensée, il arriue (comme je vous l'ay desia dit) aupres de Belgrade : & comme il est sur vne éminence, qui luy permet de découurir, & la ville & la plaine; il voit vne armée de cent mille hommes, qui est aux mains auec vne de quinze ou vingt mille; & qui la meine batant, iusques dans les portes de Belgrade qu'elle deffend. Il connoit par les Enseignes de l'vne & de l'autre, que le party victorieux, est celuy de Constantin & de Leon: & que ceux qui ont du pire, sont les Bulgares, qui luy auoient pris cette ville. C'est en cet endroit, Bradamante, qu'il faut voir mon frere & vostre Amant, pour iuger & de l'amour qu'il a pour vous, & de la haine qu'il a pour son Riual. En cette rencontre, il va, ou pour mieux dire il descend comme vn torrent, dans cette plaine où la Bataille se donne: mais comme les trois passions les plus violentes, dont on puisse estre capable, conduisent son bras; qui sont l'amour, la haine, & l'ambition; il y fait des choses, que ie ne puis vous redire. Par tout où il tourne ses armes, il porte la mort & la terreur; il fait des montagnes de corps; des ruisseaux de sang; redonne le cœur aux vaincus; l'oste entierement aux victorieux; pousse la chose si auant, qu'il fait fuir ceux qui poursuiuent les autres; & par sa valeur ou par son exemple, fait changer de party à la victoire. Cependant, il cherche Leon de rang en rang; il l'apelle par son nom; & de peur de manquer à le trouuer, il attaque tous les Grecs, comme si tous les Grecs pouuoient estre Leon. Il trouue vn Prince dont les armes sont plus éclatantes, que celles d'vn simple Caualier; il l'ataque, il le combat, c'est à dire il le surmonte, & il le tuë: car combatre & vaincre, sont mesme chose pour luy en cette iournée. Mais helas, que cette victoire luy est funeste! neantmoins il n'est pas encore temps d'en parler: & il faut que ie vous demande auparauant, si c'est à Leon à recompenser Roger, de tout ce qu'il fait en cette Bataille; ou pour mieux dire, si ce n'est pas à Bradamante, à luy tenir conte de tous les perils où il s'expose pour elle? c'est pour Bradamante qu'il veut vaincre, & c'est Leon qu'il veut combatre: l'amour qu'il a pour Bradamante, luy fait tout entreprendre

pour

pour la conquerir ; & la haïne qu'il a pour Leon, luy fait tout oser pour le perdre. Sa vengeance ne s'attache pas seulement à sa personne, il haït tous les Grecs pour l'amour de luy ; & ne sert les Bulgares, que parce qu'ils sont ses Ennemis. Il couure la campagne de morts, il répand le sang de ses sujets, il luy arrache la victoire d'entre les mains ; & pour tout dire, il le haït autant qu'il vous aime. Cependant par vn caprice de la Fortune, il se trouue que vous & Leon faites le contraire, de ce que selon l'vsage & la raison commune, vous estes obligez de faire. Vous voulez haïr vostre Amant, parce qu'il est genereux ; & Leon veut aimer son ennemy, parce qu'il a défait tous les siens, parce qu'il l'a fait fuyr, parce qu'il luy a fait perdre la Bataille, lors qu'il estoit prest de la gagner, & parce que luy seul luy a fait plus de mal, que tous les Bulgares ensemble. Car pour vous aprendre la verité des choses, pendant que Roger pour l'amour de vous, cherchoit Leon auec tant d'ardeur, pour luy faire voir qu'il vous meritoit mieux que luy : pendant qu'il ne songeoit qu'à renuerser son Thrône, qu'à luy arracher le Sceptre, & qu'à luy faire perdre la vie : Leon estoit sur vne éminence, d'où il pouuoit voir distinctement, tout ce qui se passoit en son armée. Mais admirez icy, vn effet prodigieux, de la veritable generosité ! Leon qui venoit de tuer de sa main le Roy des Bulgares, & qui croyoit n'auoir plus rien à faire, qu'à recueillir le fruict de la victoire, qu'il venoit de remporter : arriuant sur cette éminence dont i'ay déja parlé ; & voyant que durant qu'il auoit combatu ce Roy, les vainqueurs auoient esté vaincus, & que les vaincus à leur tour, estoient les victorieux ; Il demeura estrangement étonné : principalement lors qu'il remarqua, que la valeur d'vn seul homme, en auoit défait cent mille. Il le voyoit luy seul porter la terreur & l'épouuante parmy les siens ; il voyoit bien par ses armes, qu'il n'estoit pas Bulgarien, quoy qu'il combatist pour eux ; il le regardoit comme vn enuoyé du Ciel, pour exterminer tous les Grecs, tant son courage luy paroissoit extraordinaire ; il le suiuoit de l'œil par tout où il portoit ses pas ; & quoy qu'il fust fort affligé de voir perir tous les siens, il craignoit toutefois que quelqu'vn des siens ne fist perdre la vie, à vn homme si courageux. D'abord qu'il le vit, il l'admira ; vn moment apres il l'aima ; & conceut vne si haute estime de sa personne, qu'il fit des vœux contre luy mesme, pour en faire à l'auantage de son plus mortel ennemy : tant il est vray que la veritable generosité est des-interessée : & tant il est vray encor, que Leon fut le plus vertueux des hommes en cette rencontre. Il ne laissa pas toutesfois, malgré son inclination, de vouloir combatre mon frere, quelque redoutable qu'il se fist voir : mais l'Empereur ayant fait sonner la retraite ; & Roger s'estant dérobé aux Bulgares, qui vouloient l'élire à la place de leur Roy, que Leon leur auoit tué ; le premier ne pût iamais le joindre ; & l'autre fut si mal-heureux, qu'il fut pris prisonnier comme il dormoit. Cette nouuelle fut bien-tost portée à Constantin, qui eut vne joye incroyable, de n'auoir plus à craindre vn si redoutable Ennemy. Leon en receut aussi vne extreme satisfaction : il est vray qu'elle eut vne cause bien plus noble, puis qu'elle vint du glorieux dessein qu'il forma, de tascher de se faire vn Amy, d'vn homme si extraordinaire. Mais la cruelle Theodore, Sœur de l'Empereur, Tante de Leon, & Mere d'vn Prince, que ie vous ay dit que Roger auoit tué, le iour de la Bataille de Belgrade ; s'en réjoüit encor, d'vne maniere bien differente. Elle se fut jetter aux pieds de l'Empereur, pour luy demander vengeance de la mort de son fils; elle pleura auec tendresse; elle cria auec desespoir; & le suplia si opiniastrement, de luy remettre ce prisonnier entre les mains, pour le pouuoir faire mourir ; qu'à la fin il y consentit. C'est là, Bradamante, c'est là, qu'il faloit voir agir Leon, pour pardonner à Roger, tout ce qu'il a fait pour luy. Cependant le mal-heureux Roger, estant remis entre les mains d'vne mere desesperée, fut à l'instant mesme jetté dans vn profond cachot, dont l'obscurité n'est iamais banie, par vn seul rayon du Soleil. Il y fut laissé tout chargé de chaines, exposé à la faim, &

à l'insolence de ses Gardes, qui auoient ordre de luy faire souffrir châque iour quelque nouueau suplice : iusques à tant que par la rigueur des tourmens, cette cruelle femme eût la satisfaction, de voir expirer, celuy qui estoit cause de ses larmes. En ce pitoyable estat, de qui pensez-vous que Roger dût esperer du secours ? il estoit en vn lieu où tout luy estoit Ennemy ; Bradamante, Renaud, & Marphise, ne sçauoient point son infortune ; & quand ils l'auroient sceuë, il leur eût esté impossible de l'en retirer ; aussi n'auoit-il nulle esperance d'en sortir. Toutes ses pensées n'estoient que pour vous : il ne regrettoit que deux choses au monde ; l'vne, de quitter Bradamante ; & l'autre, de n'auoir pas tué Leon. Encore (disoit-il) si i'auois rendu ce dernier seruice à ma Mestresse ; si la mort de mon Riual, rendoit la mienne, & plus douce, & plus illustre ; ie m'estimerois moins malheureux, & ie mourrois auec plus de tranquilité. Comme il estoit dans vne pensée si fâcheuse, il entendit ouurir les portes de son cachot ; il oüit que quelqu'vn y descendoit; il sentit qu'on luy détachoit ses chaines; & aprist enfin, de la bouche de celuy qui faisoit toutes ces choses, que Leon estoit son Liberateur. Iugez, Bradamante, quel étonnement fut celuy de Roger: & songez bien, ie vous en conjure, ce que vous eussiez esté capable de faire, si vous eussiez esté à sa place. Qui vit iamais vne generosité pareille à celle-là! Leon est neveu de Theodore; Leon est fils de l'Empereur Constantin; Leon est celuy d'entre les mains duquel, Roger a arraché la victoire; cependant il méprise la haine de Theodore, & l'authorité de son Pere, pour deliurer son Ennemy: & le retire enfin, d'vne mort ineuitable, sans vouloir autre chose de luy que son amitié. Estoit-il iuste de le refuser? parlez, ie vous en conjure; mais auparauant que de répondre, consultez bien vostre generosité: & souuenez-vous, qu'il a sauué la vie de vostre Amant & de son Ennemy. Ie voy bien que vous n'osez absoudre mon frere, ny le condamner: & que c'est à moy à vous faire voir, qu'il n'eût pas esté iuste, que Roger qui auoit surmonté tous les Grecs par sa valeur, se fust laissé vaincre à Leon, non seulement en courtoisie, (car c'est trop peu dire;) mais en bonté, en grandeur de courage, & en vertu. Il faloit lui disputer cette victoire, puis qu'elle n'estoit pas moins glorieuse que l'autre: il falloit se laisser toucher par vn si noble exemple: & comme Leon auoit l'ame assez grande, pour deliurer son Ennemy, parce que ce n'estoit pas vn homme ordinaire; il falloit que Roger fût assez genereux, pour ne haïr pas son Riual, puis qu'il estoit son Liberateur. Il est vray que vous dites que l'Amour est vne passion, qui tirannise toutes les autres, & qui ne peut estre comparée à rien: mais sçachez, que parmy les personnes heroïques, la gloire est vne belle Mestresse, dont la possession donne autant ou plus de jalousie, que celle de la plus belle femme de la terre. Ne me dites donc point que l'action de Leon, n'estoit pas aussi dificile à faire que celle de Roger: celuy à qui on oste l'honneur, doit pour le moins estre autant irrité, que celuy à qui on dispute vne Amante: L'ambition fait des Riuaux aussi bien que l'amour: & le desir d'acquerir ce noble bruict, qui fait viure les hommes eternellement, est si fort imprimé dans les ames courageuses ; qu'il n'est rien au monde, qui leur soit si considerable. Et à parler raisonnablement, ie trouue que Roger n'a point eu de tort, lors qu'il a plustost songé à se rendre digne de Bradamante, qu'à la conquerir : & il luy est sans doute plus glorieux, de l'auoir cedée par generosité, que de l'auoir disputée auec ingratitude. Lors que Leon par vne bonté qui n'eut iamais d'exemple, fut le retirer du cachot, qui alloit deuenir son tombeau ; s'il luy eût proposé de luy redonner la vie, à condition qu'il employeroit son courage contre vous ; il seroit plûtost mort, que d'accepter vne offre si peu raisonnable. Il auroit regardé Leon, moins comme vn Prince genereux, que comme vn lâche interessé, qui vouloit vaincre sans peril. Mais de la façon dont la chose se passa, il falloit estre lâche soy mesme, pour n'admirer pas vn Heros, qui deliuroit son plus cruel Ennemy ; qui donnoit la vie, à celuy qui luy auoit

auoit fait perdre toute la gloire qu'il auoit acquise ; qui luy auoit tué vn parent fort proche ; & qui pour tout dire, l'auoit vaincu d'vne maniere, qui ne pouuoit estre que honteuse, sinon pour luy en particulier, du moins pour sa Nation en general. Vous ne deuez pas trouuer mauuais (si ie ne me trompe) que Roger n'aye pas refusé la vie qu'on luy offroit de si bonne grace, & sans autre condition, que d'aimer celuy qui le deliuroit : Vous ne haïssez pas encor assez mon frere, pour souhaiter qu'il fust mort, plustost que d'auoir fait ce que vous nommez vn grand crime, & ce que i'apelle vne action tres-genereuse : & ie suis fort assurée, que si l'on vous mettoit en choix de l'vn ou de l'autre, les choses demeureroient au poinct qu'elles sont. Nous sommes d'vn sexe, à qui la cruauté n'est pas naturelle, & en qui la valeur ne deuient iamais brutale. Au reste, lors que Roger embrassa son Riual au lieu de le combatre ; & qu'il changea le dessein qu'il auoit de le tuer, en celuy de le seruir ; son intention n'estoit pas, que ce dût estre contre vous. Au contraire, comme il sçauoit que Leon n'estoit amoureux, que par vostre seule reputation, & qu'enfin il ne vous auoit iamais veuë : il crût que peut-estre luy seroit-il aussi aisé, de cesser de vous aimer, qu'il luy auoit esté facile de ne le haïr point. Cette esperance fut sans doute la plus puissante raison, qui le porta à regarder fauorablement, toutes les graces qu'il receut de Leon. Mais lors qu'à quelques iours de là, ce Prince eut apris le deffy, que vous auiez fait publier par toute la terre, & que par vn excés d'amour, il n'eut pû obtenir de luy, assez de fermeté pour vous combatre, il fut contraint de changer son esperance en desespoir, comme vous sçaurez bien-tost. Toutesfois auparauant que de vous le dire, il faut que ie iustifie Leon dans vostre esprit : & que ie vous fasse repentir, de cette raillerie injurieuse, que vous auez faite contre luy, lors que vous auez parlé à mon frere. Ne vous imaginez donc pas, si Leon n'a point voulu vous combatre, que ç'aye esté par manque de cœur ; car ie vous ay desia dit, que ce fut par excés d'amour. Ce

Prince tout bon & tout genereux, ne pouuoit se fier à son courage, ny à son adresse, ny pour vous conquerir, ny mesme pour vous conseruer. Il craignoit également de vous vaincre, & de ne vous vaincre pas : il aprehendoit d'estre surmonté, & auoit peur que sa victoire ne vous pût estre funeste. De sorte que n'osant se fier à luy mesme, & ayant éprouué à ses dépends, les merueilleux exploits dont mon frere estoit capable; ce fut à luy qu'il voulut confier, la conseruation de sa gloire & de vostre vie. Ce Prince (comme ie pense vous l'auoir desia dit) auoit tué le Roy des Bulgares, à la iournée de Belgrade : il auoit gagné la Bataille, que Roger luy fit perdre : & auoit fait cent belles actions, qui ne vous peuuent permettre, de le soupçonner de lâcheté. Vous me direz peut-estre qu'en cette occasion, ie donne vn plus beau sentiment à Leon qu'à Roger : mais auparauant que de répondre à cette objection, voyons de quelle sorte Leon demande l'assistance de Roger ; & de quelle sorte Roger promet de seruir Leon. Vous sçaurez donc, que lors que mon frere n'attendoit plus qu'vne occasion fauorable, d'aprendre à son Liberateur qu'il estoit son Riual, & qu'il auoit esté son Ennemy; afin de tascher de le porter à ne penser plus à vne si illustre conqueste: ce Prince se fut trouuer auec vn visage si triste & si changé, que Roger qui l'aimoit veritablement, en eut de l'inquietude. Il le conjura dés l'abord, de luy engager sa parole, de ne luy refuser point son assistance, en vne occasion d'où dépendoit sa vie, sa felicité, & sa gloire: il luy dit, que sa Couronne, & l'Empire qu'il attendoit, seroient plus en sa disposition qu'en la sienne, s'il ne le refusoit pas: il luy jura qu'il partageroit ses Estats auec luy: & luy parla enfin auec tant de tendresse, & tant de marques d'vne grande confiance, & d'vne grande douleur; que Roger qui ne pouuoit pas en deuiner la cause, luy promit absolument & sans reserue, de faire tout ce qu'il desireroit de luy. Il creut que ce que Leon n'osoit luy dire, estoit que l'Empereur ayant sceu que son fils l'auoit deliuré, vouloit qu'il le remist en prison: ou que peut estre il payast sa rançon, & satisfist la vengeance de Theodore, par quelque entreprise hardie contre les Bulgares. Comme il ne songeoit donc plus qu'à rentrer dans son cachot, Leon luy aprit ce qu'il souhaitoit de son adresse & de son courage: mais il le luy aprit auec tant de marques d'amour, & luy donna de si puissants témoignages de la passion qu'il auoit pour vous; qu'il n'eut plus lieu d'esperer d'obtenir de luy, qu'il ne songeast plus à vous conquerir. Imaginez-vous bien, ie vous en conjure, en quel estat se trouua le malheureux Roger, aprés cette declaration: vous me direz peut-estre, qu'il n'auoit qu'à se découurir, & qu'à se confier à la generosité de Leon, qu'il auoit déja éprouuée: mais c'est parce que Leon auoit esté genereux, qu'il estoit dificile à Roger de se découurir. Le moyen, Bradamante, d'aller aprendre à vn Prince à qui on est redeuable de la vie, que l'on a du dessein sur la sienne, que l'on veut détruire sa felicité, luy enleuer sa Mestresse, & luy percer le cœur d'vn coup de poignard? car en cette occasion, il n'y auoit point à balancer : il falloit ne se découurir pas, ou en se découurant, se resoudre à combatre celuy à qui on deuoit la vie & la liberté. Il falloit seruir vn Riual, ou tuer son Liberateur : car apres les choses que Leon auoit dittes à Roger, il n'y auoit point d'aparence, qu'vn homme qui luy auoit déja de si estroites obligations, eust encor l'audace d'esperer, qu'en sa consideration, il quitast vne chose, qu'il preferoit à vn Empire. Leon auoit lieu de croire, que Roger luy estoit assez obligé, pour ne luy demander pas vne semblable chose : & Roger auoit raison de penser, qu'en se découurant il ne pouuoit luy arriuer que de deux choses l'vne, c'est à dire de combatre Leon, ce que la generosité ne vouloit pas qu'il fist, ou de rentrer dans les fers, & par consequent vous laisser exposée, & aux armes de Leon, & à celles de tout ce qu'il y a de plus vaillant au monde. Ceux qui disent que toutes les graces sont enchainées s'abusent : & il n'y a rien au contraire, qui nous doiue tant faire craindre d'estre refusez, que lors que nous deuons déja beaucoup, à ceux à qui nous demandons : mais principalement quand ce que nous leur demandons, leur tient lieu d'vn Thresor inestimable. Demander trop à ceux à qui on doit, est vne espece d'ingratitude : enfin selon toutes les aparences, Leon auroit refusé Roger; & selon l'estât des choses, Roger estoit plus mal-heureux & plus coupable, en se découurant inutilement, qu'en ne se découurant point; puis que quoy qu'il en arriuast, il se priuoit du moyen de conseruer vostre vie. Croyez, Bradamante, croyez, que ce n'estoit pas vne affaire, que mon frere pût resoudre facilement : d'vn costé, il falloit non seulement ceder sa Mestresse, mais la combatre pour la donner à vn Riual : & de l'autre, il falloit estre ingrat, trahir son Liberateur, manquer à la parole qu'il auoit donnée, s'exposer à rentrer dans les fers, & à vous abandonner pour toûjours, qui estoit la seule chose qu'il consideroit. S'il ne se découuroit point, il voyoit qu'il estoit le plus mal-heureux de tous les hommes : & s'il se découuroit, il sçauoit qu'il estoit perdu, & que vous estiez perduë pour luy. Or de quelque façon que fust la chose, il estoit toujours mal-heureux, & paroissoit toujours criminel : car quand il eust pû estre qu'en aprenant à Leon qui il estoit, Leon eust consenty qu'il n'eust pas combatu pour luy ; il falloit du moins toujours, que Roger deuant autant à ce Prince qu'il luy deuoit, le laissast combatre le premier ; & ie pense mesme, que vous en estes tombée d'accord. Mais comme Leon n'osoit se fier à son adresse, pour la conseruation de vostre vie, (comme ie vous l'ay desia dit,) Roger au contraire, ne vouloit fier la conseruation de vostre vie qu'a luy mesme : & c'est icy (comme ie vous l'ay promis tantost,) que ie veux répondre à vos objections. Quoy, (disoit-il en son cœur) ie pourrois estre le spectateur d'vn combat, où l'on pourroit tuer Bradamante! Ha, non, non, il me seroit impossible ; ie sortirois de la presse, ie romprois les barrieres de la Lice ; & quand ie n'aurois autres armes que mon espée, i'irois la deffendre de celuy qui l'ataqueroit ; ie deuiendrois ingrat, i'oublierois ce que Leon a fait pour

moy ;

moy; ie cesserois d'estre son Amy; ie redeuiendrois son Riual & son Ennemy; & pour tout dire, ie pense que ie tuërois mon Liberateur. Ne nous exposons point (adjoûtoit-il,) à perdre l'estime de Bradamante, en pensant la conquerir: combatons contre elle, afin de combatre pour elle: ne confions sa vie qu'à nostre adresse, & qu'au desir que nous auons de la conseruer: & puis que nous ne pouuons estre, ny heureux, ni innocents, faisons du moins vn crime dont la cause soit si noble, qu'elle en fasse excuser l'effet. Combatons en mesme temps, & pour Leon, & pour Bradamante: & par vn excés d'amour, d'estime, d'amitié, de generosité, & de reconnoissance; soyons la seule victime, qui appaise le courroux du Ciel en cette rencontre. C'estoit ainsi que le mal-heureux Roger, disputoit en son esprit, sur vne chose si dificile à resoudre; que quand vous mesme auriez esté de son conseil, vous mesme auriez esté bien empeschée, à conseiller celuy que vous accusez de peu d'affection, d'injustice, & d'inhumanité. Comme Amante, que vous estes, vous ne luy auriez pas persuadé de faire ce qu'il a fait : comme prudente que ie vous croy, vous n'auriez pas voulu qu'il eust fait vn crime inutilement : & comme genereuse & pitoyable, que vous deuez estre, vous n'eussiez sans doute pas consenty, que Roger eust tué son Liberateur, de la mesme main qu'il venoit d'oster des fers. Mais (me direz-vous,) Leon estoit son Riual; mais (vous répondray-je,) Roger estoit son obligé : selon vos maximes, l'amour vouloit qu'il oubliast tout; & selon les miennes, l'honneur vouloit qu'il n'oubliast rien, pour ne ternir pas sa gloire. C'est vne erreur de penser qu'il faille cesser d'estre genereux, dés que l'on commence d'aimer : & qu'il soit permis d'estre criminel enuers tout le monde, & enuers soy mesme, afin d'estre innocent enuers sa Mestresse. Si elle a l'ame grande, la vertu ne luy paroistra iamais vn vice : Elle aimera aussi long-temps, que son Amant sera vertueux : mais dés qu'il cessera de l'estre, elle cessera de l'aimer. Et quoy que vous puissiez dire, vous ne seriez pas bien aise, que mon frere eust fait vne lâcheté. En effet, si pour estre amoureux, il falloit renoncer à tous les sentimens de la Nature & de la raison ; si pour aimer vne seule personne, il falloit haïr toute la Terre ; le Ciel seroit injuste d'auoir rendu les hommes sensibles à cette passion. Il n'y en auroit point dont la vertu se pût dire, solidement establie : l'amour seroit le pretexte de tous les crimes : on pourroit tuer son Pere, trahir sa Patrie, empoisonner ses amis, & porter le feu par tous les coins du monde impunément, & auec gloire, pourueu que l'on dist, c'est l'interest de la personne aimée, qui me fait agir de cette sorte. Ha, non, non, Bradamante, l'amour est vne passion trop noble, pour inspirer de si lasches sentimens : & si vous écoutiez bien vostre cœur & vostre raison, vous trouueriez que vostre bouche les a trahis, lors qu'elle a mal traité Roger ; parce qu'il vous a aimée d'vne amour si pure & si heroïque, qu'il n'a pû se resoudre pour son interest particulier, ny de commettre le soin de vostre vie à vn autre, ny de s'exposer à perdre vostre estime, en faisant l'action d'vn lâche & d'vn ingrat, ni de trahir en mesme temps, & Leon, & Bradamante, & Roger. Car ne me dites point qu'il a hazardé vostre vie, en combatant contre vous : puis que ie suis bien informée, que dans le mesme temps que vous tâchiez de rendre vos armes plus trenchantes, luy au contraire, employoit toute son adresse, à émousser le trenchant des siennes : & de la façon dont il en auoit vsé, il n'eust pû mesme vous blesser, quand il en eust eu l'intention. Il cherchoit moins à vous vaincre qu'à vous conseruer : & il n'est pas assez malheureux, pour croire que vous ne l'ayez point remarqué. Que si l'on eust demandé à Roger, pourquoy il combatoit en cette occasion ? il n'auroit pas tant eu de peine à répondre que vous le croyez. C'est parce que ie ne puis estre heureux, (auroit il dit;) c'est pour empescher ma Mestresse, de tuer mon Liberateur; c'est pour empescher mon Liberateur, de pouuoir tuer ma Mestresse ; c'est pour m'acquiter de ma parole ; c'est pour ne ternir pas mon honneur; c'est pour n'estre, ny lasche, ny ingrat ; mais c'est principalement, pour deffendre Bradamante. Oüy, c'est là le veritable sujet qui me fait combatre: tant que i'auray seul les armes à la main contre elle, sa vie est en seureté: ie parois comme son Ennemy, mais ie suis pourtant son Amant: & quoy que ie doiue beaucoup à Leon, c'est toutes-fois plus pour elle que pour luy que ie combats. Voilà injuste fille que vous estes, ce que le mal-heureux Roger auroit répondu, à ceux qui auroient voulu sçauoir ses intentions: & voilà par où ie vous fais voir, (comme ie m'y estois engagée,) que les sentimens de Roger, n'estoient pas moins beaux que ceux de Leon. Mais (me direz-vous encor,) i'ay pû le tuer de ma propre main: Ha peu sçauante que vous estes, dans les sentimens qu'vne amour violente inspire! ignorez vous encor, que puis que le mal-heur de Roger vouloit qu'il ne pût viure heureux, il y eust eu quelque douceur pour luy, à mourir de vostre main, & à expirer à vos pieds? vostre douleur eust consolé la sienne; vos larmes eussent payé tout le sang qu'il auroit répandu; & la mort qu'il auroit soufferte,

& par vous, & pour vous, ne luy auroit point esté rude. La veuë de la personne aimée, doit moderer toutes les douleurs; mais l'interest de la personne aimée, ne doit point authoriser tous les crimes. Si Roger (comme ie pense vous l'auoir desia dit,) eust pû imaginer quelque voye, par laquelle sans vous exposer, il eust pû conseruer l'esperance de vous posseder; il eust peut-estre esté vn peu moins genereux: & ie ne sçay si sa vertu auroit esté assez forte, pour ne succomber pas en cette occasion. Mais voyant que de quelque façon que fust la chose, il n'y auoit point d'espoir pour luy; pourquoy voulez vous qu'il aye eu tort de conseruer vostre vie, en ne la hazardant pas? pourquoy ne trouuez vous point bon qu'il ait seruy celuy qui l'auoit tiré des fers? & pourquoy trouuez vous mauuais, (puis qu'il n'auoit plus de part à Bradamante,) qu'il ait fait au moins que Bradamante demeurast entre les mains du plus vertueux des hommes, & du plus cher de ses amis? il esperoit que vous pleureriez ensemble, & son malheur, & sa perte: & s'imaginoit que l'Empire & la Couronne de Leon vous seroient agreables, pource qu'en quelque façon, vous tiendriez l'vn & l'autre de sa main : car il ne doutoit pas qu'en cette rencontre, l'ambitieux Aymon ne vous obligeast à les accepter, comme luy mesme vous en eust conjurée. Aureste, on ne peut pas soupçonner Roger, d'auoir changé de sentiments pour vous : ce n'a esté ny par inconstance, ny par defaut d'affection, qu'il a fait vne chose si extraordinaire : lors qu'il vous combatoit, il estoit bien assuré, que s'il eschapoit à l'adresse de vos armes, il n'eschaperoit pas à sa douleur : il sçauoit qu'en gagnant la victoire, il perdroit Bradamante : & qu'en perdant Bradamante, il perdroit la vie. Comme en effet, si Leon ne la luy eust conseruée vne seconde fois, sa mort auroit iustifié toutes ses actions; vous n'auriez que de l'amour & de la douleur; & la colere n'obscurcissant point la clarté de vostre iugement, vous auriez pleint le reste de vos jours, celuy que vous accusez auec tant d'injustice. Mais pour changer vous mesme vos sentimens, suiuez le dans cette obscure forest, & dans cette effroyable solitude, où il va chercher la mort, apres vous auoir vaincuë. Escoutez-y ses pleintes & ses soûpirs; considerez-y son desespoir & sa fureur; & admirez en luy, tout ce que l'amour, l'amitié, la reconnoissance, & l'honneur, peuuent faire penser de plus beau & de plus genereux. Il y a des moments, où il se repent de ce qu'il a fait: il y en a d'autres, où il haït son Liberateur: vn instant apres, il aime son Riual: en suite, il vous adore, & vous demande pardon, quoy qu'il sçache bien qu'il n'est pas coupable. Mais en quelque lieu qu'il aille, & de quelque costé qu'il tourne ses pensées, il voit toûjours Bradamante sans la voir: il la voit affligée (ce luy semble;) il la voit sur le Thrône; il la voit pleurer sur son tombeau: toutesfois, de quelque façon qu'il la voye, rien ne luy est si agreable, que de se la representer encor, les armes à la main contre luy. Ouy, Bradamante, il vous rend graces de tous les coups que vous luy auez portez, & de toutes les blessures, que vous luy auez voulu

voulu faire. Il met cela au nombre des plus grandes faueurs, qu'il pouuoit iamais receuoir de vous : & pour vous satisfaire, & se satisfaire luy mesme, en vous faisant voir que s'il a paré les coups qui partoient de vostre main ; ce n'a pas esté pour conseruer sa vie, le voilà qui se prepare à la mort. Voyez sur son visage toutes les marques d'vne veritable douleur, & d'vn extréme desespoir : Serez vous moins genereuse que Leon, apres auoir entendu ses pleintes comme luy, & veu comme l'Amour a déja peind la mort dans ses yeux? Prenez garde à ce que vous allez dire ; Leon en le laissant mourir, gagnoit vne Mestresse, & perdoit son ancien Ennemy & son Riual ; mais pour vous, vous ne pouuez perdre Roger, que vous ne perdiez le plus fidelle, & le plus genereux Amant, qui fut, ny qui sera iamais. Parlez donc, Bradamante, parlez, mais ne parlez pas precipitément : songez qu'il s'agit de vostre gloire, & de vostre felicité : vous n'auez rien de si dificile à faire, que Roger & Leon, n'ayent encor fait dauantage. Le premier n'a pas besoin de vous faire souuenir, qu'il a pû cesser de haïr son Riual, parce qu'il estoit son Liberateur: Puis que cette generosité, est ce qui le fait paroistre criminel aupres de vous : il suffit donc que ie vous fasse voir, que Leon a beaucoup plus fait, que vous ne pouuez faire. En la premiere occasion, il a redonné la vie à son Ennemy ; il a veu sa victoire sans haine & sans jalousie ; il a aimé celuy qui auoit répandu son propre sang, en tuant le fils de la cruelle Theodore ; & il a tiré des fers & du tombeau, celuy qui auoit fait tous ses efforts pour l'y faire descendre. Mais si en cette premiere rencontre, il donna la vie à son Ennemy, en la seconde il la donne, non seulement à son Ennemy, mais à son Riual. S'il l'eust laissé perir dans les chaines, sa mort ne luy pouuoit causer autre auantage, que de le deliurer d'vn homme dont la valeur luy auoit esté si nuisible : ou au contraire, en le laissant étouffer par sa propre douleur, Leon perdoit vn Riual, & conseruoit vne Mestresse. Cependant, parce qu'il est veritablement genereux, il prefere son honneur à sa passion ;

il ne veut pas que l'amour luy faſſe commettre vne faute; il veut que comme l'ambition ne l'a pas empeſché de ſauuer la vie à Roger, lors qu'il ne luy eſtoit point obligé; l'amour auſſi ne luy faſſe pas faire vne lâcheté, apres auoir connû ce que Roger auoit fait pour luy. Soit qu'il le regarde comme ſon Ennemy, comme ſon Riual, comme ſon Amy, ou comme vn homme extraordinaire; il ne veut pas luy ceder en vertu. Il aime mieux luy ceder Bradamante, que de n'eſtre pas digne de Bradamante: & il aime mieux perdre ſa felicité, que de l'eſtablir par des voyes injuſtes. Il pouuoit ſans honte ne tirer pas Roger des fers: mais il ne pouuoit ſans ingratitude, le laiſſer perir en cette derniere occaſion. Auſſi n'a-t'il pas eſté capable, d'vn ſi lâche ſentiment: il l'a aimé plus ardemment qu'il ne faiſoit auparauant; il luy a cedé de bonne grace, le prix de la victoire qu'il auoit remportée; il l'a conſolé; il l'a retiré d'entre les mains de la mort; & l'a ramené aux pieds de ſa Meſtreſſe. Iugez apres cela, ſi Roger auoit ſujet d'eſtimer Leon? voyez s'il s'eſtoit trompé en ſon choix ? & s'il euſt eſté iuſte d'eſtre ingrat, enuers vn Prince, ſi reconnoiſſant ? Au reſte, l'action qu'il a faite, de venir luy meſme découurir, la verité de la choſe à l'Empereur, & à toute la Cour; fait aſſez connoiſtre, que ce n'a pas eſté par manque de cœur, qu'il a eu recours à la valeur d'autruy. Iamais vn lâche n'auroit eu cette hardieſſe : mais pour luy ; comme il ſçait que ce n'a eſté que par vn excés d'amour, qu'il en a vſé ainſi, il ne craind point de le publier. Et puis, Roger ſçait aſſez, en quel eſtat il trouua les Bulgares, lors qu'il arriua dans leur Camp, pour eſtre vn témoin irreprochable, de la valeur de ce Prince. Apres cela, ie penſe que vous ne pouuez pas dire, que Leon n'aye beaucoup fait pour Roger : il luy a donné la vie, la liberté, & ſa Meſtreſſe : il a falu qu'il aye combatu dans ſon cœur, l'ambition, la haine, l'amour, & la jalouſie : il a falu qu'il ait ſeruy ſon Ennemy & ſon Riual : & qu'il ait détruit ſa propre felicité pour eſtablir la ſienne. Pour vous, Bradamante, vous n'auez qu'à rendre juſtice à mon frere ; vous n'auez qu'à receuoir fauorablement vn Amant qui vous adore; & si ie l'ose dire, vous n'auez qu'à écouter vos propres sentimens. Non, quoy que la colere vous ait fait mesler beaucoup d'aigreur à vos pleintes, vous ne haïssez point encor Roger: lors que vous auez parlé à luy, vous auez nommé Theodore, la cruelle Theodore: & cela sans doute, parce qu'elle a pensé causer sa mort. Ne l'imitez donc pas, ie vous en conjure; & ne soyez pas encor plus cruelle qu'elle ne l'a esté. Pour peu que vous la soyez, vous la serez dauantage: Car enfin, Roger auoit fait perdre la victoire à l'Empereur son frere, & luy auoit tué vn fils: mais pour vous, qu'auez vous à luy reprocher? si ce n'est que Roger est le plus genereux des hommes; qu'il n'a pû tuer celuy qui luy auoit sauué la vie; qu'il n'a pû manquer de parole, à celuy qui l'auoit tiré des fers; qu'il a combatu Bradamante, de peur de l'exposer aux armes d'vn autre; qu'il a eu plus de soin de sa conseruation que de la sienne; qu'il a choisi la mort, plustost que de suruiure à la perte de sa Mestresse; que ſon honneur luy a eſté plus cher que toutes choſes; & que ne pouuant eſtre heureux, il a mieux aimé mourir auec gloire que viure auec infamie. Voilà, Bradamante, tous les crimes dont mon frere peut eſtre accuſé: mais ſi ce ſont des crimes, ils ſont d'vne nature à eterniſer la memoire, de celuy qui les a commis. Ne terniſſez donc pas la voſtre, par vne injuſtice effroyable: & ne déniez pas à mon frere, le prix de la victoire qu'il a remportée. De quelque façon que vous preniez la choſe, il demeure conſtant, que vous auez combatu; que vous auez eſté vaincuë; & que par conſequent, ſelon les Loix que vous meſme vous eſtes impoſées, vous apartenez au victorieux, quel qu'il puiſſe eſtre. Vous dites vous meſme, que Leon ne peut auoir de droict en vne action, où il n'a point eu de part: à qui donc ſera Bradamante, & que deuiendront les loix qu'elle a faites? aimera-t'elle mieux que quelque inconnû vienne la combattre, & la vaincre? où veut-elle que Roger ſous ſes propres armes, la combate encor vne fois? Non, ie ne penſe pas qu'elle le vueille: &

malgré ſon injuſte colere, & ſon reſſentimẽt, ſouuenir de ce qui s'eſt paſſé en cette iournée, luy a dõné trop d'inquietude, pour croire qu'elle vouluſt s'expoſer à voir encor mon frere, comme vn ennemy. Car ſi c'eſt pour luy ceder la victoire qu'elle veut combatre, il vaut mieux ne combatre point : & ſi c'eſt pour la diſputer effectiuement, elle n'a qu'à commander à Roger de ſe faire mourir de ſa propre main, ſans y employer la ſienne : ou pour mieux dire, elle n'a qu'à l'abandonner à ſa propre douleur. Mais encor vne fois, ſongez bien à ce que vous allez faire : & ſouuenez vous, que ſi vous euſſiez tué le Liberateur de Roger, vous euſſiez pleuré ſa perte : ou que ſi Roger luy euſt fait perdre la vie, vous l'auriez accuſé d'ingratitude & de cruauté, au lieu que vous ne pouuez l'accuſer, que d'eſtre trop genereux. O que cet Amant eſt digne de Bradamante, pourueu que Bradamante, ne ſe rende pas indigne de cet Amant ! Pour iuger encore mieux de l'action de Roger, imaginez vous qu'il vient de ſortir du cachot, & que malgré vne obligation ſi estroite, il persiste encor dans le dessein de tuer Leon. Imaginez vous (dis-je) qu'estant bien informée de la verité de la chose, vous arriuez aupres de Roger, comme il a terrassé Leon à ses pieds, & comme il est prest de luy passer son espée à trauers le cœur : dittes en verité, ne luy retiendriez vous pas le bras? n'accuseriez vous pas Roger, de brutalité & d'ingratitude? & ne trouueriez vous pas qu'il auroit terny sa gloire? vostre silence me fait assez connoistre, que vous sauueriez la vie à Leon; & que vostre premier sentiment, seroit d'accuser Roger. Pourquoy donc trouuez vous mauuais, qu'il aye fait ce que vous auriez fait vous mesme? mais vous me direz qu'il vous a combatuë; il est vray; & ie vous diray mesme qu'il a eu impatience de vous combatre. Lors qu'il sceut par Leon, que vous auiez enuoyé des Cartels par toute la Terre, pareils à celuy qu'il luy montra; il eut vne telle peur, de n'arriuer pas le premier, qu'il pressoit plus Leon, que Leon ne le pressoit; tant le soin de conseruer vostre vie luy estoit cher. Il craignoit que quel-

qu'vn

qu'vn ne le deuançast ; il aprehendoit que vous ne fussiez blessée, par ceux à qui le desir de vaincre, pouuoit faire perdre le respect en cette rencontre : & puis qu'il luy estoit absolument impossible d'estre à vous, il vouloit du moins se sacrifier pour vous. Ne luy refusez donc pas, ce que son zele, son amour, & sa valeur, demandent de Bradamante : accordez vostre amitié à Leon, comme au Liberateur de vostre Amant ; & redonnez vostre affection à Roger, comme à l'homme du monde qui la merite le mieux. Vostre inclination vous y porte ; la raison vous le conseille ; la vertu vous le permet ; l'honneur vous le commande ; la generosité de Leon vous en solicite ; l'ambition de vostre Pere l'accorde à la Couronne de Bulgarie, que mon frere n'a acceptée, que pour la mettre à vos pieds, & de là sur vostre teste ; les Loix que vous auez faites vous y contraignent ; vostre propre gloire le veut ; & Marphise vous en conjure.

EFFET
DE CETTE HARANGVE.

A prendre les choses selon le sens Historique; si cette Harangue auoit esté faite, on ne pourroit pas douter, qu'elle n'eust persuadé Bradamante, puis qu'elle espousa Roger: mais à la considerer comme vne Alegorie; c'est au Lecteur à m'aprendre, s'il en est luy mesme persuadé. Beaucoup ont desaprouué l'action de Roger; tous ont condamné celle de Leon; i'ay deffendu l'vne & l'autre, & blâmé le silence de Bradamante, que personne ne blâmoit: & par là, i'ay tâché de faire voir, que si l'Arioste est coupable, ce n'est pas peut-estre par l'endroit qu'on l'en accuse.

LAODAMIE

A

PROTHESILAS.

QVATRIESME HARANGVE.

ARGVMENT.

COmme les Grecs estoient sur le poinct de partir, pour aller au Siege de Troye, vn Oracle asseura, que le premier d'entr'eux qui toucheroit le riuage des Ennemis, y mourroit indubitablement. Vn si funeste presage, épouuenta presques tout le monde: mais entre les autres, Laodamie femme de

Prothesilas, en eut une frayeur extréme. De sorte que pour éuiter vn si grand malheur, elle essaya de persuader à son Mary,

QVE L'ON DOIT SE CONSERVER POVR LA PERSONNE AIMEE.

LAODAMIE
Crains la fortune ennemie,
Malheureux Protesilas;
Ne crois ton cœur, ni ton bras,
Crois plustost Laodamie.

LAODAMIE A PROTHESILAS.

VOUS voulez donc m'abandonner, mon cher Prothesilas ? & non content de vous separer de moy, vous auez encor l'inhumanité (s'il faut ainsi parler) de me venir dire que la Mer est tranquile, que toutes les Galeres sont prestes à faire voile, qu'on n'atend plus que vous à partir, & que le vent est propice. Mais helas, s'il est fauorable aux Grecs, qu'il est contraire à Laodamie ! Oüy, Seigneur, ie l'aduouë aujourd'huy, i'ay fait autant de vœux pour obtenir la tempeste, afin de retarder vostre départ, que les autres ont accoûtumé d'en faire, pour obtenir le calme durant vn orage. Cependant, malgré mes prieres & mes sacrifices, ie voy que les flots & les vents conspirent ma perte, & s'en vont vous enleuer d'aupres de moy. Ne me les nommez donc plus fauorables, ie vous en conjure; puis qu'ils vont vous éloigner de ce que vous aimez, & de ce qui vous aime. La terre où vous allez vous est ennemie; celle que vous quitez est à vous; & vous y laissez vne partie de vous mesme en m'y laissant. Pleignez vous donc comme ie fais, de la tranquilité de la mer; n'apellez plus propices ces vents impitoyables, qui vont vous arracher d'entre mes bras; souhaitez la tempeste si vous me voulez obliger; & ne craignez rien tant, que d'arriuer aux lieux où vous desirez aller. Toutes les fois que l'image de cette funeste guerre, que vous allez porter si loin de nous, me repasse en la pensée, ie sents vne douleur si forte, que ie ne la puis exprimer: & sans bien raisonner sur les choses, les seuls noms d'Illion, de Tenedos, de Xanthe, & de Simois, me ſont ſi effroyables ; qu'ils me rempliſſent le cœur d'étonnement & de crainte, à les entendre ſeulement prononcer. O Dieux, pourquoy faut-il que la faute d'Helene me ſoit funeſte? que parce qu'elle eſt coupable, il faille que ie ſois punie ? & que parce qu'elle a quité ſon Mary, il faille que mon Mary me quite ? Si vous alliez, genereux Prince, vous expoſer à tous les perils de la guerre, auec intention de vous rendre Maiſtre de tout le Monde, & d'éleuer vn Trophée à voſtre gloire, de tous les Sceptres, & de toutes les Couronnes de l'Vniuers ; on pourroit dire, que le fruict de la victoire, meriteroit qu'on ſe donnaſt la peine de la remporter : mais de penſer que vous n'ayez autre intereſt en cette affaire, que de ramener vne fugitiue, & vne inconſtante, à Menelas ſon Mary ; c'eſt ce qui vient à bout de toute ma patience, & de toute ma raiſon. Tous les Princes Grecs qui le ſuiuent en ce deſſein, ſeront-ils bien glorieux de cette conqueſte quand ils l'auront faite? peut-eſtre ne la feront-ils pas ; peut-eſtre meſme que la guerre ſera aſſez longue, pour faire qu'ils redonnent Helene à Menelas, ſans beauté comme ſans vertu, & par conſequent ſans merite. Ha Ciel, puis-je eſperer de vous reuoir, à la fin de ce mal-heureux voyage? ie le veux, & ie ne le puis: l'eſperance & la crainte, ſe combatent dans mon cœur; & quoy qne ie puiſſe faire, la derniere eſt touſjours plus forte que l'autre. Ie crains voſtre départ, ie deſire voſtre retour, & cependant ie n'oſe quaſi l'eſperer. Ie ſents vne frayeur ſecrette, qui m'agite & qui me tourmente: & ſans pouuoir dire ce que ie crains, ie ſents enfin que ie crains quaſi tout, & que ie n'eſpere rien. I'aprehende durant voſtre Nauigation, tout ce qui peut arriuer à vn mal-heureux: & dans les ſentimens où ie ſuis, ie crains également pour vous, & le naufrage, & le Port. Mais au milieu de tant de ſujets de frayeur, que mon imagination me preſente; ie crains plus que tout, ie ne ſçay quel Hector, que l'on m'a dit eſtre ſi vaillant, que meſme Paris en parloit à Helene; bien qu'il ne ſoit guere ordinaire, qu'vn Amant vante vn autre hõme à ſa Meſtreſſe: & quoy que vostre valeur me soit assez connuë, ie ne puis toutesfois m'y assurer. Ce nom d'Hector me demeure incessament empreint dans le cœur : & sans en pouuoir détacher ma pensée, ie me suis figuré vn fantôme effroyable de ce Troyen, qui ne me quite presques iamais. C'est pourquoy, ô mon cher Prothesilas, éuitez la rencontre de cet Hector, quel qu'il puisse estre : grauez son nom en vostre memoire; & songez encor, pour vostre interest, & pour le mien, que plusieurs Hectors se trouuent en cette guerre. Souuenez vous donc, toutes les fois que vous irez au combat, de ne songer pas tant au gain de la victoire, qu'à ma conseruation, qui est inseparable de la vostre : épargnez vostre sang, afin d'épargner mes larmes; ou pour mieux dire encor, épargnez vostre vie, pour épargner la mienne. Que Menelas combate en desesperé, ie ne m'y oppose pas : il est tout ensemble, Amant, Mary, Ennemy, & offencé. Qu'il aille donc rauir auec violence, celle que Paris luy a rauie volontairement : qu'il attaque ce traistre auec fureur; qu'il le combate auec opiniaſtreté; & qu'il le ſurmonte en armes, puis qu'il le ſurmonte en vertu, & en l'equité de ſa cauſe. Qu'il hazarde (dis-je) tout ſon ſang, pour reparer ſon honneur; la generoſité & la raiſon y conſentent : mais pour vous; mon cher Protheſilas, il n'en doit pas aller ainſi. Car ſi Menelas doit combatre en deſeſperé, pour reconquerir Helene; vous deuez combatre auec prudence, pour conſeruer Laodamie. Ne me refuſez donc pas, la priere que ie vous fais, de prendre vn ſoin extraordinaire, de la conſeruation de voſtre perſonne: ce que ie veux de vous, n'eſt ny dificile ny injuſte: c'eſt vn ſentiment que la Nature inſpire, que la raiſon aprouue, & que l'amour que vous auez pour moy vous doit donner. Encor vne fois, ne me refuſez donc pas, ie vous en conjure; ſi vous ne voulez que ie doute de voſtre affection, ſi vous ne voulez acroiſtre mes inquietudes, & ſi vous ne voulez que ie meure, non ſeulement auant voſtre retour, mais auant voſtre départ. O Paris! ô Helene! ô Menelas! que voſtre amour, voſtre fuite, & voſtre vengeance, me preparent d'étranges douleurs ! On dit (mon cher Mary) que l'Oracle menace d'vne tragique destinée, celuy d'entre les Grecs qui descendra le premier, sur le riuage de Troye : O Dieux, qui peut estre celle d'entre les femmes Grecques, qui répandra les premieres larmes, pour la mort de son Espoux ? & qui peut estre ce genereux infortuné, qui fera pleurer cette infortunée ? veuille le Ciel détourner vn si funeste presage, de dessus la teste de Prothesilas. Mais pourquoy m'inquieter d'vne chose, que vous pouuez éuiter ? en cette occasion (genereux Prince) vous pouuez estre Maistre de vostre destin : Faites que vostre Galere n'aproche du riuage, que lors que toutes les autres, auront déja ietté les anchres : ne descendez que le dernier, de tous ceux que vous conduirez : & ne vous exposez pas, à estre la premiere victime, immolée à la fureur des Dieux protecteurs de Troye. Cette terre où vous allez n'est pas vostre Patrie ; ne vous hastez donc point d'y descendre, si vous ne voulez irriter le Ciel, en méprisant ses Oracles. Et au contraire, lors que vous reuiendrés, faites que vostre Galere deuance toutes les autres ; qu'à voilles & à rames, elle vous ramene au Port ; & que vous soyés le premier des Grecs, qui nous annonce la victoire. Ce sera en ce bien heureux temps (mon cher Seigneur) que les perils que ie crains aujourd'huy, me donneront de la joye, voyant que vous les aurés euités : & sans m'informer toutes-fois, des plus beaux euenements de cette guerre, vous me rendrés conte seulement, de la douleur que vous aura causé mon absence ; des souhaits que vous aurés faits pour vostre retour ; des soins que vous aurés eus de vous conseruer pour moy ; de tout ce qui vous regardera directement ; & de tous les sentimens de tendresse, que l'amour vous aura donnés, durant le voyage de Troye. Mais helas, le nom de cette funeste ville, ne me reuient pas plustost en la memoire, que le trouble & l'inquietude, me reuiennent dans le cœur ! Ie cesse d'esperer, & ie recommence de craindre : ie reuoy le fantôme d'Hector, qui semble vous poursuiure & me menacer : & quoy que ie connoisse bien, que ces fausses visions, sont

vn

vn pur effet de ma crainte & de ma douleur, elles ne laissent pas de me donner vne veritable affliction. Encor si ie vous pouuois suiure à la guerre, ou que vous & moy fussions nez dans l'Empire de Troye, ie serois moins mal-heureuse que ie ne la vay estre : car comme ie ne serois pas éloignée de vous, ie vous armerois de mes propres mains ; & vous redisant tous les iours, les mesmes choses, que ie vous dis aujourd'huy ; peut-estre qu'enfin, elles feroient plus d'impression en vostre ame : & soit que vous fussiez vainqueur, ou que vous fussiez vaincu, i'aurois toûjours cet aduantage, de partager également, vostre bon-heur ou vostre infortune. Oüy, quand mesme les Dieux auroient resolu vostre perte, i'aurois du moins cette triste consolation, que nos cendres seroient meslées ensemble : mais de la façon qu'est la chose, il faut que vous partiez, & que ie demeure ici, il faut que tous les moments de vostre absence me soient funestes ; & que par l'incertitude où ie seray de vostre vie, la mienne soit la plus malheureuse qui fut iamais. Quand le voyage que vous allez entreprendre, ne seroit causé que par vostre seule curiosité; que la Paix seroit établie par tout l'Vniuers; que cet Hector que ie redoute tant, ne seroit pas en l'estre des choses; que cet Oracle qui menace vn ie ne sçay qui d'entre les Grecs, n'auroit point esté rendu; & que i'aurois la parole des Dieux mesmes, pour assurance de vostre retour; vostre seul éloignement, ne laisseroit pas de me faire répandre des larmes, & de m'affliger auec excés. Iugez donc (mon cher Prothesilas) quelle douleur peut estre la mienne, de voir que non seulement vous vous éloignez de moy, mais de voir encor, que vous allez en vn lieu, où tout vous est ennemy; où le fer & le feu seront employez contre vous; où l'on fait des vœux & des sacrifices pour vostre perte; où l'on ne vous attend que pour vous combatre; où le Port peut vous estre vn écueil; où l'on vous peut faire porter des chaines; où vous pouuez estre blessé; & ce qui m'est le plus effroyable, où vous pouuez trouuer la mort. Iugez donc (mon cher Prothesilas) si vne personne qui auroit besoin de consolation, pour vostre absence seulement, est capable d'en pouuoir trouuer, en vne si fâcheuse rencontre ? non, certes, cela n'est pas possible: aussi vous puis-je assurer, que ie n'en chercheray point. Ma douleur me tiendra lieu de toute choses : les habitans de la ville de Philacé, seront témoins de mes inquietudes : les Autels de toute la Thessalie, seront chargez de mes offrandes : & tous vos Subjets verront que les larmes & les soûpirs, seront mes seules occupations. Enfin, quoy que vous puissiéz endurer en ce Siege, ie suis bien assurée, de souffrir encor dauantage. Mon esprit vous suiura par toute la Terre ; & comme il n'est point de mal-heur que ie n'aprehende pour vous, on peut dire que i'éprouueray, non seulement tous ceux qui vous arriueront, mais tous ceux encor, qui ne vous arriueront pas, & qui vous pourroient arriuer. Il me semble déja, qu'oubliant mes larmes & mes prieres, & méprisant l'Oracle des Dieux ; ie vous voy emporté de vostre valeur, descendre le premier sur le riuage, & chercher cet Hector, comme la plus noble matiere, d'exercer vostre generosité. Il me semble (dis-je) que s'entendant apeller par vous, il vous cherche ; comme vous le cherchez ; qu'il se montre ; qu'il vous combat ; & que tantost vainqueur, & tantost vaincu, ie vous voy aux prises auec vn si redoutable Ennemy. Pardonnez moy, mon cher Prothesilas, si par de si funestes presages, ie vous dis le dernier adieu : craignez, genereux Prince, craignez, afin de diminuer mes craintes. Ne vous fiez, ny en vostre adresse, ny en vostre cœur : & pour éprouuer la fortune heureuse, ne la tentez pas trop souuent. La temerité ne peut iamais estre vne vertu : l'éuenement la iustifie quelquesfois dans l'esprit des peuples, mais non pas dans celuy des Sages. Toutes les fuites ne sont pas honteuses ; & il est mesme des retraites honnorables. Ne vous opiniastrez donc point, dans les combats où vous vous trouuerez : ne songez pas tant à vaincre, qu'à vous empescher d'estre vaincu : & ne pensez pas tant à oster la vie à vos Ennemis, qu'à conseruer la vostre. C'est là, Seigneur, c'est là, ce precieux Tresor que ie vous donne en garde:

c'est ce que ie confie à vostre courage, à vostre adresse, & à vostre prudence : c'est dequoy ie veux que vous me rendiez vn fidelle conte : & c'est enfin le seul fruit que ie vous demande de la victoire. Car que m'importe qu'Helene demeure entre les mains de Paris, ou qu'elle reuienne entre celles de son Mary ? Si Prothesilas est vaincu, tous les Grecs sont vaincus pour Laodamie : ou si au contraire Prothesilas est viuant, tous les Troyens ont du pire, & la victoire est à nous. Vous me tenez lieu d'Amant, de Mary, de Roy, & d'Empire tout ensemble : Iugez donc apres cela, ce que vous deuez faire pour vous conseruer pour moy ? Imaginez vous ce que vous feriez, si i'estois (non pas femme de Paris comme Helene, car ie ne puis mesme supposer que cela pût estre ainsi ;) mais imaginez vous (dis-je) que ie suis captiue dans Troye ; qu'Hector m'a mise à la chaine ; qu'en ce pitoyable estat ; vous me voyez sur les murailles de la ville, regarder vn combat où vous estes ; que mesme cet Hector a vn poignard à la main, prest de me l'enfoncer dans le cœur ; que feriez vous lors, Prothesilas, pour me deliurer ? toutes choses, genereux Prince : oüy, ie le voy assez dans vos yeux ; ne vous expliquez donc pas dauantage. Vous exposeriez vostre vie ; vous prodigueriez vostre sang ; vous viendriez seul attaquer les murailles, si personne ne vous vouloit suiure : que si vos efforts estoient vains, vous auriez recours à des larmes ; vous demanderiez les chaines qui m'attacheroient ; vous souhaiteriez receuoir en vostre sein, le coup de poignard qui me deuroit percer le cœur ; vous ietteriez vos armes pour impetrer ma grace ; vous vous feriez l'Esclaue de vostre Ennemy ; & il n'est rien enfin, que vous ne fussiez capable de faire. Or, Seigneur, i'ay à vous dire, que Laodamie est dans vostre cœur ; c'est là qu'il faut la deffendre du poignard d'Hector ; c'est en cette occasion, qu'il faut faire toutes choses pour la conseruer ; & que par raison & par amour, il faut ne l'exposer pas legerement. Vous deuez vostre assistance à Menelas, (ie l'aduouë ;) vous estes Grec, vous estes Prince, vous estes son Amy, &

vous estes genereux : mais si vous deuez seruir Menelas contre les Troyens, vous deuez seruir Laodamie, & contre les Troyens, & contre les Grecs, & contre Menelas, & contre toute la Terre. Le premier deuoir emporte tous les autres : & l'interest de la personne aimée, ne peut estre mis en comparaison, auec celuy d'aucun Prince, quel qu'il puisse estre. La gloire est la seule chose, que l'on doit aimer autant qu'elle; & que l'on peut quelque-fois preferer à elle. C'est pourquoy, comme ie ne vous demande rien de lâche, ny rien d'injuste, vous ne me pouuez refuser, sans cruauté & sans injustice. Conseruez vous donc, & promettez moy de suspendre vne partie de vostre valeur, de peur qu'elle ne vous soit funeste. Les hommes courageux font fuir les foibles; mais pour l'ordinaire, ils irritent les vaillants comme eux. Vne partie des traits qu'ils lancent sur la teste de leurs aduersaires, rejalissent sur eux mesmes : la gloire qu'il y a de les vaincre, fait qu'on s'expose plus facilement à les attaquer : & les moins hardis quand on les met au desespoir, sont capables de faire par la crainte, ce qu'ils ne peuuent faire par leur propre generosité: n'irritez donc pas les vns, & ne desesperez pas les autres, si vous ne voulez succomber, sous le nombre de vos Ennemis. Ie voy bien, mon cher Prothesilas, que vous voyez mes larmes auec tendresse: mais ie voy bien aussi, que vous n'écoutez pas mes raisons, auec dessein de vous en seruir. Vous aimez sans doute Laodamie plus que vous mesme, mais vous aimez l'honneur plus que Laodamie. Vous croyez que ce n'est pas assez, de combatre en homme ordinaire; & qu'il faut que vous combatiez en Heros: Vous croyez (dis-je) que ce n'est pas assez de vous bien deffendre, & que vous deuez encor attaquer: car (persuadé que vous estes, que l'excés de valeur ne peut iamais estre blâmable;) Vous voulez aller plus loin, que tous les autres n'ont iamais esté: ne vous abusez point toute-fois, mon cher Prothesilas; il y a des bornes à toutes choses: & l'excés au contraire, change presques toutes les vertus en vices. Les Liberaux deuiennent prodigues, dés

dés qu'ils donnent ſans reigle & ſans iugement : & les vaillants temeraires, quand ils s'expoſent ſans conduite & ſans raiſon. L'extréme courage aproche de la fureur : & la ſageſſe meſme quand elle eſt exceſſiue, peut dégenerer en folie. Pardonnez (genereux Prince) au zele qui me fait parler ; à l'Oracle des Dieux qui me fait craindre ; & à l'extréme amour qui me fait chercher auec inquietude, tout ce qui vous pourroit empeſcher, de tomber au malheur que i'aprehende. Il me ſemble meſme, que ie voy ſur voſtre viſage, vne douleur qui me ſolicite, de prendre vn ſoin tout extraordinaire, de voſtre conſeruation : plus vous me témoignez d'affliction de me quiter, plus vous redoublez la mienne : & ſi i'aimois mon repos, ie deurois ſouhaiter que vous m'aimaſſiez moins. Mais que dis-je, inſenſée que ie ſuis ! ſi c'eſtoit vne choſe poſſible, que Protheſilas pût abandonner Laodamie, ſans larmes & ſans soûpirs ; ce qui n'eſt que douleur en elle, deuiendroit vn deſeſpoir effroyable. Ne me cachez dont point cette affliction ; monſtrez la moy auſſi grande qu'elle est ; & ne craignez pas d'irriter mes maux. Ils sont d'vne nature, à ne pouuoir deuenir plus grands que par vostre perte ; & à ne pouuoir guerir, que par vostre retour. Helas, pourquoy faut-il que vous partiez, ou pourquoy faut-il que ie ne parte pas auec vous ? cependant l'heure s'aproche, où vous me deuez quitter : ie voy mesme dans vos yeux, quelque impatience de m'abandonner ; quoy que ie connoisse assez, que vous separer de moy, c'est vous separer de la plus chere partie de vous mesme. Ie voy ce combat secret en vostre cœur ; & ie m'aperçoy bien, qu'il vous est presques également impossible, de demeurer icy, & de vous en aller. Toutefois si vous n'estes le plus cruel des hommes, vous demeurerez au moins, le dernier sur le riuage ; vous laisserez partir toute la flote ; & vostre Galere ramant plus lentement que toutes les autres, me permettra de vous suiure longtemps des yeux ; lors qu'apres vous auoir dit adieu (si ie vous le puis dire sans mourir) ie seray sur le Port à regarder, quand ie ne pourray plus vous voir, les dernieres traces qu'elle laissera sur les eaux. Ne refusez pas ce foible soulagement, à la plus malheureuse qui fut iamais : car encor vne fois, ce n'est pas assez que de partir le dernier du riuage de Grece ; & le principal est, de ne descendre pas le premier, sur le riuage de Troye. Non, Prothesilas, ce n'est plus la crainte toute seule qui me fait parler ; ce n'est plus l'amour qui forme ma crainte ; c'est vn Dieu qui m'inspire, qui m'épouuente, & qui vous aduertit. Ne m'écoutez donc plus comme vne femme affligée, mais comme vne personne que le Ciel vous enuoye, pour vostre conseruation. Ce que ie sents est trop extraordinaire, pour ne s'en étonner pas : croyez donc à mes paroles, ie vous en conjure ; que ce nom d'Hector qui m'est si effroyable, ne sorte point de vostre memoire ; car si ie ne me trompe, ie le voy déja sur le bord du riuage, qui se prepare à vous en repousser ; ie voy vne gresle de fleches & de dards, tomber sur la teste des Grecs : Laissez, Prothesilas, laissez éclater cet orage ; laissez émousser la pointe des jauelines des Troyens, auparauant que de vous y expoſer : & puis que tous les Grecs ne peuuent pas eſtre les premiers à deſcendre, accordez moy la grace de n'aſpirer point à vn honneur, qui doit eſtre ſi funeſte, à celuy qui le receura. Soyez le dernier à faire la retraite, pourueu que vous ne ſoyez pas le premier au combat, en cette dangereuſe occaſion. Mais helas, ie voy que toute la flotte commence de voguer, que l'on n'attend plus que vous, que voſtre Galere eſt ſeule dans le Port, & qu'à peine auray-je le loiſir de vous dire adieu. Il le faut toutesfois; & ſi la mort ne me ferme les yeux, pour m'empeſcher de vous voir partir; il faut que dans vn moment ie vous die adieu, & peut-eſtre adieu pour toûjours. Adieu donc le plus heureux des Grecs, ſi vous écoutez Laodamie : & le plus malheureux des hommes, ſi vous écoutez voſtre courage. Iugez par la douleur que i'ay preſentement, quelle ſeroit celle que i'aurois, ſi mes craintes eſtoient veritables : & iugez par cette douleur, ſi l'on ne doit pas ſe conſeruer pour la perſonne aimée. Mais il n'eſt plus temps d'en parler; vous eſtes reſolu de partir; & ie n'ay plus qu'vn moment à viure, puis que ie n'en ay plus qu'vn à vous voir. Allez, puis que vostre destin vous emporte: & veuillent les Dieux, qu'vn si triste commencement de voyage, soit suiuy d'vn agreable retour. Que les vents & les flots, respectent vostre Galere; que les Ennemis vous craignent, & ne vous attaquent point; que ce trop fameux Hector, ne vous rencontre iamais; que les conseils de Laodamie, vous reuiennent en la pensée; que le soin de sa conseruation, vous en fasse prendre de la vostre; que l'amour soit plus forte en vostre cœur, que le desir de la gloire; que le Port où vous allez, ne vous soit pas vn écueil; & ne me soit pas aussi, la cause de mon naufrage, ou pour mieux dire de ma mort.

EFFET
DE CETTE HARANGVE.

QVoy que l'on ait dit que la personne que l'on aime, persuade facilement; l'éloquence de Laodamie, fut plus foible que le mal-heur de Prothesilas: & malgré toutes ses prieres, la force de la destinée, de laquelle cet Oracle auoit parlé, ne laissa pas de regner souuerainement: & de faire voir, qu'il faut que tout ce qu'elle ordonne arriue, quelques obstacles que la prudence humaine y puisse opposer. Prothesilas aborda le premier à Troye, & mourut aussi le premier de tous les Grecs: & la déplorable Laodamie, connût mieux que son cher Mary, par vne triste & funeste experience, que les pre-sentimens que nous auons quelques-fois, ne sont pas toûjours à negliger.

AMARILLE

A

TITIRE

CINQVIESME HARANGVE.

ARGVMENT.

LE grand Virgile s'introduisant dans les Eglogues de ses Bucoliques, sous le nom d'vn Berger nommé Titire; y regrette Rome & la Cour d'Auguste, dont il estoit éloigné; & témoigne estre peu satisfait, des Bois & de la Campagne. Cela m'a donné lieu d'introduire aussi, la Bergere Amarille sa Mestresse, qui le surprenant dans cette pensée, luy réproche le mépris qu'il fait de leur sejour; luy represente ses beautez; & les vous y exposer : & puis que tous les Grecs ne peuuent pas estre les premiers à descendre, accordez moy la grace de n'aspirer point à vn honneur, qui doit estre si funeste, à celuy qui le receura. Soyez le dernier à faire la retraite, pourueu que vous ne soyez pas le premier au combat, en cette dangereuse occasion. Mais helas, ie voy que toute la flotte commence de voguer, que l'on n'attend plus que vous, que vostre Galere est seule dans le Port, & qu'à peine auray-je le loisir de vous dire adieu. Il le faut toutesfois ; & si la mort ne me ferme les yeux, pour m'empescher de vous voir partir ; il faut que dans vn moment ie vous die adieu, & peut-estre adieu pour toujours. Adieu donc le plus heureux des Grecs, si vous écoutez Laodamie : & le plus malheureux des hommes, si vous écoutez vostre courage. Iugez par la douleur que i'ay presentement, quelle seroit celle que i'aurois, si mes craintes estoient veritables : & iugez par cette douleur, si l'on ne doit pas se conseruer pour la personne aimée. Mais il n'est plus temps d'en parler ; vous estes resolu de partir; & ie n'ay plus qu'vn moment à viure, puis que ie n'en ay plus qu'vn à vous voir. Allez, puis que vostre destin vous emporte : & veuillent les Dieux, qu'vn si triste commencement de voyage, soit suiuy d'vn agreable retour. Que les vents & les flots, respectent vostre Galere; que les Ennemis vous craignent, & ne vous attaquent point; que ce trop fameux Hector, ne vous rencontre iamais; que les conseils de Laodamie, vous reuiennent en la pensée; que le soin de sa conseruation, vous en fasse prendre de la vostre; que l'amour soit plus forte en vostre cœur, que le desir de la gloire; que le Port où vous allez, ne vous soit pas vn écueil; & ne me soit pas aussi, la cause de mon naufrage, ou pour mieux dire de ma mort.

EFFET
DE CETTE HARANGVE.

QVoy que l'on ait dit que la personne que l'on aime, persuade facilement; l'éloquence de Laodamie, fut plus foible que le mal-heur de Prothesilas: & malgré toutes ses prieres, la force de la destinée, de laquelle cet Oracle auoit parlé, ne laissa pas de regner souuerainement: & de faire voir, qu'il faut que tout ce qu'elle ordonne arriue, quelques obstacles que la prudence humaine y puisse opposer. Prothesilas aborda le premier à Troye, & mourut aussi le premier de tous les Grecs: & la déplorable Laodamie, connût mieux que son cher Mary, par vne triste & funeste experience, que les pre-sentimens que nous auons quelques-fois, ne sont pas toûjours à negliger.

AMARILLE

A

TITIRE.

CINQVIESME HARANGVE.

ARGVMENT.

LE grand Virgile s'introduiſant dans les Eglogues de ſes Bucoliques, ſous le nom d'vn Berger nommé Titire; y regrette Rome & la Cour d'Auguſte, dont il eſtoit éloigné; & témoigne eſtre peu ſatisfait, des Bois & de la Campagne. Cela m'a donné lieu d'introduire auſsi, la Bergere Amarille ſa Meſtreſſe, qui le ſurprenant dans cette penſée, luy réproche le mépris qu'il fait de leur ſejour; luy repreſente ſes beautez; & les comparant aux deffaux de ce qu'il regrette, tâche de luy faire aduoüer, QVE LA VIE CHAMPESTRE, EST PREFERABLE A CELLE DES VILLES.

AMARILLE
Ô que d'excellentes choses,
Fait voir cet Astre nouveau!
Les champs n'ont rien de si beau,
Sans en excepter les roses.
B.R.

AMARILLE A TITIRE.

CEssez, Illustre Berger, cessez, de regretter les magnificences de Rome : ne troublez point la tranquillité de nos Bois, par des pleintes injustes & inutiles : & laissez vous persuader, que soit pour l'agréement des personnes, pour la pureté des mœurs, pour l'innocence des plaisirs, pour la felicité de la vie, ou pour la veritable vertu, nos Campagnes doiuent estre preferées, à la pompe des plus belles Villes : & la simplicité de nos Cabanes, au sejour des plus superbes Palais. I'aduouë que la peinture que vous m'auez faite, de cette orgueilleuse qui s'ose vanter, d'assujettir toute la Terre ; est bien differente de celle que i'ay dessein de vous monstrer aujourd'huy. En l'vne, l'on ne voit que des Sceptres & des Couronnes ; & en l'autre, que des Guirlandes de fleurs, & des Houlettes. En la premiere, on voit éclater par tout, l'Or, les Perles, & les Diamants : & en celle que ie vay faire, vous n'y verrez point d'autre Or, que celuy des rayons du Soleil ; d'autres Perles, que celles que la rosée épanche sur l'émail de nos prairies ; ny d'autres Diamants, que le Cristal liquide de nos fontaines. Mais (ô Titire) que cet Or est pur ! que ces Perles ont vn lustre agreable ! & que ce Cristal mouuant est delicieux, à ceux qui ne se laissent point éblouïr, par des aparences trompeuses ; qui sçauent faire comme il faut, le discernement des beautez de l'Art & de la Nature ; & preferer auec iugement, vne felicité durable, à vne felicité passagere ! Vous me direz (peut-estre) qu'à m'entendre parler ainsi, il semble que ie n'aye guere consideré, ce magnifique Tableau, que vous m'auez fait voir de la Cour d'Auguste : puis que ie ne tombe pas d'accord, que vous auez sujet de vous pleindre d'en estre éloigné. Il est pourtant vray, que i'en ay remarqué tous les traits : & i'aduouë mesme, que d'abord ces grands bastimens de Marbre, de Iaspe, & de Porphire, m'ont fait douter si ie ne les deuois point preferer à nos Grottes. Toutes-fois, ie n'ay pas esté long-temps en cette erreur : & quoy que sans doute ce portrait soit vn peu flatté, ie n'ay pas laissé de connoistre, que vous auez tort de parler de Rome, comme d'vn lieu à qui rien ne manque, pour rendre vn honneste homme heureux : & de nos Forests, comme d'vn sejour où l'on ne peut rien trouuer, qui raisonnablement puisse satisfaire vne personne d'esprit. Examinons toutes ces choses par ordre, ie vous en conjure : & pour vous obliger à m'écouter plus attentiuement, & pour vous persuader auec plus de force ; ie vay vous faire voir, que Rome est dans mon imagination, telle que vous me l'auez dépeinte : afin que par l'opposition de la vie de la Cour, & de la vie

Champestre, ie puisse en vous en faisant voir les aduantages & les deffauts, vous amener plus facilement dans mon sens. Vous m'auez dit (si ie ne me trompe) que la beauté des lieux qu'on habite, sert beaucoup à rendre les hommes plus heureux; que les beaux objets éleuent l'esprit; & que cela estant ainsi (comme ie l'aduouë) Rome est le plus charmant sejour du Monde, puis que c'est celuy où l'on trouue le plus de richesses. Vous m'auez (dis-je) assuré, que tous les Temples y sont remplis des ouurages de tous les grands Maistres de l'Antiquité; que toutes les Maisons y sont des Palais; que tous les Meubles y sont superbes; que toutes les Places publiques y sont ornées, ou de Statuës de bronze, ou d'Arcs de Triomphe; & qu'enfin, elle enferme dans ses murailles, tout ce que l'Art peut produire de merueilleux; & tout ce qu'il y a de plus rare par tout l'Vniuers. Voyons apres cela, injuste Berger, si ie trouueray dans nostre solitude, dequoy vous faire oublier de si belles choses: & dequoy vous faire confesser, que la vie Champestre, est preferable à celle des Villes. Ie voy bien que vous trouuez mon dessein trop hardy : & que vous auez peine à comprendre, (vous dis-je, qui n'aimez plus les lieux où vous estes nay, & qui les auez oubliez ;) que hors de Rome on puisse rien voir de merueilleux. Cependant il est certain, qu'il y a vne notable difference, de tous les ornements qui l'embellissent, à ceux des lieux que nous habitons. L'Art est tout ce qui la rend belle, au contraire de nous, qui ioüissons de toutes les beautez de la Nature. Enfin elle n'est que l'ouurage des hommes, & nostre sejour est le chef-d'œuure des Dieux. Il est vray que nous n'auons point de Palais, mais si nos Cabanes sont moins magnifiques, elles sont par leur bassesse, plus éloignées de la foudre & des orages. Et puis à dire la verité, quiconque s'arrestera à considerer la merueilleuse structure, de ce riche lambris qui couure nos testes, ne regrettera point les plus superbes toits qui soient à Rome. Mais (me direz vous) il semble à vous entendre parler, que les Estoiles & le Soleil, n'éclairent point le Capitole chacun à leur tour ; & que Rome ne soit qu'vn lieu d'obscurité & de tenebres : ie l'aduouë, Berger, ie l'aduouë ; & pour vous le faire aduoüer à vous mesme, souffrez que ie vous fasse voir, ce que sans doute vous ne vous souuenez plus d'auoir veu ; ie veux dire le leuer & le coucher du Soleil dans nos Campagnes, soit lors que nous sommes dans nos Bois, ou que nous nous promenons, au bord de quelqu'vne de nos Riuieres. Ha, Berger, s'il est vray que les beaux objets éleuent l'esprit, & que le Marbre, le Iaspe, le Porphire, les Perles, les Diamants, & l'Or, donnent d'agreables pensées, que ne doit point faire l'arriuée de ce bel Astre, lors qu'il paroist sur l'horizon, luy qui a communiqué à toutes ces choses, le peu de beauté qu'elles ont ? En effet, y a-t'il rien de plus beau en tout l'Vniuers, que cette magnifique entrée, qu'il fait tous les matins chez nous ? à Rome, on ne le voit presques iamais sans nuages : les broüillars & la fumée, offusquent vne partie de ses rayons : on diroit qu'il est fâché, de n'estre occupé en ce lieu là, qu'à éclairer des fourbes, des Adulateurs, & des Esclaues volontaires. On penseroit (dis-je) qu'il y cache vne partie de sa lumiere, parce que sa chaleur n'y sert qu'à secher la fange des ruës : au lieu que chez nous, lors qu'il commence à paroistre, il n'a qu'à dissiper les innocentes vapeurs qui s'éleuent de la terre; qu'à secher la rozée qui moüille nos prairies; qu'à faire épanoüir nos Roses; qu'à donner vn nouuel émail à toutes nos fleurs; qu'à peindre les aisles de nos Papillons; & qu'à receuoir les vœux de tous les Bergers de nos Hameaux. Aussi nous aparoist-il tous les iours, auec tant de magnificence, que rien ne peut égaler son Triomphe : les premiers de ses rayons, ne commencent pas plustost, de semer la Pourpre, l'Or, & l'Azur, en quelques endroits du Ciel, qu'il semble que toute la Nature s'en réjoüisse. Les tenebres de la nuit se dissipent ; les Estoilles disparoissent par respect ; les oyseaux s'en éueillent en chantant ; nos Troupeaux veulent sortir des Bergeries ; & tous nos Bergers & nos Bergeres, qui ne se lassent iamais, de voir vne mesme chose quand elle est belle, admirent toûjours dauantage, ce merueilleux amas de riches & viues couleurs, qui s'épanchent sur toutes les nuës, à l'arriuée de ce bel Astre. Ils admirent (dis-je) ces belles impressions de lumiere, qu'il communique à tous les objets, qui sont capables de les receuoir : il dore les sommets de nos Montagnes, il argente la surface de nos ruisseaux, & par de longs rayons lumineux, il perse l'épaisseur de nos Forests, seulement pour les rendre plus agreables, & non pas pour en oster la fraischeur, ny pour en dissiper l'ombrage. Le matin, il nous permet de le regarder ; à midy, il souffre que nos Bois nous deffendent de sa chaleur ; & le soir, il nous fait voir son image dans nos Riuieres, & dans nos Fontaines ; mais si éclatante, & si merueilleuse, que tous les Diamants qui sont au Monde, ne sçauroient égaler la beauté, du moindre de ses rayons. Lors qu'il ramene le iour, il nous fait esperer de le voir bien tost, par le superbe apareil qui le deuance : & lors qu'il nous le dérobe, il semble nous assurer, par l'abondance des richesses, qu'il employe à peindre le Ciel, de Cinabre, d'Or bruny, & de toutes les couleurs les plus viues & les plus sombres; que son absence ne sera pas longue; & que nous le reuerrons en peu d'heures, aussi lumineux qu'auparauant. Aduoüez, Berger, par ce foible crayon que ie viens de faire, qu'il n'y a rien à Rome qui soit si beau, que ce que ie viens de vous representer. Ce n'est pas toutes-fois la seule chose, qui rend nostre sejour agreable: il y a mesme des lieux où le Soleil n'entre iamais, qui ne laissent pas de plaire: nous auons des Grottes si enfoncées, dans la concauité des Rochers, que le iour n'y va qu'à peine: & que la nuit qui mesle sa noirceur parmy son éclat, n'en est iamais entierement bannie. Elles ne sont tapissées que de mousse, cependant le silence & la fraicheur qu'on y trouue, font que l'on y rencontre du plaisir. L'on y resve auec tranquilité & auec douceur: & comme si l'on estoit seul en toute la Nature, l'on peut y ioüir paisiblement, de tous les charmes de la solitude. Au sortir de là, vous trouuez presques toûjours, vne fontaine dont l'eau est si pure, qu'elle permet de voir à trauers ses Ondes, la diuersité des cailloux, qui sont au fonds de son lit. Elle ne fait qu'vn foible murmure, plus propre à endormir auec volupté, qu'à éueiller auec chagrin. Les eaux qui s'en écoulent forment vn ruisseau, qui s'en va serpentant à petit bruit, entre des cailloux, du gazon, & des fleurs, iusques dans vne prairie: où se confondant parmy d'autres qui l'arrosent aussi bien que luy, ils s'vnissent, & de leurs eaux meslées, font vn grand & large fleuue, dont les flots & le riuage, causent vn nouueau diuertissement: & dont la pureté doit estre sans doute plus agreable à la veuë, que les eaux bourbeuses du Tibre. Que si de ces beautez paisibles, vous voulez passer à celles qui meslent à leurs charmes, ie ne sçay quoy de terrible, & qui donne de l'horreur en diuertissant: Nous auons des precipices effroyables; nous auons des Rochers, dont le sommet touche les nuës; & d'où il descend des Torrents si furieux, que leur cheute fait autant de bruit que le Tonnerre & que la Mer. On diroit que ce sont des Montagnes de neige, qui ſe precipitent les vnes ſur les autres, tant ces eaux ſont écumantes : & l'on diroit à les voir rouler & bondir, auec tant d'abondance & tant d'impetuoſité ; qu'elles veulent ſubmerger toute la Terre. Cependant, elles ne ſont pas pluſtoſt tombées, dans vn gouffre qui eſt au pied de ce Rocher dont elles ſortent ; qu'elles ſe cachent dans l'abiſme, pour aller ſans doute rendre leur tribut, à celles dont elles viennent. Au partir de là (Berger,) voulez vous que ie vous conduiſe, dans vne de ces belles Prairies, où l'on trouue vn grand tapis de fleurs differentes ; où l'on rencontre cent ſources de Criſtal ; où l'on voit d'vn coſté vne agreable Riuiere ; & de l'autre, quantité de Saules, d'Aulnes, & d'Aliſiers ; qui par leur ombrage permettent de paſſer le iour tout entier dans vn lieu ſi beau, quoy que le Soleil y ſoit le iour tout entier, auſſi bien que les Paſteurs qui s'y repoſent? mais peut-eſtre n'y voulez vous pas tarder ſi long-temps : Allons donc (Berger) allons dans vne de ces Foreſts, dont l'obſcurité, le ſilence, & la vieilleſſe, ſemblent imprimer du respect, à tous ceux qui s'y promenent. Si cette sombre Forest, estoit aux portes de Rome ; elle ne seroit remplie que de voleurs, ou de criminels fugitifs : au lieu qu'icy, nous ne trouuerons que des Cerfs, des Biches, des Cheureuils, & des Daims. Vous conoistrez mesme par leur nombre, que nous n'employons pas souuent les toiles pour les prendre : & vous verrez par le peu de soin qu'ils aportent à se cacher, que ce lieu leur est vn azile inuiolable. Toutes ces grandes Routes, où le iour permet à peine, de distinguer les couleurs, & où l'on doute presques, que le feuillage ne soit pas plustost noir que verd ; ne laissent pas d'auoir dequoy diuertir l'esprit & les yeux d'vn Berger melancholique : & lors que par quelques endroits où les Arbres ont moins d'épaisseur, les rayons du Soleil viennent dissiper vne partie de cette agreable nuit ; il ne fut iamais rien de si beau, que ces longs filets d'argent, qui semblent vouloir forcer l'obscurité, à ceder la place à la lumiere. On diroit par l'agitation des fueilles, qu'elles se veulent presser, pour empescher leur passage: mais

mais plus le vent les fait trembler, & plus elles donnent d'entrée, à ces ennemis des Tenebres. Au sortir de cette Forest, voulez vous que ie vous conduise, au bord d'vn grand Estang, dont la tranquilité ne manque presques iamais, d'en donner à l'esprit de ceux qui s'arrestent à remarquer sa beauté? le seul Zephire est ce qui fait friser ses Ondes; & il les agite si mollement, que l'on peut voir sans peine, tous les poissons qui sont au fonds de ces eaux, aussi claires que paisibles. Les vns nagent auec precipitation, pour chercher leur nourriture: les autres bondissent, & s'éleuent au dessus de l'eau: & les autres plus craintifs, vont pour se cacher au moindre bruit qu'ils entendent. Que si du fonds de ce Cristal, vous voulez en considerer la surface, vous la verrez toute couuerte de Cignes: Admirez (Berger) la blancheur de leur plumage; la grauité qu'ils conseruent en nageant; & le noble orgueil qui paroist tousjours en leurs yeux. Ne diroit-on pas qu'ils méprisent tout ce qu'ils regardent? & ne diroit-on pas aussi, qu'il y a des heures où ils ont dessein de plaire ; où ils ne font des voiles de leurs aisles que pour diuertir ; & où ils ne nagent que pour se faire admirer ? Ha, Berger, que les habitans de Rome, sont éloignez de ces plaisirs innoçens ! & que leur vie tumultueuse, leur dérobe de delices ! ie ne suis pourtant pas encor, au bout de la description des lieux que nous habitons : il faut que ie vous conduise, sur vne de ces hautes Montagnes, d'où l'on découure tout à la fois, des Riuieres, des Forests, des Plaines, des Pasturages ; & dont la veuë est si peu bornée, qu'il semble que les objets s'effacent en s'éloignant ; & que le Ciel touche la derniere terre que l'on peut voir. Mais peut-estre n'aimez vous pas, vn objet de si vaste estenduë : souffrez donc que ie vous meine sur nos Colines & dans nos Valons ; afin de vous faire aduoüer, que leur abondance doit estre preferée, à la sterilité des sept Montagnes de Rome. Ces petits coins de terre sont tellement fauorisez du Ciel, qu'ils semblent estre entierement à couuert, de toutes les injures de l'air : le vent n'y souffle presques iamais ; la gresle n'y gaste point nos raisins ; la verdure y est eternelle : & ie pense mesme, que quant on ne les cultiueroit pas, le Soleil tout seul y feroit croistre & meurir, tout ce que l'Agriculture produit ailleurs, auec beaucoup de soin & de peine. Or pour n'oublier pas encor, ce qui fait la liberalité de nos Bergers, & ce qui est l'innocente amour de nos Bergeres ; pouuez vous mettre en comparaison, les Parfums de Rome, auec l'aimable odeur de nos Violettes, de nos Roses, & de nos Oeillets ? il y a du moins cette difference, que les vns ne satisfont que l'odorat ; & que les autres, outre leur agreable odeur, plaisent infiniment à la veuë. En effet, vit on iamais rien de plus beau, que cette prodigieuse quantité de fleurs, dont nos Iardins sont remplis ; soit pour leur forme, pour leurs couleurs viues & éclatantes, ou pour la varieté qui se trouue entre elles ? Croyez moy (Berger) les magnifiques Tapis qui sont à Rome, ne vous ont rien fait voir de si merueilleux. La Pourpre n'est point si belle, que l'incarnat de nos Roses : les perles de nos Couronnes Imperiales, valent mieux que celles d'Orient : & la moindre de nos fleurs, est plus digne d'admiration, que tout ce que l'Art humain peut inuenter. Apres vous auoir fait voir, ce que i'appelle le chef-d'œuure du Soleil, laissez vous conduire dans ce Bocage prochain : c'est là que vous trouuerez, ce que l'on ne trouue point a Rome : c'est là que vous entendrez, ce que l'on n'entend en aucune Ville : & c'est là que vous serez contraint d'aduoüer, qu'il faut estre insensible aux plaisirs, pour ne preferer pas la vie Champestre à celle de la Cour. Voyez donc (ie vous en conjure) ce grand nombre de Bergers & de Bergeres, qui pendant la grande chaleur du iour, ont conduit leurs Troupeaux à l'ombre, sous l'épaisseur de ces Bois : & sans admirer la bonne mine des vns, & la beauté des autres, puis que ce n'est pas encor le lieu où i'en dois parler ; écoutez seulement ce qu'ils écoutent ; ie veux dire cette grande quantité d'Oyseaux, qui par leurs ramages differens, font vn si agreable Concert. On diroit à les entendre chanter, qu'ils disputent entre eux, à qui remportera le prix de la victoire : mais entre les autres, admirez ce sçauant Maistre de Musique, qui les surmonte tous, par les moindres de ses chants. Aussi ont-ils tous honte de leur foiblesse : ils se taisent par impuissance & par respect : & les seuls Rossignols comme luy, vont auec armes égales, essayer de le vaincre, & de se vaincre l'vn l'autre. Oyez comme celuy cy, passe admirablement ses cadences ; comme il abaisse sa voix ; comme il la soûtient ; comme il la pousse ; & auec quelle iustesse, il anime ses chansons. Celuy qui luy répond, a vn charme tout particulier : il est plus languissant & plus amoureux : mais comme il est plus foible que l'autre, ie pense qu'il sera vaincu. Oyez comme ils redoublent leurs efforts : on discerne mesme de la joye, en celuy qui se trouue auoir de l'aduantage ; & de la douleur, & de la colere, en celuy qui sent diminuer ses forces. Le voilà (Berger) qui n'en peut plus ; ses passages sont moins iustes, quoy que plus frequents ; la douceur de sa voix se change ; il ne chante plus que par desespoir ; ie le découure à trauers ces feuilles qui chancelle ; ses pieds ne peuuent plus serrer la branche qui le soûtient ; ie le voy qui tombe de dépit ; & qui en tombant, murmure encor quelques nottes languissantes ; & perd quasi plustost la vie que la voix. Voilà (Berger) les seuls ambitieux de nos Campagnes : comparez les auec ceux de Rome (ie vous en conjure) & quoy que le destin de ce pauure Oyseau soit digne de pitié ; aduoüez qu'il vaut encore mieux, que l'ambition ne fasse mourir que des Rossignols, que de renuerser des Thrônes & des Empires. Au reste (Berger) ce n'est pas seulement au Printemps, à l'Esté, & à l'Automne, que nous auons de l'auantage sur les Villes : l'Hiuer mesme (tout affreux, & tout herissé qu'on le dépeint) a quelque chose parmy sa rigueur, de beau & de magnifique dans nos Campagnes. La neige qui dans les Citez, perd toute sa blancheur dés qu'elle tombe, & qui ne la conserue au plus, que sur les toits des Maisons ; fait icy de riches panaches, des branches de nos Cipres, de nos Cedres, & de nos Sapins. Ces Arbres (dis-je) dont les feuilles ne tombent point, meslant leur verdure à son éclat, font sans doute vn aussi agreable objet, que l'Esté nous en puisse faire voir: & lors que la gelée & l'aspreté du froid, ont conuerty tous nos ruisseaux en Cristal, nous voyons aussi tous nos Arbres chargez de Diamants. Vous me direz (peut-estre) que ces Diamants ne nous font pas plus riches: & que le Soleil nous oste, ce que le froid nous auoit donné. Mais, Berger, si ces Diamants ne nous enrichissent point, du moins ne nous font-ils pas criminels. Nous ne pouuons en suborner la fidelité de personne: ny les employer à tant d'vsages illicites, comme vous sçauez que l'on fait à Rome. Il y a encor vne chose dans les Villes, qui me semble insuportable: c'est que l'on diroit qu'il n'y a qu'vne saison en l'année, pour tous ceux qui les habitent. Ils voyent toûjours les mesmes choses; ils ont les mesmes occupations; leurs maisons sont toûjours égales; leurs plaisirs ne changent point: & excepté qu'ils ont froid & chaud, selon les diuerses temperatures de l'air; il n'arriue nul changement en leur vie:

Au contraire de nous, à qui la Nature renouuelle tous les ans quatre fois, toutes les beautez de nostre sejour. Châque saison nous donne vne occupation differente: le Printemps auec son chapeau de fleurs, nous apelle au soin de nos Prairies & de nos Troupeaux: l'Esté auec sa couronne d'épics, nous oblige à la recolte de nos Moissons: l'Automne auec sa guirlande de Pampre, veut que nous ne laissions pas dauantage, nos Muscats exposez au pillage des passants: & l'Hiuer tout couuert de glaçons, veut pourtant que nous rendions à la Terre, le tribut que chacun luy doit: afin que dans vn autre temps, elle nous rende auec vsure, les grains que nous aurons semez dans son sein. O Berger, que cette vsure est innocente; & qu'elle ressemble peu, à celle que l'on pratique dans les Villes! on n'apauurit personne, en s'enrichissant de cette sorte; on ne cache point le gain que l'on fait de cette maniere; on ne peut ny vous l'enuier, ny vous le reprocher, ny vous accuser d'aucun crime: tant s'en faut, plus vous estes soigneux, plus vous estes loüé: au au lieu que les soins des autres sont toûjours blâmables, s'ils ne sont toûjours blâmez. Ils ont plus de peine & moins de plaisir : ce qu'ils acquierent par des voyes injustes, ne se peut sans doute posseder qu'auec inquietude. Ils craignent leurs enuieux, leurs ennemis, & les voleurs : mais pour nous autres, nous n'auons ny enuieux, ny ennemis : & ne craignons point d'autres larrons de nos richesses, que les Oyseaux qui nous dérobent quelques fruits : & que nous ne voudrions pas toutefois bannir de nos Campagnes, tant ces innocents criminels, nous donnent de diuertissement en d'autres rencontres. Mais pour vous faire voir, que malgré la magnifique structure de vos Temples & de vos Palais, que malgré le Marbre, le Iaspe, & le Porphire, qui en font tous les ornemens ; & que malgré vos Aqueducs, vos Statuës, & vos Arcs de Triomphe; nous sommes pourtant les veritables possesseurs, des plus belles choses de la Nature : vous n'auez qu'à remarquer, que Rome ne se pare, que de ce que la Terre enferme dans son sein, & de ce qu'elle cache aux yeux des hommes : au lieu que nous ioüissons, de tout ce qui la pare elle mesme, & de tout ce qu'elle étalle, à la veuë de tout l'Vniuers. Non, Berger, ce ne sont point ses Thresors, que ces Metaux qui sont aujourd'huy les Tirans des esprits, & les corrupteurs des plus sages : Si cela estoit ainsi, nous verrions des Arbres chargez d'Or, de Perles, & de Pierreries : elle se pareroit de ses plus beaux ornements; & ne laisseroit pas imparfaits, ce que vous apellez ces Chefs-d'œuures. Il ne faudroit point que l'Or s'affinast par la coupelle; il ne faudroit point de Lapidaires, pour tailler les Diamans; ny point de gens qui sceussent polir les Perles. Toutes ces choses seroient en veuë, & seroient aussi acheuées, dés l'instant qu'elles sont produites, que le sont nos Fleurs, nos Bois, & nos Fontaines : Cessez donc (Berger) cessez de soûtenir, que le sejour de Rome est plus beau, que celuy de nos Campagnes : & preparez vous en suite, à voir ceder la magnificence de vos diuertissemens, à la simplicité des nostres. De toutes les Festes publiques, dont vous m'auez entretenuë, celles des Triomphes & des combats de Gladiateurs, sont les plus celebres: mais (ô Titire) que ces Festes & ces Ieux, ont quelque chose de tirannique & de funeste! & qu'il est dificile aux personnes raisonnables de se réjoüir, en voyant tant de mal-heureux! ce qu'on apelle delice, ne doit point estre meslé d'amertume: les ris & les larmes, ne doiuent point estre veus ensemble: & le sang répandu ne doit pas mesme plaire dans les Batailles, à plus forte raison dans les diuertissemens. Cependant, les plus agreables que l'on ait à Rome, sont de voir des Rois enchaisnez; & quatre mille Gladiateurs qui s'entregorgent, pour les plaisirs du Peuple Romain. O Berger, quel doit estre ce Peuple, qui se diuertit à voir des Riuieres de sang, & des Montagnes de morts! pour nous, qui nous affligeons quand quelqu'vn de nos Aigneaux est malade, nous n'aurions garde d'auoir de la joye, de voir ces miserables mourir si cruellement: ny de nous satisfaire, à regarder des Princes & des Princesses chargez de fers. Pour moy (Berger) si ie voyois vn semblable spectacle, i'aurois plus de compassion pour les vaincus, que d'estime pour les vainqueurs : enfin, à vous dire les choses comme ie les pense, ie ne voy point de plaisirs innocens dans Rome. L'on y insulte sur les mal-heureux, & l'on y fait perir des Esclaues infortunez : l'on y traisne des Rois captifs, apres auoir vsurpé leurs Royaumes: & l'on y écoute & l'on y regarde, non seulement sans horreur, mais auec satisfaction, les dernieres pleintes, & les dernieres actions des mourants. Cesar (à ce que l'on dit) pleura apres la Bataille de Pharsale, sur ce grand nombre de corps, qu'il vit sans vie & sans mouuement : mais à Rome, on rit de ce qui le fit pleurer; & l'on appelle vne Feste de réjoüissance, ce qui deuroit plustost se nommer vn deüil public. Voyons, Berger, ie vous en conjure, si nous sommes cruels ou innocens en nos jeux : & si en vous en faisant ressouuenir, vous n'auoüerez pas, que s'il y a moins de pompe, il y a plus d'esprit, plus d'adresse, plus d'equité, & mesme plus de plaisir. Repassez donc en vostre imagination, l'vne de ces Festes, generales de tous nos Hameaux ; ou l'vn de ces Sacrifices que nous rendons aux Dieux, apres la recolte de nos moissons : vistes vous iamais rien de plus agreable, que de voir, non pas des Roys chargez de chaines ; non pas des Gladiateurs tous couuerts de sang & de blessures ; mais vn nombre innombrable de Bergers & de Bergeres, auec des chapeaux & des guirlandes de Fleurs ; & auec vne joye sur le visage, qui se communique à tous ceux qui les voyent : les vns tiennent des Musettes, les autres des Chalumeaux : les vns meinent les Victimes, les autres portent les Vases sacrez : l'vn dresse vn Autel de Gazon, l'autre y met le feu qu'il allume : & tous ont presques des Houlettes, enrichies de deuises, de chiffres, & de rubans. La propreté de leur habillement, sert encor à les rendre plus aimables : il n'est pas superbe, il est vray, mais il est galant. La Pourpre ny les Pierreries n'y éclatent pas ; mais sa blancheur & ces pierreries passageres, que le Printemps, l'Esté, & l'Automne, nous donnent toutes les années, reparent assez ce defaut. Au reste, la beauté de mes Compagnes (si ie ne me trompe) ne doit point ceder à celle des Dames Romaines : vous me direz (peut-estre) que quand il seroit vray, qu'elles auroient les traits du visage aussi parfaits, & l'air aussi agreable; du moins ne pourrois-je pas nier, que le hasle de la Campagne, ne leur gaste le teint, & n'en détruise toute la fraicheur. Mais outre que l'époisseur de nos Forests, les defend de cet ennemy; i'ay à vous dire que le hasle est plus suportable que le fard, & que la naïfueté est plus charmante que l'artifice. Pour nous, Berger, nous paroissons telles que nous sommes : nous n'auons point d'autres miroirs que nos Fontaines, ny point d'autre fard que la Rosée. Cependant, il se trouue des Filles parmy nos Bois, dont le teint est si merueilleux, qu'il efface la blancheur des Lis, & l'incarnat des plus belles Roses. La modestie de leurs actions; la sincerité de leurs discours; & la serenité qui paroist dans leurs yeux; sont des choses que l'on ne trouue que dans nos Campagnes. Par tout ailleurs, ce n'est que feinte & qu'artifice : on regarde pour estre regardée; on ne fait point de conqueste sans dessein; ce qui paroist beau ne l'est pas; & l'on est quelquefois aussi trompé, à la personne qu'à l'esprit. Mais retournons, Berger, retournons à cette belle assemblée, où nos sages Pasteurs qui sont les témoins & les Iuges de nos diuertissements, preparent déja des prix, pour ceux qui vaincront en cette Feste. Vous connoistrez bien par la simplicité de leur matiere, que ce n'est point par vn sentiment d'auarice, que l'on souhaite de les gagner : puis que ceux qui sont destinez aux Bergers (comme vous le sçauez mieux que moy) ne sont que des Panetieres, des Houlettes, des Chalumeaux, des Musettes, & des Dards : & pour les Bergeres, des Couronnes de Fleurs, des Paniers de Ionc, des Bouquets, & des Rubans. Cependant, nous aportons autant de soin à vaincre, que s'il s'agissoit de conquerir toute la Terre. Mais, Berger, il ne faut point d'armes pour remporter cette victoire : il ne faut point verser de sang, pour deffaire ces ennemis : l'on ne mene point en triomphe, ceux qui ont eu du desauantage : au contraire, on les embrasse, au lieu de les enchainer : on leur dit qu'ils sont les plus adroits, s'ils ne sont pas les plus heureux : & l'on tâche enfin de les consoler, de cette petite disgrace. La Course, la Lutte, la Dance, la Poësie, & la Musique, (si ie ne suis fort deceuë) donnent plus de diuertissement, que tous vos combats de Gladiateurs. Celuy dont la Course est legere ; celuy qui Lutte auec adresse ; celuy qui Dance auec agréement ; celuy qui fait les plus beaux Vers ; & celuy qui chante le plus juste, donne sans doute plus de satisfaction, que ces combats de Tigres & de Pantheres, dont vous faites tant de cas. Songez, Berger, songez bien, si vous n'aimeriez pas mieux voir dancer la Bergere Galathée, ou entendre chanter la belle Licoris, que de voir vn Lyon égorger vn Tigre, ou vn Elephant terrasser vn Rhinocerot ? Oüy, Pasteur vous l'aimeriez mieux ; ie remarque assez sur vostre visage, que vous tombez d'acord de ce que ie dis : & ie pense mesme que vous aimeriez mieux voir ces deux belles

belles Filles, quoy qu'elles vous ayent autrefois enchainé ; que d'estre le spectateur, du plus magnifique Triomphe, que Rome ait iamais fait voir, quand Auguste mesme en seroit le victorieux. Ne rougissez point, Berger, de ce petit reproche que ie vous faits : ne vous repentez point de tant de beaux Vers, que vous auez composez pour leur gloire : & n'ayez point de honte d'auoir si souuent remporté le prix de nos exercices, contre l'adroit Melibée, contre le dispost Coridon, contre le hardy Menalque, contre l'ingenieux Mopse, & à la veuë de nos plus sçauants Bergers. Que si de nos Festes publiques, vous voulez passer à ces guerres innocentes, qui font vn de nos plus grands plaisirs ; ie veux dire la Chasse & la Pesche : vous serez encor contraint d'aduoüer, que Rome ne connoist pas tout ce qui est capable de plaire ; puis qu'elle ne peut donner, ces agreables occupations, à ceux qui l'habitent. Cependant il est certain, que l'on ne peut quasi trouuer rien de plus propre à diuertir, que de voir plusieurs Bergeres auec des lignes à la main, & gardans toutes vn profond silence, de peur que par le bruit qu'elles feroient, le poisson qu'elles veulent prendre, ne s'enfuist & ne s'éloignast du bord de l'eau. L'vne acommode ses hameçons, sur le Riuage du Mincé; l'autre iette sa ligne dans la Riuiere, & paroist quasi estre sa statuë; tant elle est attentiue à ce qu'elle fait. Celle-cy, par vne action aussi subite que plaisante, leue le bras, tire la ligne, & toute réjoüye de sa prise, jette vn Poisson sur le riuage, qui se courbe, qui se redresse, qui s'alonge, qui se racourcit, qui fait encor plusieurs bonds sur l'herbe, & qui fait éclater ses riches écailles d'argent, parmy les émeraudes de la Prairie. Celle là esperant le mesme succez de sa Compagne, tire la sienne sans rien tirer; dont les autres rient ou se consolent, d'auoir vn semblable destin. Mais ce qui est le plus diuertisant, est de voir nos Bergers tous chargez de filets, pour aller pescher quelque Estang: c'est là que lors qu'ils sont heureux, ils font voir en tirant leur Rhet, vne vague viuante qui s'épanche sur le bord, par la multitude & par la diuersité des Poissons qu'ils prennent. Les vns sautent par dessus les filets; les autres les rompent; les vns bondissent sur la vase; les autres plus heureux se sauuent; les autres s'entortillent dauantage, en voulant se dégager; & tous ensemble font tous leurs efforts pour sauuer leur vie, & pour échaper de ce qui les retient. Mais c'est en vain qu'ils se debatent; dés qu'ils ont changé d'élement, il faut qu'ils meurent: & la fraicheur de l'herbe n'est point pour eux, ce que leur est la fraischeur de l'eau. Ce diuertissement quoy que fort simple, ne l'est toutesfois pas tant, que des Reynes aussi bien que des Bergers, ne s'y soient souuent occupées: Cleopatre qui auoit eu la gloire de prendre dans ses filets, les cœurs de Cesar & de Marc-Antoine, ne laissoit pas d'aller à la Pesche, de ietter la ligne, & d'en faire vne de ses galanteries la plus ordinaire. Mais, Berger, s'il y a quelque plaisir à tromper l'innocence des Poisons, il n'y en a pas moins, à tromper celle des Oyseaux. Tantost en leur cachant ce qui les doit prendre, sous l'abondance du grain qu'on leur iette, afin qu'en venant chercher dequoy viure, ils trouuent dequoy mourir : tantost en les tirant auec des fleches ; & tantost en les surprenant sur les Arbres, où ils ont acoûtumé d'aller ; & dont les branches sont remplies, d'vne espece de Poix ou de Gomme, qui les retenant par les aisles, fait que plus ils s'efforcent de s'enfuir, plus ils s'embarassent, dans ces dangereux rameaux. Apres ces innocens exercices, soit de la Pesche, soit de la Chasse, vous voyez retourner & les vns & les autres chargez de leur prise : Les Bergers portent de grand paniers de rozeau remplis de Poisson ; les Bergeres portent des cages de jonc, où elles ont conserué en vie quelques Oyseaux qui leur ont pleu ; & tous ensemble sans abandonner le soin de leurs Brebis, reprennent le chemin de leurs Cabanes. Ceux qui ont esté heureux, quoy que chargez de leur butin, ne laissent pas de chanter quelque Eglogue, ou de ioüer de leurs Chalumeaux : tous les Troupeaux suiuent leurs Maistres ou leurs Maistresses ; les Chiens par leur fidelité, prennent garde qu'il ne s'en égare aucun Mouton ; & les Brebis &

les Taureaux, par leurs longs cris, & par leurs mugissements, aduertissant ceux des Cabanes, que la Pesche ou la Chasse sont finies; ils viennent tous auec beaucoup d'empressement & de joye, pour en sçauoir le succez. Mais c'est trop, Berger, c'est trop vous parler de cette guerre innocente, qui (si ie ne me trompe) doit estre preferée à celles qui ont fait éleuer les plus superbes Trophées, & dont les vainqueurs ont obtenu, les plus magnifiques Triomphes: Venons donc (s'il vous plaist) à quelque chose de plus solide: & comparons les vices de Rome, aux vertus qu'on voit parmy nous. Premierement, Rome est toute remplie d'Adulateurs, & nous ne sçauons pas à peine, ce que c'est que l'Adulation. A Rome, le mensonge & la médisance y regnent, & dans nos Bois, la verité y paroissant toûjours, l'on n'y manque iamais de loüer, ce qui merite d'estre loüé. A Rome, tous les hommes y sont Esclaues, ou de leur ambition, ou de leur auarice: & dans nos Campagnes, nous possedons plus de biens, que nous n'en desirons auoir; & nous ne sommes auares que du temps seulement, que nous voulons toûjours bien employer: A Rome, il se trouue des gents qui font leurs Thresors, des plus grands poisons qui soyent en la Nature, ou pour faire mourir leurs ennemis, ou pour se faire mourir eux mesmes, s'il arriue qu'on les veuille punir de leurs crimes: & parmy nous, on fait ses plus chers Thresors, des herbes salutaires qui peuuent guarir de la morsure des Serpents, ou de quelque autre beste venimeuse. A Rome, tout le monde ne songe qu'à son propre interest: icy, l'on ne pense qu'à son propre plaisir, pourueu qu'il soit innocent. A Rome, tous ceux qui l'habitent cherchent à s'aprocher du Prince: dans nos Bois, nous ne cherchons que nos égaux. A Rome, ils ne veulent point de Maistre, & ne laissent pas de baiser la main qui les enchaîne: & dans nos Hameaux, nous obeïssons à nos anciens Bergers, auec autant d'affection que de franchise. A Rome, ceux qui font les Loix s'en mocquent, & ne les obseruent point: & dans nos Forests, les plus sages Pasteurs instruisent par leur exemple, plustost que par leur parole. Oüy, nous faisons ce qu'ils font, plustost que ce qu'ils nous disent : & nous ne connoissons point parmy nous, d'infracteurs de nos Loix, ny de nos Coûtumes. A Rome, la richesse toute seule, fait la difference des hommes : & dans nos Bocages, la vertu & le merite seulement, en font le prix & la dictinction. Enfin Berger, à Rome, toute le monde est occupé à tromper les autres, ou du moins à s'empescher de l'estre : au lieu que nous ne le sommes, qu'à chercher les occasions de nous seruir. Si quelqu'vne de nos Bergeres, a quelques-fois égaré la Brebis de son Troupeau qn'elle aime le mieux; l'on voit tous nos Bergers se mettre en peine, auec beaucoup d'empressement, de luy faire recouurer ce qu'elle a perdu. Ils s'en informent auec soin, ils disent à ceux qu'ils rencontrent, toutes les beautez de cet aimable animal, afin de sçauoir s'ils ne l'ont point veu. Ils leur descriuent sa blancheur, ses marques, les fleurs & les rubans qu'il porte attachez à ses cornes, & n'oublient rien de tout ce qui peut seruir à leur dessein. Que s'il arriue qu'ils soient assez heureux pour le retrouuer, ils reuiennent auec autant de joye que vos Consuls, quand ils ont gagné vne Bataille; tant il est vray, que nous aimons ardemment à seruir, non seulement nos amis, mais tous ceux qui en ont besoin. Pour Rome, il n'en est pas sans doute ainsi: tout le monde s'y réjoüit du mal-heur d'autruy: ceux que le Prince ne regarde pas de bon œil, sont abandonnez de ceux qu'ils ont le plus obligez, quelque vertu qu'ils puissent auoir: & ceux au contraire qu'il fauorise, quand ils seroient les plus vicieux & les plus imparfaits des hommes, ne laissent pas d'auoir, non seulement des amis, mais des adorateurs & des esclaues. Il n'en va pas de cette maniere dans nos Campagnes; nous ne voyons rien au dessus de nous que le Ciel; nous n'auons ny Princes, ny Fauoris à craindre, ny à rechercher; nous viuons auec égalité; nous aimons ceux qui nous aiment, & ne haïssons personne. Au reste, i'auois toûjours oüy dire, que les Bergers estoient l'image des Souuerains: qu'ils deuoient gouuerner

uerner les Peuples, comme nous gouuernons nos Troupeaux : & que le Sceptre & la Houlette, deuoient auoir beaucoup de raport. Cependant, de la façon dont on nous raconte les choses, il y a vne notable difference entre eux; ou pour mieux dire, il n'y a rien qui se ressemble. Nous aimons nos Troupeaux auec tendresse; nous n'auons point d'autre soin, que celuy de les rendre heureux; nous leur choisissons l'herbe la plus fraische, comme les eaux les plus claires; nous leur donnons vne garde fidelle & courageuse, qui sont nos Chiens; & nous les deffendons nous mesmes, au hazard de nostre vie, lors que les Loups les attaquent. Nous prenons soin, non seulement de les nourrir & de les garder, mais de les empescher encor, & de l'extréme froid, & de l'extréme chaleur. L'Hiuer nous les laissons quelquesfois dans les Bergeries, lors que la gelée a glacé toutes les herbes : & l'Esté lors que l'ardeur du Soleil les brusle, nous allons chercher de l'ombrage, pour les garantir de toute sorte d'incommoditez. Quand ils sont malades, nous cherchons les remedes qui leur ſont propres: & quand ils ſont ſains, nous les parons de Rubans & de Fleurs. Il n'en eſt pas ainſi de quelques-vns de ces Princes, qui deuroient eſtre Paſteurs: ils ne veulent pas aimer leurs Troupeaux, ny ne ſe ſoucient pas d'en eſtre aimez, pourueu qu'ils en ſoient crains: ils ſe ſeruent plus de la Houlette, pour les effrayer, que pour les raſſembler, ou pour les deffendre: au lieu de leur choiſir & l'herbe & les eaux, ils veulent que leurs Troupeaux ſeruent à leur vtilité, & à leur magnificence: au lieu de les garder comme nous faiſons, en renuerſant l'ordre, ce ſont les Troupeaux qui gardent les Bergers: au lieu (dis-je) que c'eſt à eux à les garantir de toutes ſortes d'incommoditez; ce ſont eux au contraire, qui leur en cauſent tous les jours. Quand ils ſont malades, bien loin de leur chercher des remedes, ils augmentent leurs maux par leurs tirannies: & quand ils ſont ſains, ils n'ont garde de les parer; puis qu'ils les dépoüillent de leurs ornemens naturels. Nous voulons que nos Troupeaux ſoient gras, & ils veulent que les leurs ſoient maigres &

foibles : enfin, Berger, non contents de prendre leur Thoiſon, pour en faire apres la Pourpre, dont ils font leurs plus riches habillemens; ils l'arrachent auec violence : & l'on peut dire que cette Pourpre qui les couure, emprunte pluſtoſt ſa couleur du ſang de leurs Troupeaux, que de l'induſtrie de ces excellens Artiſans, dont on fait tant de cas à Rome. Ha, Berger ! ſi nous auions de ſemblables Paſteurs parmy nous autres, nous les bannirions de nos Prairies; nous les eſtimerions pires que les Loups, qui ſont les ennemis declarez de nos Brebis; & nous les dégraderions de ce noble employ, en leur oſtant la Houlette, la Panetiere, la Muſette, le Chalumeau, & toutes les marques glorieuſes, de noſtre innocente profeſſion. Ha, Titire (encor vne fois) que c'eſt vne dangereuſe choſe, qu'vn Souuerain qui n'eſt point bon Paſteur ! & qu'il vaudroit bien mieux prendre vn ſimple Berger pour en faire vn Roy, que d'auoir vn Roy qui ne pût eſtre Berger ! ie ſçay que vous me direz, qu'il ſe trouue aujourd'huy vn Prince, dont la douceur, la clemence,

& la bonté, meritent qu'on luy donne le nom de Pasteur, plustost que celuy de Tiran : & qu'Auguste apres auoir ramassé son Troupeau, est vn des meilleurs Bergers, qui porta iamais Houlette. Mais dittes moy vn peu, combien de Bergeries il a desolées, pour faire ce Troupeau? combien de sang il a répandu, combien de Pasteurs il a égorgez, combien de Tigres, de Panthéres, & de Loups, ont seruy à faire des deserts, des plus belles Prairies de cet Empire, & combien d'innocens Aigneaux, ont éprouué sa fureur, auparauant que d'éprouuer sa clemence? Parlez, Berger, ie vous en conjure, & répondez moy precisément. Non, non, ie voy bien par vostre silence, que vous ne me pouuez contredire : & que vous estes contraint d'auoüer, qu'il se trouueroit plus de Pasteurs qui seroient bons Princes, que de Princes capables d'estre bons Pasteurs. En effet, la felicité de la vie Champestre, n'a pas mesme esté si fort inconnuë dans Rome, que ceux qu'elle met au rang de ses plus Illustres Heros, ne l'ayent embrassée auec ardeur. Oüy, ceux qui apres auoir gagné des Batailles (comme vous le sçauez mieux que moy) ont esté cultiuer leurs terres de leurs propres mains; ont aussi dans les affaires pressantes de la Republique, esté rappellez du Soc aux Resnes de l'Empire; de la Charruë à la teste d'vne Armée; & de la Solitude à la Cour. Cependant, ces gents là, quoy qu'ils ayent fait de grand & de beau, n'ont iamais esté loüez dauantage, que lors qu'apres auoir gouuerné la chose Publique; emporté des Villes de force; reculé les Bornes de la puissance Romaine; gagné des Batailles; & merité les honneurs du Triomphe; on les a veus refuser ces honneurs; retourner du Gouuernement au Soc; de la teste d'vne Armée à la Charruë; & de la Cour à la Solitude. Apres cela, Berger, ne vous pleignez plus de vostre destin: & n'ayez pas l'injustice, de ne trouuer rien de beau, que la magnificence de Rome; puis que nostre simplicité, vaut bien autant que son artifice. Que si des mœurs en general, nous voulons passer aux passions en particulier; vous trouuerez que de toutes celles qui ont acoûtumé de causer les plus grands desordres, nous n'en cognoissons qu'vne seule, qui ne produit iamais que d'agreables effets parmy nous. Premierement, l'ambition ne nous tourmente point : nous sommes enfants de Bergers, nous ne voulons estre que cela, & ne pouuons estre dauantage. Nostre desir n'ayant point d'objet, nous ne souhaitons rien. Nous viuons sans inquietude comme sans orgueil : & ne voyant rien au dessous de nous, ny rien au dessus de nostre teste que le Ciel ; nous sommes sans chagrin comme sans insolence : & nous ne changerions pas nos Houlettes, pour tous les Sceptres de l'Vniuers. Il vous est aisé de iuger, que n'estans point ambitieux, nous ne connoissons, ny l'auarice, ny l'enuie, puis que ce sont deux passions, qui sont presques inseparables de l'autre. La colere n'est guere plus de nostre connoissance : & la haine ne trouue point d'entrée en vn Païs, où tout est digne d'estre aimé. Mais (me direz vous) quelle est donc cette passion, qui a acoûtumé de produire, de si estranges desordres dans les Villes, & qui ne fait voir que d'agreables effets dans vos Campagnes? car pour moy, il y a si long temps que ie n'y demeure plus, que i'en ay perdu le souuenir. C'est Titire, la plus puissante & la plus noble de toutes : c'est celle qui fit filler Hercule; qui embrasa Troye; qui a renuersé tant d'Empires; qui a causé tant de ruines par tous les coins du monde; qui a tant fait de guerres; qui a donné Antoine à Cleopatre; Auguste à Liuie; & c'est enfin cette passion, qui naist parmy les delices, les Fleurs, les Bois, les Ruisseaux, les Prairies, les Bergers, & les Bergeres, auec plus d'innocence & moins d'amertume, que sur le Thrône & dans les Palais des grands Rois. C'est en ces lieux éleuez, que cette passion qu'on appelle Amour, est presques toûjours dangereuse : vn Amant qui donne des loix à tout le monde, n'est guere propre à en receuoir d'vne Mestresse. Il veut les choses qu'il desire, plus opiniastrement que les autres : & lors qu'il trouue quelque obstacle à son dessein, cet Esclaue Couronné, qui n'a pas acoûtumé d'obeïr, & qui est acoûtumé d'estre obey de tout ce qui l'aproche ; cet Esclaue (dis-je) quite ses fers, se reuolte, remonte sur le Trône ; & deuenant le Tiran, de celle dont il se disoit le captif ; il luy fait souuent éprouuer, de funestes aduantures. Mais parmy nous au contraire, ce petit Dieu dont la puissance n'a point de bornes, ne paroist iamais dans nos Bois, qu'auec les Graces de sa Mere : il n'inspire dans le cœur de nos Bergers, que des sentimens raisonnables : nous les voyõs baiser leurs fers, lors mesme que la rigueur de leurs Mestresses, les leur fait sembler les plus pesants : ils reçoiuent les faueurs auec rauissement : & lors qu'ils sont maltraitez, leur discretion & leur patience, les oblige à suporter cette infortune, auec respect & auec sumission. Ils sont toûjours nos Esclaues, & par consequent ils ne sont iamais nos Tirans. Nous auons des Bergeres rigoureuses, mais nous n'auons point de Bergers indiscrets : à peine osent ils faire éclater leurs pleintes, sur leurs Musettes & sur leurs Chalumeaux : leurs Vers, leurs Chansons, & leurs entretiens, ne sont remplis que de nos loüanges : tous nos Arbres ne sont graucz, uez, que de leurs chiffres, & des nostres meslez ensemble: & toutes leurs paroles, nous donnent tous les iours de nouuelles marques, ou de leur estime, ou de leur amour. La constance (cette vertu que si peu de gents pratiquent dans les Villes) se rencontre presques tousjours parmy nous: l'égalité de nos conditions, & de nos richesses, fait que les plus foibles ne laissent pas d'estre constantes: il n'y a ny Sceptre, ny Or, ny Diamants, qui les puissent ébloüir & les suborner. Les Sages d'entre nous les méprisent, & les autres ne les connoissent pas. L'on ne voit point icy vn Mary, repudier plusieurs femmes comme à Rome: les Amants ne cessent point de l'estre en se mariant: ils ne veulent point nous acquerir, pour ne nous estimer plus: ils prennent soin de la conqueste qu'ils ont faite, & s'estiment glorieux, de ne porter qu'vne chaine en toute leur vie. Nos Bergeres aussi, ne sont pas plus infidelles: leur simplicité & leur franchise, fait qu'elles ne déguisent point leurs sentimens. Elles sont modestes & sinceres; & si vn peu de jalousie (malgré tant de vertus qui deuroient l'empescher de naistre) ne troubloit point la tranquilité de nos Campagnes; toutes nos Roses seroient sans épines, & tous nos plaisirs seroient sans meslange & sans amertume. Cette passion toutes-fois, n'agit pas icy, comme à Rome: en ce lieu là, l'on a recours à la violence: les Poisons, & les Poignards, sont mis en vsage: & seruent quelque-fois également, & contre le Riual, & contre la Mestresse encor. Mais icy, le plus grand mal qui nous en arriue, est que nous voyons le teint des plus belles Filles, deuenir vn peu pasle: & les Troupeaux de nos plus soigneux Bergers, se ressentir des inquietudes de leurs Maistres; qui passent leur chagrin dans les plus sombres Forests, les abandonnant au soin de quelques-vns de leurs Amis. Cette retraite ne nous fait pourtant guere voir de funestes euenemens: & pour l'ordinaire, quelque pleinte, quelque chanson, & quelques vers, font la vengeance & l'acommodement des plus jaloux. Si c'est la Bergere qui soit irritée, on luy ramene son Amant à ses pieds, triste & changé comme il est. Elle l'écoute, reçoit ses iustifications s'il est innocent, & luy pardonne s'il est coupable, pourueu qu'il se repente, & qu'il demande ce pardon de bonne grace. Que si au contraire, c'est elle qui est en tort; nous la condamnons à luy faire de sa main vn chapeau de fleurs : & mesme nous consentons quelquesfois, qu'il luy dérobe vn bracelet de ses cheueux. Aprés cela, leur felicité est plus solidement fondée qu'auparauant : & l'innocence de leur vie, iustifiant tous leurs plaisirs, ils demeurent les plus heureux du monde. Le Berger prend soin du Troupeau de sa Mestresse; ils vont presques toûjours sur les mesmes Bruyeres; ils cherchent les mesmes ombrages; & les mesmes Fontaines; leurs Houlettes sont grauées des mesmes chiffres; leurs Panetieres attachées de mesmes rubans; leurs Brebis parées des mesmes couleurs, & leurs Chiens mesmes, semblent auoir contracté ensemble, quelque amitié particuliere. Cet heureux estat consideré comme il doit l'estre, n'est-il pas vray Berger, que l'Amour de Rome, deuroit estre peind d'vne autre maniere que le nostre ? il faudroit le representer comme vne Furie; il faudroit mesme luy donner plus d'vn arc & plus d'vn flambeau, veu les desordres qu'il cause; il faudroit qu'il portast vne faux, aussi bien que Saturne, & que la Mort, puis qu'il détruit tout ce que le temps & la mort détruisent. Il renuerse tout aussi bien qu'eux; il ne porte iamais le desir d'aimer dans vn cœur, que la haine, la jalousie, & la colere ne le suiuent de bien pres. Il faudroit donc qu'il fust dépeint comme vn Monstre, puis qu'il produit tant de choses differentes en vn mesme instant. Mais pour celuy qui habite dans nos Bois, il faut ne le faire iamais voir que sur des fleurs; il faut que ses aisles soient esmaillées des mesmes couleurs de l'arc en Ciel; que son bandeau soit d'vne Gaze fort deliée; que ses traits & son Carquois, soient ornez de Roses & de Iasmin; que son teint soit blanc & incarnat; que les jeux & les ris, ne l'abandonnent point; que son innocence paroisse en toutes ses actions; & que son flambeau semble plustost estre entre ses mains, pour nous éclairer, que pour nous nuire. Iugez, Berger, apres tout ce que ie viens de dire, si la vie de Rome, doit estre preferée à la vie Champestre? nous habitons les plus beaux lieux de la Nature; nous possedons toutes les veritables Richesses; nous ioüissons de tous les plaisirs innocens; nous ne sommes pas trop éloignez de la plus solide vertu; nos coûtumes sont équitables; nous n'auons point d'ambition, & ne voyons rien au dessus de nous; que pourrions nous souhaiter dauantage, & que pourriez vous desirer de plus? rendez vous donc Berger, rendez vous à la raison, à mes prieres, à mes persuasions, & à vous mesme; qui n'endureriez pas sans doute, que ie vous donnasse la qualité de Berger, si vous ne l'estimiez glorieuse. Tant de Vers & tant d'Eglogues, que vous auez faites, iustifient bien mieux que moy, les aduantages de la vie Champestre: il suffira de se souuenir vn iour, que Titire apres auoir chanté les hauts faits d'Enée (comme il en a le dessein) n'a pas dédaigné d'accorder sa Musette & ses Chalumeaux; auec ceux de nos plus adroits Bergers. Ne vous souuenez donc plus, pour estre persuadé de ce que ie desire, ny du Soleil que ie vous ay dépeint si lumineux ; ny de nos Riuieres dont les ondes sont d'argent ; ny de nos Fontaines de Cristal ; ny de l'aimable obscurité de nos Grottes ; ny des émeraudes de nos Prairies ; ny de ces hautes Montagnes dont la veuë est si belle ; ny de ces Torrens dont la cheute, quoy qu'effroyable, ne laisse pas de diuertir. Ne vous souuenez (dis-je) ny de ces sombres Forests ; ny de ces Estangs couuerts de Cignes ; ny de nos Colines ; ny de nos Valons ; ny de l'aimable diuersité de nos Fleurs ; ny de nos Bocages ; ny de nostre Musique de Rossignols ; ny de l'aduantage que nous auons par dessus les Villes en toutes les saisons de l'anneé. Oubliez (dis-je) si vous le pouuez, la beauté de nos Bergeres : perdez la memoire de nos Festes, de nos Sacrifices, de nos Chasses, de nos Pesches, de l'innocence de nos mœurs, & d'Amarille mesme. Mais souuenez vous au moins, pour ne dire iamais rien contre cette vie Bocagere, qu'au sortir de Rome, vous auez esté Berger, comme vous l'estiez auparauant. Que vous auez porté la Panetiere & la Houlette ; & que de la mesme main, dont vous allez écrire les pleintes de Didon, & les loüanges d'vn Prince Troyen ; vous auez écrit les pleintes de Titire, à la Bergere Galathée, & les loüanges de la vie Champestre.

EFFET
DE CETTE HARANGVE.

LE Lecteur peut croire que ce discours fut persuasif: puis que Virgile, qui est le mesme que Titire, ne regrette Rome que cette seule fois en toutes ses Bucoliques, quoy qu'il fust trois ans à les composer. Il en employa encor apres, sept à la composition de ses Georgiques, ouurage de mesme nature, & qui contient toutes les occupations Champestres. Ainsi peut on (comme ie l'ay dit) sans que l'imagination en soit gesnée; croire qu'Amarille persuada en quelque façon Titire: & que la diuersité de ce grand Païsage, assez artistement peint, & assez hardiment touché, ne déplût pas à ses yeux.

CLORINDE
A
TANCREDE
SIXIESME HARANGVE.

ARGVMENT.

Chacun sçait que dans la Hierusalem du Tasse, Tancrede tuë Clorinde sa Mestresse sans la connoistre : mais chacun sçait aussi, qu'elle ne le reconnoit point, & qu'elle meurt presques sans parler. Ie ne doute donc pas, qu'on ne m'accuse de falcifier l'Histoire, (si toute-fois vne fable doit auoir ce nom) & qu'on ne me trouue étrangement hardy, d'oser entreprendre de faire parler vne Heroïne, qu'vn si fameux Autheur a fait taire. Outre que c'est dire ce qu'il n'a pas dit, on le trouuera encor plus iudicieux que moy, de n'auoir pas mis vn si long discours, en la bouche d'vne personne mourante : mais iaduoüe que malgré toutes ces obiections, aux quelles on voit bien que i'ay songé, puis que ie me les fais moy mesme, auant qu'vn autre me les face ; ie n'ay peu resister à vne si agreable tentation. Il m'a toujours semblé, en lisant cet endroit de ce merueilleux Poëme, que le Tasse n'en auoit pas entierement tiré, tout ce qu'on en pouuoit tirer : & que puis qu'il estoit Maistre de la destinée de Clorinde, il pouuoit luy accorder quelques moments de vie, pour rendre l'aduanture plus tendre, & le malheur de Tancrede plus pitoyable, par les choses qu'elle luy diroit. Que le Lecteur souffre donc, que comme le Boyardo & l'Arioste disent souuent, que c'est Turpin qui a dit ce qu'ils inuentent ; ie die aussi, qu'vn autre Historien que le Tasse, asseure que le coup d'espée fut vn peu moins grand ; que Clorinde vescut quelques heures ; & qu'elle parla à peu pres en ces termes au genereux Tancrede, pour luy persuader,

QVE L'AMOVR NE DOIT POINT MOVRIR AVEC L'AMANTE.

CLORINDE
Mais qui peut en discourir
Un Amant la fait mourir
Qui voudroit mourir pour Elle.

CLORINDE A TANCREDE.

VOUS auez vaincu, Illustre & vaillant Cheualier; ie vous rends les armes auec la vie: & vous auez mesme cet auantage, d'oüir de la bouche de la personne que vous auez vaincuë, que vous estes digne d'estre son vainqueur. Mais d'où vient la tristesse qui paroist sur vostre visage, & dans vos actions? est-il possible qu'il se trouue vn homme assez genereux, pour pleurer de ses propres victoires, & pour pleindre la mort de ses ennemis? Cessez, courageux Cheualier, cessez, de regretter ma perte; & souuenez vous, que peu s'en est falu, que ie n'aye causé la vostre. Mais encor vne fois, ce que ie voy, & ce que i'entends, peut-il estre veritable? Ha, ie n'en doute point, ie reconnois mon Liberateur ; i'entends cette mesme voix, qui au milieu des combats, m'a paru souuent si redoutable & si charmante : & ie ne m'estonne plus, de voir pleurer ma mort, à celuy qui m'auoit sauué la vie. Oüy, genereux Prince, ie me souuiens de cette grande iournée, qui vous acquit tant d'honneur : où poussée de cette noble ambition, de vaincre en vous le plus vaillant, & le plus courageux de tous les hommes ; ie vous poursuiuis si opiniastrement, que ma hardiesse, ou plustost ma temerité, vous donna de l'estime pour moy. Non seulement vous ne m'attaquates point, non seulement vous ne voulûtes pas vous deffendre, lors que ie vous attaqué, mais vous me deffendistes de tous ceux qui m'attaquoient. Vous fustes de party contraire, à celuy dont vous estiez, à ma consideration : vous poursuiuistes les vostres comme vos ennemis, parce qu'ils estoient les miens : &

toutes

toutes vos actions me confirmerent mieux que vos paroles, que soit par la force de vostre destin, ou par vostre inclination, Clorinde auoit touché vostre illustre cœur. Hé veuille le Ciel, m'acorder quelques moments de vie, pour vous rendre grace de tant de generosité, & pour vous consoler de la douleur que ie vous cause. Ie voy bien, Tancrede, ie voy bien, que vous songez à aller chercher des remedes, aux blessures que i'ay receuës de vostre main : Mais s'il est vray que i'aye quelque pouuoir sur vous (comme vos larmes me le persuadent) ne m'abandonnez pas, ie vous en conjure, à l'insolence de vos soldats : maintenant que la miserable Clorinde, n'a plus d'autres armes pour se deffendre, que les pleintes & les soupirs. Aussi bien les blessures que i'ay receuës, sont telles qu'il n'y a plus de part à la vie pour moy : Hé veuille le Ciel encor vne fois, me la prolonger de quelques instants, afin que ie puisse vous témoigner ma reconnoissance. Il me semble que ma priere est exaucée : car encore que ie sente bien que l'heure de ma mort est proche, il me semble, dis-je, (si ie ne me trompe) que i'ay lieu de croire que ie n'expireray pas, que ie ne vous aye dit vne partie des choses que ie pense. Ne craignez point que ie me pleigne de vous, ny du sort : i'ay l'ame trop grande, trop ferme, & trop raisonnable, pour auoir iamais vn sentiment si vulguaire, si foible, & si injuste. Ie sçay que dans les combats, on trouue aussi souuent la mort que la victoire : qu'il faut se preparer également à l'vne & à l'autre : & que pourueu que l'on soit vaincu sans honte & sans lâcheté, on doit perdre cette victoire sans desespoir, & mourir sans murmurer. Ie ne regrette donc point, la part que ie pouuois encor auoir à la vie : la mienne a esté assez longue, puis qu'elle a esté sans tâche : i'ay peu vescu, ie l'aduouë, mais i'ay vescu auec gloire, & ie meurs auec honneur. Si Clorinde deuoit estre vaincuë, il falloit que ce fust par celuy qui a acoûtumé de vaincre tous les autres : ce n'est pas peu pour elle, de luy auoir disputé cet illustre prix comme elle a fait : & de ne luy auoir cedé, que parce que rien ne luy peut resister. Ne me pleigniez donc pas dauantage que ie me pleinds moy mesme ; reglez vos sentimens sur les miens ; consolez vous comme ie me console ; & ne soyez pas plus sensible à mon mal-heur, qu'à vostre propre interest. Si vous me regardez comme vostre ennemie, vous vous réjoüirez de ma perte ; toute l'Armée de Godefroy, vous rendra grace de cette action ; car bien que ie sois d'vn sexe, qui pour l'ordinaire ne permet pas que l'on tire aduantage de le combatre ; ie pense neantmoins sans vanité, que le nom de Clorinde est assez fameux, pour oser croire comme ie fay, que tous vos Cheualiers s'estimeroient fortunez, non seulement d'estre ses vainqueurs, mais mesme d'estre ses vaincus. Ne jettez donc pas sur mon Tombeau, la Couronne que vous auez acquise par ma deffaite, comme indigne de vostre front : ne dédaignez pas vostre victoire, si vous ne voulez me faire vn outrage : Au contraire, publiez là par toute la Terre ; aprenez à tout le monde, ce qu'elle vous a cousté ; ne cachez point le sang que vous auez répandu ; & cachez seulement vos larmes à Clorinde, afin que ſa mort ſoit plus tranquile, ne pouuant eſtre plus honnorable. Pour vous témoigner qu'elle vous la pardonne de bon cœur, elle vous conjure (s'il eſt vray que vous ayez de l'affection pour elle) de la conſeruer lors qu'elle ne ſera plus : faites que ſes Cendres n'éteignent pas cette noble ardeur, que ſes actions Heroïques, ont allumée dans voſtre ame : vous l'auez aimée ennemie, aimez là dans le Cercueil : vous l'auez aimée lors qu'elle auoit les armes à la main contre vous, aimez là lors qu'elle ſera morte par vous : vous l'auez aimée lors qu'elle vous haïſſoit, aimez là lors qu'elle aura finy ſes jours en vous aſſeurant, qu'elle a eſtimé voſtre valeur & voſtre vertu, iuſques au poinct de ſouffrir ſa deffaite ſans en murmurer ; & de tenir à gloire de perdre la vie, de la meſme main qui la luy auoit conſeruée. Ie meurs toutes-fois auec le regret, de ne l'auoir pas employée, au ſeruice de mon Liberateur : mais comme cette ingratitude n'eſt pas volontaire, ne laiſſez pas de regarder ma mort, comme ſi ie la ſouffrois pour vous ſauuer, au lieu que ie la souffre pour auoir voulu vous perdre. Imaginez vous que tous les coups que ie vous ay portez, ont esté portez contre vos ennemis, & non pas contre vostre personne : faites que le sang que ie répands, serue de prix aux larmes que vous versez : & croyez enfin, qu'apres la generosité que i'ay remarquée en vostre ame, si Clorinde eust vescu, elle vous auroit témoigné par ses actions, qu'elle n'estoit plus capable de vous conter entre ses aduersaires. Mais puis que le passé ne se peut reuoquer, & qu'il ne demeurera bien tost plus rien de Clorinde que son Nom, ses Cendres, & son Cercueil, (si vous auez la bonté de luy en accorder vn) prenez soin de toutes ces choses : augmentez sa reputation si vous le pouuez, afin d'accroistre la vostre : & afin aussi de iustifier en mesme temps, vostre amour & vostre douleur. N'ayez pas la lâcheté de ces gents indignes de voir le iour, qui cessent d'aimer leurs Amis, dés qu'ils ne sont plus en estat de reconnoistre leur amitié : ne soyez pas (dis je) de ceux à qui les Sepulchres donnent de l'horreur, & qui n'osent ſuiure les perſonnes qu'ils aiment, dans les Ombres du Tombeau. Ces foibles intereſſez, qui ne cherchent que la recompenſe dans leurs affections ; & qui n'aiment que les choſes agreables, ne ſont pas dignes de ioüir de la lumiere : les Ames grandes & genereuſes, ne ſont pas capables d'en vſer ainſi : & à dire les choſes comme elles ſont, ce n'eſt que ſous la Tombe, & entre les bras de la mort, que nous pouuons nous aſſurer fortement, de la bien-veillance que l'on a pour nous. Tous les ſeruices que l'on rend aux viuants, peuuent eſtre ſoupçonnez d'intereſt particulier : mais tous les honneurs que l'on rend aux morts, ne peuuent eſtre mal expliquez, & meritent de viure eternellement, dans la memoire de tous les hommes. C'eſt la veritable marque de l'Amour Heroïque, & de la veritable vertu ; c'eſt (comme ie l'ay dit) le caractere infaillible, d'vne Ame grande, noble, & genereuſe : c'eſt aimer pour aimer, & non pas pour la recompenſe : & c'eſt enfin (comme ie l'ay dit encor) ſe rendre digne de tous les honneurs imaginables, que d'honnorer la memoire, de ceux qui pendant leur vie, ont merité d'estre estimez de nous, d'vne façon particuliere. N'est-ce pas assez que nous perdions vne personne qui nous est chere, sans effacer encor nous mesme, son image de nostre souuenir? Ha, non, non, Prince trop genereux; vous n'en vserez pas ainsi : les Cendres de Clorinde vous seront en veneration; vous visiterez son Tombeau auecques respect; & son nom rendu inseparable du vostre, par sa deplorable aduanture, vollera par tout l'Vniuers, auec éclat & auec gloire. Vous luy conseruerez cette amitié si pure, que l'esperance mesme n'y a point eu de part : car certes il ne seroit pas iuste, que Clorinde cessant de vous haïr, lors qu'elle entre dans le Monument, vous commençassiez de luy vouloir mal, lors qu'elle cesse de viure, & qu'elle commence de vous connoistre; & par consequent de vous estimer beaucoup. Apres auoir esté mon ennemy, soyez mon Cheualier, ie vous en conjure : deffendez contre tout le monde, la beauté des portraits aduantageux, que la renommée a faits de moy par toute la Terre : soûtenez qu'elle n'a point flaté Clorinde : parlez de la grandeur de son courage, de son experience dans sa jeunesse, de son bon-heur dans les combats, de la pureté de son ame, de l'innocence de sa vie, & de la gloire de sa mort. Il m'importe peu, que vous publiez que ie suis née sur le Thrône ; il suffit que vous persuadiez que i'en estois digne : & que vous soyez vous mesme persuadé, que ma deffaite vous est honnorable. Ie voy bien que ce discours redouble vostre douleur : & que vous aimeriez mieux n'auoir point vaincu, que d'acheter la victoire par ma perte. Ne regrettez pourtant pas si fort, vne personne mal-heureuse : & ne vous accusez pas, d'auoir commis vn si grand crime. La Clorinde que vous auez combatuë, n'est pas celle que vous voyez : l'autre estoit vne infidelle, ennemie de tous les Chrestiens, & par consequent la vostre : & celle-cy au contraire, est presentement mieux instruite, plus éclairée, & plus raisonnable ; puis qu'elle meurt auec beaucoup d'estime, & de reconnoissance pour Tancrede. Mais cependant

(me

(me direz vous) elle meurt par la main de ce Tancrede : il est vray, (vous répondray-je) mais elle meurt pour sa gloire. Nul d'entre les mortels ne deuoit estre son vainqueur, que celuy qui est assez genereux, pour pleurer son ennemie. Le sang qu'elle eust répandu en toute autre rencontre, auroit noircy sa reputation : il falloit donc pour l'honneur de ses armes, que ce fust de vostre main qu'elle perdist la vie, afin de viure eternellement. Et puis, Illustre Prince, si le hazard de la guerre, ne nous eust point fait rencontrer, & que le Sort & vostre valeur, ne m'eussent pas mise aux termes où ie me voy ; iamais Clorinde ne vous auroit donné, nulle marque de sa reconnoissance : elle auoit vne vertu austere, qui l'eust obligée à vous traiter toûjours en ennemy : vous auez adoucy la fierté de son ame en la surmontant : son orgueil a esté plus foible que vostre courtoisie : & la mort qu'elle reçoit par vostre main, luy fait receuoir vostre amour sans colere & sans haine, ce qu'elle n'eust iamais fait en vn autre temps. Ne vous plaignez donc point de la rigueur de vostre aduanture, puis que vous luy deuez vne partie de mon estime. I'auois admiré vostre courage dans les combats, mais i'aduouë que ie n'auois pas connû si parfaitement, vostre generosité apres là victoire. Il est plus de vaillants soldats, que de vainqueurs debonnaires: & plus d'hommes qui sont capables de verser le sang de leurs ennemis, que de répandre des larmes sur leurs Tombeaux. Cessez donc, cessez de vous affliger & de me pleindre: la mort ne m'estant point rude, vous deuez ce me semble vous consoler comme moy: & vous deuez enfin vous resoudre, à ce que vous ne pouuez éuiter. Quand i'eusse vescu plus longtemps, que pouuiez vous attendre de plus heureux? vous n'auriez iamais veu Clorinde, que les armes à la main: ne vaut-il pas mieux (puis que le Ciel le veut ainsi) que vous ne la voyez plus du tout? son idée vous sera plus agreable, qu'elle mesme ne vous l'eust esté de cette maniere: & de l'humeur dont elle est, elle veut bien que vous aimiez sa memoire, mais elle n'eust peutestre pas voulu, que vous eussiez aimé sa personne. Reconnoissez donc auec moy, les aduantages que vous donne la victoire: & ne murmurez pas inconsiderément, d'vne chose que vous ne pouuez empescher. Moderez vostre douleur; afin qu'elle dure plus long-temps: ie reçoy la mort auec tranquilité, souffrez ma perte auec patience: toutes-fois, ne perdez iamais le souuenir de ce que ie fus. Vous me rendrez la vie, en conseruant mon image dans vostre cœur: mais vne vie plus noble & plus glorieuse, & pour laquelle i'ay si souuent hazardé l'autre. Tout ce que Clorinde a fait, n'a esté que pour immortaliser son nom: empeschez donc, par vos soins, qu'il ne soit enseuely dans l'oubly: & s'il est vray (comme ie n'en doute point) que vous ayez l'ame toute genereuse, ne changez pas de sentimens, puis que ie m'en vay estre en vn estat, qui ne reçoit plus de changement. Ie meurs auec beaucoup d'admiration pour vostre vertu; viuez auec beaucoup d'estime de mon courage: portez de mon Tombeau iusques au vostre, l'affection que vous dittes auoir pour moy: & lors que le malheur voudra que vous quitiez le iour, faites que l'on enferme dans vostre Cercueil, vne image de Clorinde. Faites (dis-je) qu'elle se trouue encor empreinte en vostre cœur : & que rien ne soit assez puissant, pour l'en pouuoir effacer. C'est dans les ames vulgaires, que le temps & l'absence détruisent les beaux sentimens, que la vertu toute seule y a fait naistre : mais parmy les personnes Heroïques, le temps, l'absence, ny la mort mesme, ne peuuent faire changer leurs inclinations. Ils aiment dans le Monument, ce qu'ils ont aimé sur la Terre : le souuenir de cet agreable objet, leur tient lieu de sa personne : & comme ils ont aimé sans esperance & sans interest, ils conseruent sans infidelité & sans peine, l'amitié qu'ils ont promise. Certainement il y auroit quelque chose de dur & d'injuste, de perdre tout ensemble, la lumiere, la vie, & l'affection de ses Amis : c'est reuiure en eux, que de demeurer en leur memoire : ressucitez donc Clorinde de cette sorte ; & ne la faites pas mourir vne seconde fois, d'vne façon plus cruelle que l'autre. La premiere, est vn effet de voſtre adreſſe, de voſtre courage, & de ſon mal-heur : & la ſeconde, en ſeroit vn de voſtre oubly, de voſtre indifference, & (ſi i'oſe parler ainſi) de voſtre ingratitude. Oüy, genereux Prince, ie puis vſer de ces termes : & i'oſe eſperer que vous ne trouuerez pas mauuais, que Clorinde croye vous obliger ſenſiblement, lors qu'elle employe les derniers moments de ſes iours, à vous témoigner la veritable eſtime qu'elle a conceuë, pour voſtre extréme vertu. Ne manquez donc pas de reconnoiſſance, puis que vous voyez que ie n'en manque point : receuez le regret que i'ay, de ne vous auoir pas ſeruy, comme vne preuue indubitable que ie l'aurois fait, ſi i'euſſe veſcu plus long-temps. Mais rendez auſſi à mes Cendres & à mon nom, les honneurs & les ſoins que vous auriez rendus à Clorinde, ſi ſa vie euſt eſté plus longue. Ne craignez pas que ſon Phantôme vous épouuante, lors que vous viſiterez ſon cercueil : n'y qu'auec vne voix plaintiue & lamentable, elle vous reproche ſa mort. Non, Tancrede, vous ne verrez plus ny Clorinde, ny ſon Ombre : & vous n'entendrez plus, ny sa voix, ny ses soûpirs. Mais, helas, ie connois bien que i'augmente vostre douleur, en pensant la consoler! que les témoignages d'amitié que ie vous rends, vous causent plus d'affliction, qu'ils ne vous donnent de joye : que ie suis assez mal-heureuse pour vous nuire, lors que ie voudrois vous seruir : que ie vous perce le cœur, lors que le mien est prest d'expirer: & que ie vous suis plus redoutable mourante & desarmée, que ie ne vous l'estois, dans le milieu des combats. Ie ne vous diray donc plus rien, qui puisse augmenter vos larmes: ie vous cacheray vne partie de mes sentimens, de peur d'attendrir les vostres: & de peur mesme que vostre foiblesse ne passast iusques à moy. Ha, non, non, ie me repents de cette pensée : & puis que ie n'ay plus que quelques moments à viure, il faut les donner tous entiers, à celuy qui autrefois m'a sauué la vie; à celuy qui pleure maintenant ma mort, quoy qu'elle aye empesché la sienne; & à celuy dont les soins me doiuent immortaliser. Aussi bien ie ne pense pas, que mon silence arrestast vos pleintes: & ie croy mesme que vous ne serez iamais plus affligé, que lors que ce silence sera eternel. Preparez vous y toutesfois; car ie sents que mon heure fatale s'aproche; que mes forces diminuent; que ma voix s'affoiblit; & qu'à peine auray-je le loisir de vous dire, que Clorinde meurt sans autre douleur, que celle que la vostre luy cause. Qu'elle tient la fin de ses iours, pour la plus glorieuse de ses aduantures: qu'estant née sur le Thrône, elle ne se soucie pas de mourir sur la poussiere, puis que c'est auec honneur: qu'ayant vescu auec innocence, & auec vne reputation sans tâche, elle ne regrette rien au monde, que de ne s'acquiter pas de ce qu'elle vous doit: & qu'enfin, elle s'estime heureuse, d'auoir trouué en vne mesme personne, vn ennemy assez courtois pour luy sauuer la vie; vn Cheualier assez vaillant, pour rendre sa mort illustre; vn vainqueur assez debonnaire, pour pleurer de ses propres victoires; & vn Amant assez passionné, & assez Heroïque, pour luy faire esperer, qu'il conseruera cette affection toute pure, iusques à son dernier soûpir. Adieu donc, Prince trop infortuné, pour estre si genereux: la voix me manque, ie perds la force & la lumiere: mais s'il est possible, ne perdez iamais le souuenir, que l'Amour ne doit point mourir auec l'Amante.

EFFET

EFFET
DE CETTE HARANGVE.

LEs ſentimens qu'vn pareil diſcours euſt pû inſpirer, ne manquerent pas de trouuer place, dans l'eſprit affligé de Tancrede: il pleura, & pleura long-temps, pour vne infortune ſi extraordinaire, & pour vne auanture ſi effroyable. Et nous pouuons meſme croire qu'il pleura toûjours, puis qu'Erminie (toute aimable & toute Amante qu'elle eſtoit) ne le pût iamais conſoler, de la perte de Clorinde. Cependant, ne ſoyez pas auſſi perſuadez qu'il le fut, que l'Amour ne doit point mourir auec l'Amante: & ſuſpendez au moins voſtre iugement, puis que cette autre Princeſſe, a quelque choſe à vous dire là deſſus. Eſcoutez là mieux, que Tancrede ne l'eſcouta: car ſans mentir elle eſt trop digne de compaſſion, pour la faire mourir pour vne morte; ou du moins, pour ne la vouloir pas entendre.

Ff

ERMINIE
A
ARSETE.

SEPTIESME HARANGVE.

ARGVMENT.

APres que Tancrede eut tué Clorinde, comme vous venez de le voir ; ce Prince en parut inconsolable : & à peine ce fameux Hermite qui suiuoit le Camp de Godefroy, le pût separer de ce beau Corps, dont il auoit separé l'ame. De sorte qu'Erminie fille du Roy d'Antioche, qui aimoit depuis long-temps ce genereux affligé, desespera de voir iamais son amitié recompensée. Ce fut dans vn estat si *mal-heureux, que rencontrant vn des domestiques de Clorinde, qui soûtenoit que Tancrede auoit raison d'en vser ainsi; elle tâcha de luy faire aduoüer, pour soulager sa douleur,* QVE L'AMOVR NE DOIT ALLER QVE IVSQV'AV TOMBEAV.

ERMINIE
O Princesse jeune et belle,
Si par vn discours charmant,
Vous subornez cet Amant,
Voudrez vous d'vn infidelle?

ERMINIE A ARSETE.

CEVX qui disent comme vous le dittes, que le pouuoir de la mort, ne doit point détruire l'Amour; qu'il faut aimer dans les Ombres du Tombeau, celles que l'on a aimées lors qu'elles ioüissoient de la lumiere; que c'est estre infidelle, de ne leur conseruer pas, son affection toute pure; que c'est estre inconstant, que d'estre capable d'vne seconde flâme, lors qu'elles n'ont plus de part à la vie; & qu'enfin quiconque a esté assez mal-heureux, pour voir entrer vne Mestresse dans le Monument, ne doit iamais plus songer, à faire nulle autre conqueste. Ces gents là (dis-je) ignorent également, iusques où va la puissance de la Mort, & la puissance de l'Amour. Ils ne sçauent pas, ce que c'est qu'on apelle aimer : ils ne connoissent, ny la fidelité, ny la constance : & iugent des choses, ou selon leur caprice, ou selon leur interest. Pour vous, sage & fidelle Arsete, ie n'ay garde de trouuer mauuais, que vous donniez des larmes à la memoire de la vaillante Clorinde : Ie consents mesme que le genereux Tancrede, mesle les siennes auec les vostres : & ie veux bien encor vous témoigner par mes soûpirs, que le Destin de cette Illustre personne, m'a donné de la douleur, & que ie fus sa Riualle, sans estre son ennemie. Mais ie veux aussi vous persuader, que sans estre, ny infidelle, ny inconstant, ce Prince qui l'a aimée durant qu'elle a vescu, pourroit reconnoistre mon affection par la sienne, apres qu'elle a cessé de viure. La Mort (cet effroyable Monstre, qui détruit tout ce qui respire en l'Vniuers) ne veut point que l'Amour entreprenne aucune chose sur sa puissance : ceux qu'elle emporte vne fois, ne sont plus obligez à rien : elle rompt les traittez de Paix ; elle separe les amitiez les plus étroittement vnies ; elle des-vnit les alliances les plus fortes. En faisant tomber les Rois du Thrône dans le Cercueil, elle dispense leurs Subjets de leur obeïr ; leur pouuoir cesse auec leur vie ; & il ne demeure de ces Monarques, que la memoire de leurs vices, ou de leurs vertus. S'ils ont esté meschants, on les blâme auec hardiesse ; & s'ils ont esté bons, on les louë sans estre soupçonné de flatterie ; on prend soin de leurs Tombeaux ; on immortalise leurs noms, par l'Histoire que l'on fait de leur Regne & de leurs actions heroïques ; mais on ne leur rend aucun des seruices qu'ils auoient acoûtumé d'exiger de leurs Subjets : tant il est vray, que la Mort aporte de changement à toute chose. Ce que ie dis des Rois, se peut dire de celles que l'Amour auoit renduës Reynes de leurs Amants, & que la Mort a assujetties à son Empire. Comme elles ne sont plus en estat de commander, l'on est dispensé de leur obeïr : les sentimens de la

Raiſon & de la Nature, veulent que l'on pleure leur perte, que l'on cheriſſe leur memoire, qu'on n'en perde iamais le ſouuenir, qu'on leur dreſſe des Sepulchres magnifiques, & que l'on n'oublie rien de tout ce qui peut ſeruir à leur gloire: mais la Raiſon & la Nature veulent auſſi, que le temps conſole les plus aigres douleurs, qu'il n'y ait point de larmes qui ne tariſſent, ny point d'afflictions qui ne diminuent. En effet, il n'y a point de milieu à prendre en ces occaſions: il faut entrer dans le Cercueil, auec la perſonne aimée; ou il faut demeurer dans les bornes que la ſageſſe preſcrit, aux douleurs les plus violentes. Tous les ornemens des plus ſuperbes Mauſolées, ne ſont que des flambeaux éteints, & des marques funeſtes, que ceux qui y repoſent, n'ont plus de part à la lumiere; & par conſequent, que les viuants n'en doiuent plus auoir à leurs Cendres. Ce ſommeil eternel qui regne dans les Sepultures, & que les larmes & les ſoûpirs des Amants les plus paſſionnez, ne peuuent iamais diſſiper; témoigne aſſez, que ce n'eſt point aux morts, que l'on doit de l'amour & de la constance. Le changement qui arriue en eux, iustifie celuy qui arriue aux autres : & puis à parler veritablement, les plus desesperez s'abusent, lors qu'ils croyent aimer encor, les Ombres de leurs Mestresses, comme si elles estoient viuantes. Ce qui ne peut plus causer, ny desir, ny esperance, ny inquietude, ny jalousie, ne peut s'apeller amour : ils cessent donc d'aimer sans qu'ils y pensent, & prennent vn effet de leur douleur, & quelques-fois de leur temperament, pour vne marque de passion. Cependant, il est absolument impossible, que l'Amour & la Mort, puissent iamais regner ensemble : ils croyent aimer leurs Mestresses, & ils n'aiment que leur memoire : ils se disent fidelles & constans, & neantmoins tous leurs sentimens sont changez : car de toutes les tendresses que la veritable affection inspire, il ne leur demeure que la douleur en partage : encore pour l'ordinaire, deuient elle auec le temps, vne melancholie d'habitude, plustost qu'vn effet de leur perte, & du ressentiment qu'ils en ont. Ils s'acoûtument au chagrin comme à la joye :

leurs soupirs les soulagent; leurs pleurs coulent sans amertume; & le recit de leurs disgraces, au lieu d'acroistre leurs tourmens, & de renouueler leurs déplaisirs, leur tient lieu d'vn diuertissement agreable. Croyez moy, Arsete, ce ne sont point là les marques, d'vne forte passion: cependant il est certain, que la sagesse de la Nature, fait en nous malgré que nous en ayons, ce changement aduantageux. La mort est vn mal trop inévitable, & trop commun parmy les hommes, pour faire qu'ils ne se consolent iamais, des pertes qu'elle leur cause: aussi voit on bien que les choses ne vont pas ainsi, & que la raison a donné de plus iustes limites, à la plus forte douleur. Depuis le commencement des Siecles, la mort a fait verser des larmes, que le temps a essuyées: tous les Enfans se sont consolez de la mort leurs Peres: Tous les Peres ne se sont point desesperez, pour celles de leurs Enfans: les Maris les plus fidelles, ont conduit leurs Femmes dans le Cercueil sans y entrer: & les Femmes les plus constantes, ont enseuely leurs Maris, sans les suiure dans le Tombeau.

Enfin, Arsete, comme il n'y a point de joye permanente en cette vie, il ne doit point y auoir d'affliction qui soit eternelle. Vous me direz que les liens du sang, & ceux de l'Amour, sont des choses bien differentes; & que pour l'ordinaire, l'interest de la personne aimée, a plus de pouuoir en nostre cœur, que toute autre consideration. Vous adiousterez à cela, que nous abandonnerions, & nostre Patrie, & tous nos Parens, pour la seruir : & qu'ainsi, lors qu'il arriue que nous la perdons, elle nous cause autant d'affliction elle seule, que si nous perdions tout à la fois, & ceux qui nous ont donné la naissance, & ceux qui causent nostre fortune, & bref tout ce qui nous reste à perdre au monde. Quand ie tomberois d'accord de cela, il faudroit toujours en reuenir à mon poinct : qui est, ou qu'il faut se consoler de la mort de la personne que l'on aime, ou qu'il faut mourir auec elle. Car de penser que l'amour soit vne chose compatible, auec les Ombres du Tombeau, c'est ce qui n'a point d'aparence, c'est ce qui n'a point de raison; c'est ce qui n'a point d'exemple ; & c'est ce qui ne peut iamais arriuer, à moins que de perdre le bon sens en perdant sa Mestresse. Comme l'on n'aime point ce que l'on n'a pas veu, l'on ne doit point aimer ce que l'on ne verra plus : on peut en conseruer le souuenir, mais on ne peut en aimer les beautez, puis qu'elles ne sont plus en l'estre des choses. On peut reuerer encor les chaines & les fers que l'on a portez : mais comme ces chaines & ces fers sont brisez pour toûjours, on peut sans inconstance & sans infidelité en reprendre d'autres, pourueu qu'ils ne soient pas indignes des premiers. Il ne faut point abatre vne Statuë d'or, pour en mettre vne d'argile en sa place : mais parmy les Chrestiens (à ce que l'on m'a dit), on peut orner vn lieu de plus d'vne image. Ie ne demande donc pas, que Tancrede efface entierement, celle de Clorinde de son cœur : i'ay plus de respect pour elle, & plus de complaisance pour luy. Ie veux seulement, que comme il n'a pas renoncé à la societé humaine, puis qu'on luy voit encor donner des ordres, & en receuoir, aller à la

guerre,

guerre, deffendre sa vie, & employer la mesme main dont il a rompu les liens qui le retenoient au seruice de Clorinde, contre ceux que Clorinde a toûjours seruis; je veux (dis-je) que n'ayant pas cessé d'estre fidelle à son party; que n'ayant pas cessé d'estre vaillant dans les combats; & que n'ayant pas cessé d'estre genereux; il ne cesse pas aussi d'estre reconnoissant. En l'estat que sont les choses, il ne doit que de la compassion à Clorinde; mais il doit de l'amour à Erminie. Clorinde ne sçauroit plus, ny le haïr, ny l'aimer: & Erminie non seulement l'a aimé, auparauant qu'il connût Clorinde; mais elle l'aime encor, lors qu'il prefere les Cendres de Clorinde, aux pudiques flâmes d'Erminie. Le Ciel me soit témoin, si ie conserue aucun sentiment de haine, pour cette illustre personne: tant qu'elle a esté viuante, i'ay eu autant d'estime pour sa vertu, que d'affection pour le Prince qui l'aimoit: non Arsete, sa mort ne m'a point donné de joye: au contraire, elle m'a causé de la douleur. Ie l'honnorois assez pour soûpirer sa perte: & i'aimois assez Tancrede, pour desirer quasi qu'il n'eprouuast pas vne si fascheuse aduanture, quoy que selon les aparences, elle ne dût estre aduantageuse. Que si de leurs interests, il m'est permis de songer aux miens; ie vous aduoüeray encor, que ie pense que ie serois moins malheureuse, si Clorinde n'estoit pas morte, que ie ne la suis maintenant, qu'elle est également incapable, de donner de l'amour & de la jalousie. Si elle viuoit, ie ne trouuerois point mauuais, que Tancrede ne me donnast que son estime & son amitié, & qu'il luy conseruast sa passion toute entiere: ie dirois pour sa deffense, il aime ce que l'on ne peut trop aimer: Clorinde est jeune, belle, vertueuse, & vaillante; & son inclination le porte à l'adorer. Pleignons nous donc de nostre infortune, sans accuser celuy qui la cause, puis qu'on ne peut rien trouuer à dire à son choix. Mais aujourd'huy que Clorinde n'est plus rien qu'vn peu de poudre; que sa jeunesse ne subsiste plus; que sa beauté est détruite; que sa vertu ne peut plus paroistre, que dans les discours de ceux qui l'ont connuë; que sa valeur ne peut plus estre vtile ny dangereuse, à ses amis, ny à ses ennemis ; & qu'enfin elle est aussi éloignée de nous, que si elle n'auoit iamais esté; il n'est pas iuste que Tancrede aye plus de fidelité pour les cendres de son ennemie, que de reconnoissance pour celle qui a commencé de l'aimer, dés le premier instant qu'elle l'a veu : quoy que ce premier instant la fist choir du Thrône dans la seruitude, & que la main qui luy donnoit des fers, arrachast de dessus la teste de son Pere, vne Couronne qui deuoit tomber sur la sienne. Mais peut-estre, genereux Arsete, ne sçauez vous pas tous les droicts, que i'ay en l'affection de Tancrede, par la naissance de celle que i'ay pour luy : il ne sera donc point hors de propos, que ie vous la raconte en peu de paroles ; afin que s'il arriue qu'il écoute vn iour mes raisons, auec plus de douceur que vous ne le croyez, vous ne l'accusiez pas d'infidelité & d'injustice, de preferer Erminie à l'Ombre de Clorinde. Il est mesme necessaire pour ma propre gloire, que vous sçachiez que sans cesser d'estre vertueuse & raisonnable, i'ay pû commencer d'aimer Tancrede, quoy qu'il fust le vainqueur de mon Pere; que i'ay pû continuer de luy vouloir du bien, quoy qu'il n'aye pas répondu à mon amitié; & que ie suis en droict presentement de souhaiter de luy, qu'il se contente d'honnorer la memoire de Clorinde, & qu'il commence d'aimer Erminie. Vous sçaurez donc (sage & fidelle Arsete) que lors que les Chrestiens eurent renuersé le Thrône d'Antioche, & qu'ils eurent arraché, & le Sceptre, & la vie, à celuy qui m'a fait voir la lumiere: vous sçaurez (dis-je) que par l'ordre de la guerre, ie fus remise entre les mains du vainqueur, qui comme vous ne pouuez l'ignorer, estoit ce mesme Tancrede dont il s'agit aujourd'huy. Mais, helas! pourquoy faut-il que ce vainqueur ne m'ait point esté rigoureux en ce temps là, s'il ne deuoit point estre raisonnable en celui-cy? pourquoy faut-il qu'il ne m'aye point traitée en Esclaue, s'il est vray qu'il ne me veuille point traiter en Mestresse? pourquoy faut-il qu'il m'ait rendu tous les Thresors du Roy mon Pere, s'il ne veut pas me rendre mon cœur;

ou me donner le sien en échange ? & pourquoy faut-il qu'il m'ait redonné la liberté de si bonne grace, pour me refuser si cruellement, de rendre les chaines qu'il me fait porter moins rudes & moins pesantes ? Oüy, fidelle Arsete, je l'aduoüe auec quelque confusion : ie commencé d'aimer Tancrede, lors que selon les aparences, ie deuois commencer de le haïr. Sa vertu, sa moderation, & sa clemence, touchérent sensiblement mon cœur : i'estois sa Captiue, & il me traita en Reyne : par le droict que les vainqueurs ont sur les vaincus, tous nos Thresors estoient à luy ; & il me les rendit, ou plustost il me les donna. I'estois sa prisonniere, & il me remit en liberté : il est vray qu'en détachant les fers que ie portois, il m'en donna d'autres bien plus puissants pour me retenir, que ceux que i'auois quitez. Ie regardé la liberté comme vn mal, ie regretté la seruitude comme vn bien ; & quoy que ie ne sceusse pas moy mesme en ce temps là, pourquoy i'auois des sentimens qui paroissoient si peu raisonnables, ie connois bien en celuicy, que l'extraordinaire generosité de Tancrede, auoit déja introduit l'amour dans mon cœur, quoy que ie fusse en vn âge, où l'on ne sçait pas encor ce que c'est qu'Amour. Depuis cela, que n'ay-je pas fait, tantost pour ne l'aimer plus, tantost pour l'aimer toûjours dauantage? ie l'ay regardé quelques-fois comme vn vsurpateur; ie l'ay consideré comme vn ennemy, qui m'auoit osté la Couronne d'Antioche; & ce qui est le plus facheux, qui auoit troublé le repos de toute ma vie, par vne passion que sa generosité auoit fait naistre en mon ame, & que ie ne pouuois vaincre. Mais le diray-je, fidelle Arsete? apres l'auoir regardé, & comme vsurpateur, & comme ennemy; ie l'ay toûjours aimé, & comme vertueux, & comme mon Liberateur, & comme mon Amant. Ie l'ay veu de dessus les murailles de Hierusalem, répandre le sang des nostres, sans que i'en aye répandu des larmes: ie souhaitois la victoire, & ie n'eusse pas voulu toutes-fois, que Tancrede eust esté vaincu. Ie l'auois éprouué vainqueur trop debonnaire, pour ne desirer pas qu'il fust toûjours en estat de faire paroistre sa vertu en faisant du bien, plustost qu'en souffrant du mal. Aussi ne pus-je pas aprendre le peril où il estoit, par les blessures qu'il auoit receuës, sans former le dessein de sauuer la vie, à celuy qui m'auoit sauué l'honneur, & qui m'auoit rendu la liberté. Vous sçauez aussi bien que moy, que ie me seruis des armes de la vaillante Clorinde, pour sortir de Hierusalem, & pour executer mon entreprise: mais en prenant ses armes, ie ne pris pas son courage, & ie fus bien-tost contrainte de quiter l'espée, & de prendre la houlette, pour me mettre en seureté. I'ay donc esté, & Cheualier, & Bergere, pour l'insensible Tancrede: ie fus mesme la prisonniere d'Armide, à sa consideration: & ce que ie trouue de plus heureux pour moy, c'est que par cet Art merueilleux, que tous les Rois mes Predecesseurs m'ont laissé en partage, i'ay eu la satisfaction, de redonner la vie à mon Liberateur, de penser ses blessures, & de le guarir, en vn temps où il ne pouuoit estre secouru que par Erminie. Vous voyez donc bien, Arsete, que la naissance de mon affection n'est pas criminelle, puis que la seule vertu de Tancrede l'a causée. Vous pouuez iuger encor, que sa continuation est excusable, puis que la compassion, & le dessein de le sauuer, y ont beaucoup contribué: & vous deuez connoistre aussi, que Clorinde ne viuant plus, il est obligé de recompenser mon amitié par la sienne. Clorinde qui fait toute sa douleur presentement, & qui occupe toutes ses pensées, n'auoit employé ses armes, que pour l'attaquer & pour le poursuiure: & ie ne dérobé les armes de Clorinde, que pour luy aller sauuer la vie. Clorinde à laquelle il n'auoit osté ny Sceptre, ny Couronne, l'a toûjours regardé comme vn ennemy: & moy à qui il auoit rauy toutes choses, iusques à la liberté; ie l'ay toûjours regardé, comme vn Prince qui pouuoit, & qui deuoit estre mon Amant. Ie vous ay déja dit, Arsete, que si vostre Illustre Mestresse viuoit, ie ne songerois pas à luy disputer sa conqueste: mais son malheur l'ayant mise dans le Tombeau, iugez apres les choses que i'ay dittes, s'il est raisonnable de preferer le Cercueil de Clorinde

rinde à Erminie ? car enfin, ce n'est point estre infidelle, que d'abandonner ceux qui nous abandonnent pour toujours. Quoy, Arsete, vous pouuez comprendre que l'on puisse auoir de l'amour, pour ce qui n'en peut plus receuoir ? cet agreable eschange d'esprits & de volontez, qui se fait entre les Amants, se peut-il faire entre le Tombeau de Clorinde, & le Prince Tancrede ? l'insensibilité du Marbre dont il est orné, peut elle répondre à la tendresse que cette passion inspire ? & ce peu de poussiere qu'enferme ce Monument, est-il le prix de la constance, & de la fidelité de Tancrede ? non Arsete, cela ne peut-estre ainsi : toutes les choses du monde doiuent auoir des bornes: il faut tant que la personne aimée est viuante, la suiure par toute la terre : il faut partager sa fortune, quelque mal-heureuse qu'elle soit: il faut mesme mourir pour elle, si l'occasion s'en presente : mais s'il arriue qu'elle meure, il faut (comme ie l'ay déja dit) ou cesser de viure, ou cesser de l'aimer. C'est vne necessité si absoluë, que rien ne s'y peut opposer : tous les Siecles ont fait voir des exemples de ce que ie dis; tous les desesperez se sont tuez de leur propre main; & tous les sages se sont consolez par leur propre raison. En effet, il y auroit quelque chose de bien injuste, en l'ordre de la Nature, s'il falloit que toutes les fois que la mort fait descendre vne personne au Sepulchre, il y en eust vne autre qui renonçast entierement, à la societé de la vie, & qui passast le reste de ses iours, à verser des larmes inutiles, & à errer vainement à l'entour d'vn Tombeau. Car à parler auec sincerité, il n'y a quasi point de gents qui meurent, qui ne dussent attendre ces derniers deuoirs, ou de leurs amis, ou de ceux pour qui ils auroient de l'amour, s'il estoit vray que la raison authorisast, vne procedure si étrange: & par ce moyen, il se feroit vn enchainement de douleurs parmy tout le monde, qui rendroit la vie de tous les hommes tres-malheureuse, & qui détruiroit l'Vniuers. Il faudroit pour ne s'exposer pas à vne si facheuse auanture, refuser l'amitié de tous les honnestes gens; n'auoir iamais d'amour pour personne; ne se laisser obliger par aucun; apporter autant de ſoin à ſe faire haïr, que l'on en apporte à ſe faire aimer; & conſulter pluſtoſt la ſanté de ceux pour qui on voudroit auoir quelque bien-veillance, que leur propre merite : de peur que leur temperament eſtant foible, la fin de leurs iours arriuant peut-eſtre auant la vieilleſſe, n'obligeaſt ceux qui les aimeroient, à paſſer le reſte de leurs iours à l'entour d'vn Cercueil. Serieuſement, Arſete, il n'eſt pas aiſé de s'imaginer, qu'il y aye des eſprits raiſonnables, qui croyent que la mort ne détruiſe point l'amour : le temps & l'abſence qui n'ont pas tant de pouuoir qu'elle, ne font tous les iours que trop d'inconſtants, pour oſer croire qu'apres qu'elle a rauy l'objet qui faiſoit naiſtre cette paſſion, on puiſſe & on doiue encor la conſeruer. On ne peut continuer d'aimer cet objet, puis qu'il eſt détruit : & on ne le doit pas, puis que c'eſt également reſiſter, à la Raiſon, & à la Nature, qui ne le veulent point. Ceux que l'on dit auoir eſté amoureux d'vne belle Statuë, ou d'vn Portrait, ſont plus excuſables que ceux qui le ſont d'vn Tombeau, ou des

Cendres qu'il enferme ; les yeux qui sont accoûtumez de seduire l'imagination & la volonté, à l'aduantage de tous les beaux objets, les trahissent & leur donnent quelque plaisir, en les trompant agreablement : mais de conseruer de l'amour pour vn objet effroyable, pour ce qui ne peut iamais plaire, pour ce que l'on ne pourroit voir sans larmes & sans horreur, & pour ce que l'on ne verra plus iamais ; c'est ce qui ne peut, ny ne doit estre ; & c'est ce qui me fait soûtenir auec hardiesse, que l'Amour ne doit aller que iusques au Tombeau. Tous les hommes qui n'ont pas perdu le iugement, ne font ou ne doiuent iamais rien faire sans dessein : c'est vn ordre si vniuersel, qu'il n'y en a presques point qui y manquent : tous les auares sçauent pourquoy ils gardent leurs Thresors ; tous les ambitieux sçauent où ils veulent paruenir ; tous les vindicatifs sçauent pourquoy ils cherchent à nuire à leurs ennemis ; & tous les Amants n'ignorent pas, quelles sont leurs intentions, lors qu'ils pleurent, & lors qu'ils soûpirent aux pieds de leurs Mestresses. Ils sçauent (dis-je) que l'amour est le prix de l'amour; & qu'enfin l'on n'aime que pour estre aimé. Mais qui demanderoit au Prince Tancrede, ce qu'il pretend en continuant d'aimer autant l'Ombre de Clorinde, qu'il a aimé sa personne, ie pense qu'il se trouueroit vn peu embarrassé à répondre. De dire que ses larmes & ses soûpirs, ont pour leur principal dessein, de toucher son cœur, on ne le croiroit pas; puis qu'il n'est plus en estat de l'estre. De penser aussi, qu'il conserue sa premiere flâme, pour ranimer les Cendres de sa Mestresse; il est trop sage pour auoir cette pensée: & de s'imaginer encor, qu'il n'aye autre but en tout ce qu'il fait, que de se rendre mal-heureux inutilement; c'est ce qui n'a point d'aparence. Cependant il est certain, que cette amour que vous loüez tant en ce Prince; ne peut iamais produire rien de plus aduantageux pour luy, ny pour moy, que ma mort, ou la sienne. Ha, que s'il estoit possible, que l'Illustre Clorinde pût entendre ses pleintes, & mes raisons, & que du milieu de son Tombeau, elle pût luy faire oüir ses commandemens; qu'elle blâmeroit sa procedure ! & qu'elle pleindroit mon mal-heur ! elle estoit autrefois trop genereuse, pour trouuer bon maintenant, que Tancrede n'estant plus obligé de luy estre fidelle, deuienne ingrat enuers moy. Vous me direz peut-estre, que ses derniers sentimens, n'ont pas esté de mon aduis : mais, Arsete, elle viuoit encor, lors qu'elle les témoignoit à Tancrede. Cette foiblesse qui est commune à tous ceux qui meurent, ne se trouue sans doute plus parmy les morts : toutes les passions deuiennent tranquiles dans la Sepulture : les defunts ne veulent ny l'amour, ny la constance de personne : ils ne prennent plus de part à nos auantures ; ils ne se soucient point que les autres en prennent à leur destin ; & comme ils se separent de toutes choses, ils ne se mettent pas aussi en peine, si l'on se separe d'eux, ou si on les suit toûjours. Croyez moy, Arsete, c'est bien assez que d'estre constant durant la vie, sans le vouloir estre apres la mort : c'est (dis-je) bien assez, que de faire ce que l'on doit, sans vouloir faire encor ce que l'on ne doit pas. Et puis, à dire les choses comme elles sont, tant que l'on est viuant, l'on est obligé de seruir, à la societé publique : il n'est point permis d'estre ingrat ; il n'est point permis d'estre injuste : & cela estant ainsi, il n'est point permis à Tancrede, de n'aimer iamais Erminie, & d'aimer toûjours Clorinde, quoy que Clorinde ne soit plus, & qu'Erminie soit en estat de l'aimer iusques au Tombeau. Au reste, si l'on veut mesme bien expliquer, les dernieres volontez de vostre Illustre Mestresse, on trouuera qu'elles ont esté mal entenduës par ce Prince : car quelques commandemens qu'elle luy aye faits, de reuerer sa memoire, elle ne luy en a point fait de plus pressans, que ceux par lesquels elle luy a ordonné de se consoler. Or le moyen que ce Prince se console iamais, s'il conserue l'amour qu'il auoit pour elle ? Quoy, Arsete, vn veritable Amant pourra viure heureux, & sçauoir qu'il ne peut iamais, ny estre veu, ny estre aimé de sa Mestresse? ha, non, non, ne nous abusons point, en l'explication des dernieres paroles de Clorinde; car sans doute elle est d'accord auec moy,

Elle veut bien demeurer dans la memoire de Tancrede ; mais elle ne sera pas fachée que ie regne en son cœur. Elle veut bien qu'il reuere son nom ; mais elle ne sera pas marrie qu'il aime ma personne. Elle a bien voulu qu'il répandist des larmes sur son Tombeau ; mais elle ne murmurera pas, si Erminie, le temps, & la raison, les font tarir. Elle a consenty que sa mort le rendist mal-heureux pour quelques iours ; mais elle consentira aussi, qu'il me rende heureuse pour toute ma vie. Ne resistez donc pas, Arsète, aux volontez de Clorinde : persuadez au Prince son Amant, ce que ie veux vous persuader : dittes luy que c'est des-obeïr à sa Mestresse, & à la vostre, que de ne se consoler pas : & que s'il est permis à quelqu'vn, de pretendre quelque part à son affection, ce ne peut estre qu'à moy. Comme amie de Clorinde, i'ay quelque droict à l'amitié qu'il auoit pour elle : comme son Esclaue que i'ay esté, il doit me laisser dans ses fers : comme Reine que ie deuois estre, il me doit donner l'Empire de son cœur, au lieu de la Couronne qu'il m'a fait perdre :

&

comme ſon Amante, il doit quiter le Tombeau de Clorinde, pour me ſuiure iuſques à la mort. C'eſt là le terme que ie preſcris, à l'amour que ie veux qu'il aye pour Erminie : ie ne demande pas qu'il abandonne le Cercueil de Clorinde, pour venir errer à l'entour du mien, s'il arriue que ie meure auant luy : non, mes pretentions ne ſont pas ſi injuſtes : s'il ne meurt point de la douleur de ma mort, ie veux qu'il viue, & qu'il ſe conſole. Car enfin, ſoit que i'écoute la Raiſon ou la Nature, ie trouue que l'Amour ne doit point aller au delà du Tombeau.

EFFET
DE CETTE HARANGVE.

Comme le Tasse ne nous a point dit, si Tancrede se consola, & s'il eut pitié d'Erminie, ie ne sçaurois vous le dire. Et comme Arsete estoit vn ancien Domestique de Clorinde, ie n'oserois non plus vous asseurer, s'il tomba d'accord de ce discours. Vous auez entendu les raisons de l'vne & de l'autre, considerez les à loisir, & iugez souuerainement : si vous estes assez hardy pour iuger des Reynes, & assez des-interessé pour le deuoir entreprendre.

HELENE
A
PARIS.

HVICTIESME HARANGVE.

ARGVMENT.

AV commencement du Siege de Troye, Helene aprit que la Cour & le Peuple murmuroient contre elle, & que chacun la regardoit, comme la cauſe d'vne ſi facheuſe guerre. L'aduis qu'on luy en donna ſecrettement, fit que cette fine & belle Grecque, ſe reſolut de découurir les *sentimens de Paris; sur vne matiere si delicatte: & pour arriuer adroitement à sa fin, elle entreprit de luy prouuer,* QVE LA BEAVTE' N'EST PAS VN BIEN.

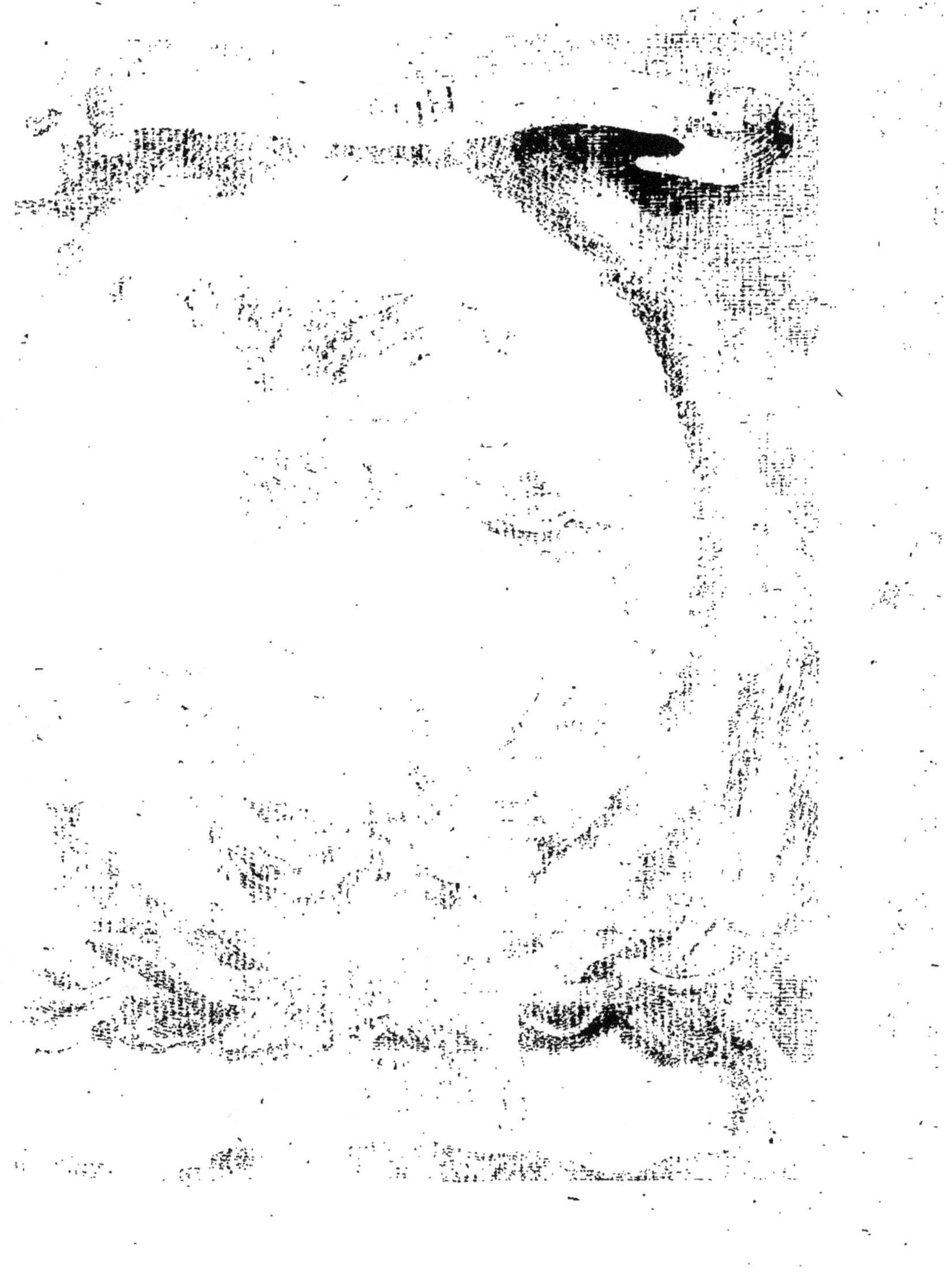

HELENE
Pour elle aux Grecs fut en proye
Vn Empire glorieux,
Et de l'Eclat de ses Yeux,
Vint le feu, qui brûla Troye.

HELENE A PARIS.

IE sçay bien (ô trop aimable, & si ie l'ose dire, trop aimé Paris) que vous ne tomberez pas aisément d'accord, du discours que ie m'en vay faire ; que vous aurez peine à souffrir, que ie condamne ce que vous approuuez ; que ie blâme ce que vous auez tant loüé ; & que ie méprise ce que vous adorez encore. Vous croirez sans doute, que ie ne puis offencer ma beauté, sans offencer vostre iugement : & que puis que ie luy dois toute ma gloire, en luy deuant vostre conqueste, ie n'ay pas raison de vouloir m'ataquer à la sienne. Et veritablement qui ne regarderoit les choses que de ce costé là, n'entreroit iamais dans mon sens : neantmoins comme elles ont toutes deux faces, si vous mesme voulez considerer l'vne & l'autre, sans interest, & sans preocupation ; ie m'assure que vostre sentiment ne sera pas éloigné du mien ; que que vous abatrez l'Autel, où vous auez idolâtré ; que vous aduoüerez que vous auez pris vne Idolle pour vn Dieu ; que vous souscrirez à mon opinion ; & qu'enfin vous direz aussi bien que moy, que la beauté n'est pas vn bien. Mais pour vous empescher de me faire des obiections, ie me les veux faire moy mesme : oüy, mon cher & bien aimé Paris, ie veux mettre moy mesme toutes vos troupes en bataille, afin de les deffaire apres : & pour vous oster tout sujet de pleinte, ie ne parleray qu'apres que ie vous auray fait parler. Ie n'ignore donc pas, que les Partisans de la beauté, disent qu'elle est le dernier effort de la Nature : que les Astres & le Soleil mesme, ont quelque chose de moins éclatant : que de ce meslange admirable de couleurs, & de cette iuste proportion de traits, qui composent la beauté, il resulte quelque chose de Diuin: qu'il n'y a que les aueugles qui puissent nier cette verité, & que les Statuës qui ne sentent point son pouuoir: que ce merueilleux & superbe objet, triomphe continuellement: que les Roys font gloire de suiure son Char: qu'ils preferent ses chaines à leurs Couronnes: & que les plus braues font vanité de soûpirer à ses pieds, & d'y aporter leurs Trophées. Ils disent mesme, que l'Empire de cette beauté, est beaucoup plus noble & plus glorieux, que celuy des plus Grands Monarques; puis qu'ils ne regnent que sur les corps, & qu'elle regne sur les esprits. Ils disent que ce sont ses yeux seulement, que l'on peut apeller Roys des Roys, puis qu'eux seuls les assujetissent, & qu'eux seuls font mourir esclaues, ceux qui n'estoient nais que pour commander. Enfin ils établissent cette beauté, Reyne de toute la Terre; ils la font regner souuerainement, sur tout le monde raisonnable; & soûtiennent auec autant d'ardeur qu'ils en ressentent, qu'elle est seule le souuerain bien. Cependant, ô mon cher Paris, que les aparences sont trompeuses! & qu'il est vray du moins, que si la beauté est vn bien pour ceux qui la voyent, elle est vn mal pour celles qui la font voir. C'est vouloir faire passer des fleurs pour des fruits, que de la vouloir faire passer, pour vn auantage solide: les flateurs la forment de Lis & de Roses, & ne songent pas que les Lis & les Roses n'ont point de durée, & que les fleurs les plus belles, n'ont de pris que chez les curieux, c'est à dire chez ceux qui ne sont pas sages. Et puis, qui ne sçait qu'on s'acoûtume à voir la beauté, comme toutes les autres choses? qu'apres cela, elle ne touche pas plus les yeux que les plus vulgaires? & qu'aussi-tost qu'elle a perdu la grace d'estre nouuelle, elle a presques tout perdu? peut-on voir vne clarté plus lumineuse, que celle du Soleil mesme? est-il quelque objet en la Nature, aussi merueilleux que luy, & dont la pompe & la magnificence, puisse aprocher de la sienne? cependant, parce que son éclat est ordinaire, & qu'on le voit tous les iours; peu de gents s'amusent à le considerer, quelque digne qu'il soit de l'estre. Au lieu que si pendant vne nuit sombre, vne Comette fait briller ses funestes rayons en l'air, tout le monde court pour la voir; tout le monde la regarde auec admiration; tant il est vray que les choses communes touchent peu, & que les extraordinaires attachent puissamment l'esprit. Il en est ainsi (Paris) de ces admirables fleurs, dont nous auons déja parlé; de ce bel ornement du Printemps, que la Nature peind auec tant d'art, & qu'elle émaille d'vne si rare diuersité: elles nous semblent toûjours belles, parce que nous ne les voyons pas toûjours: estant certain que si nous les voyons sans cesse, elles ne nous le sembleroient plus. Vne saison nous les donne, vne autre nous les rauit, & vne autre nous les rameine: & de la vient que nos yeux n'en sont iamais rebutez. Ioignez encor à ces raisons, que les fleurs qui parent la Terre, & celles qui composent le teint, ne sont qu'vne ombre du beau; qu'vne vapeur agreable; & qu'vne illusion qui plaist. Il est de la beauté comme de l'Arc en Ciel, elle est quelque chose ; & elle n'est rien ; elle paroist ce qu'elle n'est pas ; & trompe également celuy qui l'admire ; & celle qui la laisse admirer. Les regnes legitimes peuuent estre longs ; mais les tirannies sont ordinairement courtes. Les Esclaues les plus fidelles, se souuiennent quelques-fois de leur liberté : & quand les chaines ne sont pas fortes, ils ne manquent guere à les rompre. Iugez alors si cette Reyne abandonnée est fort glorieuse, & si l'on peut tomber d'vn Thrône si éleué, sans tomber dangereusement ? supposons mesme, que ces Esclaues le veuillent estre ; que leurs chaines soient de Diamans, & c'est à dire aussi durables, qu'ils les estiment precieuses ; ignorez vous que c'est vn ordre general estably en la Nature, que l'effet ne peut subsister, lors que la cause a cessé ? la beauté passe ; l'amour qu'elle a fait naistre passe auec elle ; & l'on se troue apres, & sans Amant ; & sans beauté. La gloire qui nous en demeure, est vne gloire d'Epitaphe : on dit elle emporta mille victoires ; elle gagna mille Trophées ; elle parut en mille Triomphes ; mais apres tout, elle n'est plus : icy gist la beauté d'Helene, quoy qu'Helene ne soit pas morte ; elle se voit enseuelie toute viuante ; elle entend parler d'elle, comme d'vne autre personne ; & par vn mal-heur tout particulier, elle semble estre obligée, d'entrer deux fois dans le Tombeau. Ha non, Paris, disons les choses comme elles sont ; la priuation de cette gloire est plus sensible, que cette gloire mesme ne le fut iamais. Il est plus aisé de se passer toûjours d'vn bien, que de le perdre apres l'auoir eu : & sans doute il vaut mieux estre nay mal-heureux, que le deuenir. Il vaut mieux (dis-je) auoir toûjours esté dans la fange, que d'y retomber du haut du Thrône : & ceux qui sont nais Esclaues, ne sont pas la moitié si infortunez, que les Rois qui le deuiennent. Or si tomber du Thrône est vn grand malheur, iugez ce que doit estre celuy de se voir tomber d'vn Autel ? perdre l'Encens, est plus que perdre la Couronne : & se voir mépriser de ceux qui nous adoroient, est sans doute vn déplaisir, qui doit estre insuportable. Vous me direz possible, que ce mal-heur inevitable est si loin, qu'on ne sçauroit l'aperceuoir: que toute la Nature changera cinquante fois de face, auant que cette beauté se change: & que le Soleil verra mille & mille fois sa gloire, auant que de voir sa disgrace. O Paris, que vous mesurez mal le temps, si vous le mesurez ainsi! & que vous connoissez mal la beauté, si vous la croyez si durable! mille accidens nous la peuuent rauir tous les iours: elle est exposée à mille dangers: & il n'y a pas plus d'yeux qui la voyent, qu'il y a de maux qui peuuent faire qu'on ne la verra plus iamais. Et quand mesme elle iroit aussi loin qu'elle peut aller; qu'elle verroit les dernieres bornes, que la Nature luy a prescrites; & que ce Soleil seroit encor lumineux en son couchant: il y a si peu d'espace, du Berceau à la Sepulture, & du commencement de la vie iusques à sa fin, qu'on ne peut qu'auec vne injustice étrange, donner vn prix considerable, à vne chose si fragile. En vn mot, c'est prendre du verre pour des Diamans, & faire passer pour precieux, ce qui ne l'est point du tout, encore qu'il le paroisse. Ie sçay que vous me direz, que le veritable Amant, ne prend pas la cause de sa passion, de la seule beauté du corps : que celle de l'esprit y a sa part ; & qu'ainsi cette derniere subsistant toujours, son amour peut subsister, malgré la ruine de l'autre. Mais, Paris, que ces Amans Philosophiques sont rares ! & qu'il se trouue peu d'hommes qui regardent vne Mestresse, par les seules beautez de l'ame : il s'en trouue veritablement quelques-vns, qui iurent que rien n'est capable d'ébranler leur fermeté; qui protestẽt que leur constãce est plus forte que la fortune ; & plus forte mesme que le tẽps; qui soûtiennent que cette beauté changera, sans qu'on les puisse voir chãger ; & qu'enfin ils trouueront encor des ruines belles, & reuereront encor vn Temple détruit. Mais, Paris, quand ils disent toutes ces choses, leurs Mestresses ne sont pas encore laides ; & leur imagination ne peut mesme conceuoir, qu'elles le puissent deuenir. Ils promettent, sans sçauoir ce qu'ils promettent, & sans dessein de l'obſeruer : & toutes ces paroles inutiles, viennent pluſtoſt de la legereté de leur eſprit, que des ſentimens de leur cœur. Suppoſons meſme qu'ils penſent lors tout ce qu'ils diſent ; & que la bouche n'exprime, que la pure intention de l'ame : celle qu'ils trompent en ſe trompant, n'en eſt guere plus aſſurée : puis que par les reuolutions du temps & des choſes, il y a ſouuent plus de difference de nous, à nous meſmes, qu'il n'y en a de nous, à vn autre : & qu'ainſi nous ne ſçaurions rien promettre de noſtre foy, puis que nous ne ſçauons pas meſme ce que nous ſerons. O combien il eſt plus aiſé d'imaginer de beaux projets, que de les mettre en pratique ! le moindre Architecte, tant qu'il ne trace ſes modelles que ſur le ſable, trouue tous ſes alignemens, auec vne facilité merueilleuſe : cependant quand il s'agit d'éleuer des maſſes de pierre, & de tailler la ſolidité des marbres, le plus habille s'y trouue bien empeſché. Il eſt aiſé à ceux qui ont l'art de parler de bonne grace, de faire de belles peintures de la conſtance, comme des autres vertus ; Cependant tous les Peintres ne sont pas vertueux pour estre Peintres : & quand ils font ces belles images, ils ne font pas toujours leur portraict. Or mon cher & bien aimé Paris, ne vous imaginez pas, que ce ne soit que dans la crainte de l'aduenir, qu'il faille chercher le desauantage de la beauté : ce Soleil a ses éclipses, dans sa plus haute éleuation ; cette Reyne a ses inquietudes, sous la Pourpre & sur le Thrône : son Sceptre comme il est d'or, est plus pesant que le fer : & sa Couronne a moins de fleurs que d'épines. Ie sçay bien qu'à iuger d'elle par la pompe & par l'éclat qui l'enuironne, il est impossible d'en auoir que de tres hauts sentimens : ses rayons éblouïssent le iugement & la veuë ; sa Maiesté donne de la crainte ; sa douceur donne de l'amour ; elle plaist à ceux qu'elle tuë ; elle voit tout soûmis à ses volontez ; ses regards imperieux, font trembler cent illustres Esclaues ; elle donne des loix, & n'en reçoit point ; & bref elle ne voit rien au dessus d'elle que le Ciel. N'en iugez pas toutesfois, ie vous en conjure, par ces fausses marques de grandeur : croyez que cette Reyne electiue n'est pas sans peine : & qu'au contraire, le moindre de ses vassaux, est plus heureux qu'elle ne l'est. Oüy, Paris, il est de sa domination, comme de ces grands Empires, qui ne sont composez que de conquestes, & de Prouinces vsurpées : & qui par cette raison, demandent tant de soin à les conseruer, que leur Conquerant deuient Esclaue, aussi-tost qu'il s'en est fait Roy. Dans tous les autres Estats, il se trouue peu de rebelles : & en celuy de la beauté, tous aspirent à la tirannie ; tous veulent de Subjets deuenir Maistres ; & pas vn ne se resout à seruir, qu'auec l'injuste dessein de commander. Ie sçay bien, aimable Paris, que vous estes l'exception de cette regle ; que ie serois injuste moy mesme, si ie me pleignois de vostre respect ; & qu'en vous ; vn Berger digne de commander à des Monarques, a toujours fait gloire de m'obeïr. Mais comme vous estes incomparable ; ne tirez point de consequence de vous aux autres : & sans vous opposer à la raison, ny à mon discours, souffrez que ie le continuë. Comme les Astres luisent aussi bien sur la fange que sur les Pierreries, & que les stupides voyent le Soleil, comme les honnestes gens; la beauté fait des conquestes honteuses, aussi bien que d'honnorables: & sa puissance va souuent plus loin, qu'elle ne desireroit. Mille importuns la persecutent; mille fa-cheux l'assassinent; & tous s'opposent à son bien. L'vn vient la loüer de mauuaise grace; l'autre se vient loüer soy mesme; l'vn est toûjours resveur aupres d'elle; l'autre est si gay, qu'il en a perdu la raison; l'vn est ja-loux, l'autre est temeraire; l'vn rit de ce que l'autre soûpire; l'vn vient chanter ses loüanges, l'autre luy dit des injures; l'vn la nomme toute Diuine; l'autre l'apelle Ti-gresse; l'vn luy offre de l'Encens, l'autre s'il osoit luy ietteroit de la boüe; l'vn luy éleue vn Autel, & luy dresse vne Statuë; l'autre apres tâche d'abatre, & la Statuë, & l'Autel; enfin, à bien considerer les choses, l'Enfer n'a point de plus grand, ny de plus bizarre suplice, que celuy de cette beauté, que tant d'ennemis assiegent. Neantmoins, (le pourrez vous croire ?) ces ennemis étrangers, ne sont pas les plus redoutables: s'ils ataquent le repos, il en est d'autres qui s'ataquent à la gloire : & par vne cruauté sans exemple, la beauté tâche elle mesme, de détruire la beauté. O Paris, vous expliquerez aisément cet enigme, & deuinerez facilement ma pensée, si vous voulez remarquer ; ce que l'enuie fait faire à mon sexe, pour l'interest de cette mal-heureuse beauté. D'abord qu'vne femme le considere, elle ne considere plus tous les autres; l'amitié la plus sainte, ne luy est plus inuiolable; les liens du sang ne sont plus assez forts pour la retenir ; & de tous les deuoirs qui nous attachent les vns aux autres, & qui forment la societé, il n'en est aucun qu'elle ne méprise. La medisance (ce poison aussi secret que dangereux) s'épand insensiblement, sur la reputation d'vne personne, qui n'a point d'autre defaut, que celuy de n'en auoir pas, que celuy d'estre trop belle. Elle reçoit mille blessures sans les sentir ; on la ruine sans qu'elle s'en aperçoiue; on la frape sans qu'elle voye le bras ny le coup; & tous ces mal-heurs luy arriuent, pour cette beauté seulement. De là, des euenemens encor plus Tragiques, tirent leur detestable source : de là viennent les querelles des Riuaux, la diuision des familles, la haine irreconciliable, les combats sanglants & funestes, & la desolation entiere des maisons. Mais, mon cher, & comme ie l'ay dit, trop aimé Paris, vous ne sçauez que trop bien, & moy aussi, quels sont les effets de cette fatale beauté: d'icy mesme, vous ne pouuez ietter les yeux au Port de Sigée, ny sur les riues du Xanthe, sans voir les déplorables marques, des maux qu'elle peut causer. C'est elle seule (à parler raisonnablement) qui couure cette Mer de Galeres ennemies : c'est elle seule, qui dresse tant de Tentes & de Pauillons, à l'entour de cette fameuse Ville : c'est elle seule, qui creuse les profondes tranchées qui la ceignent, & qui luy dérobent la liberté: & c'est elle seule, qui éleue à l'égal de nos murailles, les superbes & hauts ramparts, qui couurent & deffendent le Camp des Grecs. Oüy, Paris, c'est elle seule, qui a fait répandre le premier sang, dont on voit rougir ces Campagnes; qui a trauersé le repos & la vieillesse de Priam; qui a causé l'affliction d'Hecube; qui a engagé le vaillant Hector, dans le peril des combats; & pour dire quelque chose encor de plus sensible à mon cœur, qui a mis Paris en danger. C'est à elle seule, que les Meres de Micenes, & que les femmes de Troye, demanderont également, leurs Enfans, & leurs Maris: & par vn malheur aussi étrange que particulier, c'est elle seule, que tous les deux partis regarderont comme vne ennemie. Que la temerité d'vn Grec, ou que l'inconsideration d'vn Troyen, le fasse perir au milieu des Armes; la beauté d'Helene, (s'il est vray qu'Helene ait de la beauté,) en sera toûjours la seule cause. Elle répondra de tous les euenemens de la guerre: & comme si elle faisoit les destinées de l'vn & de l'autre Peuple, l'vn & l'autre Peuple luy demandera toûjours raison, des maux qu'il aura soufferts. Oüy, le Peuple de Troye murmure contre elle; celuy d'Argos la maudit;

maudit; Menelas offencé la menace; Cassandre l'apelle le flambeau fatal d'Illion; & pour nuire à cette beauté infortunée, des gens qui sont contraires en toutes choses, s'acordent en celle cy. Ie crains mesme (& cette crainte est la plus grande des miennes, ie vous le iure par les Dieux;) ie crains (dis-je, ô mon cher Paris) que sa disgrâce ne deuienne contagieuse; qu'on ne vous accuse de ses crimes; & qu'enfin on ne vous haïsse, à cause que vous l'aimez. La Nature se pleindra d'elle, & de l'amour; l'interest de la Patrie, voudra l'emporter sur celuy de vostre passion; Priam vous demandera de l'obeïssance; Hecube vous demandera de la tendresse; Cassandre vous demandera de la dureté; le Peuple vous demandera de la complaisance; & les Grecs mesmes, vous demanderont Helene, pour se vanger & pour la punir. Et bien, contentez tout le monde en sa perte, & la contentez elle mesme, pourueu que sa perte puisse seruir à vous contenter. Esteignez ce flambeau funeste, qui peut embraser vostre ville, reduire vos Palais en cendre, & renuerser auec vos murailles, vn Empire si florisant ; au moins si vous en voulez croire les predictions de Cassandre, & le songe que vostre Mere fit autrefois. Rendez à Menelas qui la demande, vne si dangereuse hostesse ; ne suiuez plus ce que vous deuez fuir ; regardez le perilleux éclat de cette beauté, comme celuy de ces Ardants, qui meinent dans des precipices ; & ne vous laissez pas éblouïr, à des rayons si dangereux. Songez que ses clartez les plus éclatantes, seront peut-estre pour vous, les clartez d'vne Comette, qui menacent les Princes, & leurs Estats, de desordres & d'infortunes. Songez que tout ce qui plaist ne doit pas plaire: & que la victoire de ses propres Passions, n'est pas la moins glorieuse qu'on puisse obtenir, comme elle n'est pas la plus facile. Confessez aussi bien que moy, que la beauté n'est pas vn bien, & la rejettez comme vn mal. N'écoutez, ny la pitié, ny l'inclination, qui ne conseillent iamais fidellement, & qui ne flattent que pour tromper. Suiuez, suiuez cette beauté seuere, ie veux dire la raison, & la preferez à celle de mon visage. Ecoutez

Priam, écoutez Hecube, écoutez Cassandre, écoutez tous les Troyens, écoutez mesme tous les Grecs; & n'écoutez plus l'Amour, qui vous parle en faueur de cette beauté. Helene qui la connoist, & la doit connoistre, vous proteste encor vne fois, qu'elle n'est rien moins que ce qu'on la croit; qu'elle n'a de precieux que l'aparence; & qu'elle est trop peu de chose, pour la preferer à des Couronnes, & pour luy sacrifier son repos. Perdez là donc pour vous conseruer, cette fatale beauté: & si Troye veut faire vn present funeste aux Grecs, qu'elle ne luy fasse que celuy qu'ils luy demandent. De tant de feux que du haut de vos Ramparts, vous ietterez dans leur Camp, i'ose dire que celuy de mes yeux, leur sera le plus dommageable: & s'ils conoissoient ce qu'ils desirent, ils donneroient autant de combats pour ne l'auoir point, comme ils en donnent pour l'obtenir. Croyez moy donc, & ne vous croyez pas, ô mon cher & bien aimé Paris: & n'exposez, ny vos Estats, ny vos Parents, ny vostre repos, pour vne chose qui ne peut passer pour vn bien, non pas mesme dans l'esprit de celle qui la possede. Mais quand vous aurez suiuy mes conseils & la raison, souuenez vous au moins, qu'Helene a parlé contre elle, afin de parler pour vous : & que ce n'est pas vn foible effort pour vne femme, que d'aduoüer ingenuement, que la beauté n'est pas vn bien. Souuenez vous (dis-je) qu'Helene a preferé plus d'vne fois, vostre satisfaction à sa gloire : & que la mesme cause qui l'obligea de vous suiure, l'oblige encor à vous quitter. N'oubliez iamais ce dernier témoignage de mon affection, ie vous en conjure; puis que c'est le plus difficile, que ie puisse vous en donner. Et quelque bas que soit le prix où ie mets cette beauté, que ie veux perdre auec la vie, afin de vous conseruer; souuenez vous que vous l'auez estimée souuent, au delà des Thrônes & des Sceptres : & que de cette façon, si ie vous donne peu selon mes sentimens, ie vous donne beaucoup selon les vostres.

EFFET
DE CETTE HARANGVE.

Paris fut assez persuadé, de l'amour qu'Helene auoit pour luy, mais il ne le fut pas du mépris de sa beauté. Il écouta ce raisonnement comme vn paradoxe : & iugea bien sans doute, que cette belle Greque ne parloit de s'en aller, qu'afin de l'obliger à la retenir. Pour moy qui ne l'ay pas moins fait parler contre mes sentimens, que contre la beauté; i'aduouë qu'apres estre venu à bout d'vn ouurage si dificile, & où i'auois tant de repugnance; ie croy que ie pourray soûtenir quand il me plaira, que la neige est noire, & que les Mores sont blancs : tant il est vray, que ce que i'ay dit est peu veritable, & peu selon mon opinion.

HECVBE

AVX

FEMMES TROYENNES:

NEVFIESME HARANGVE:

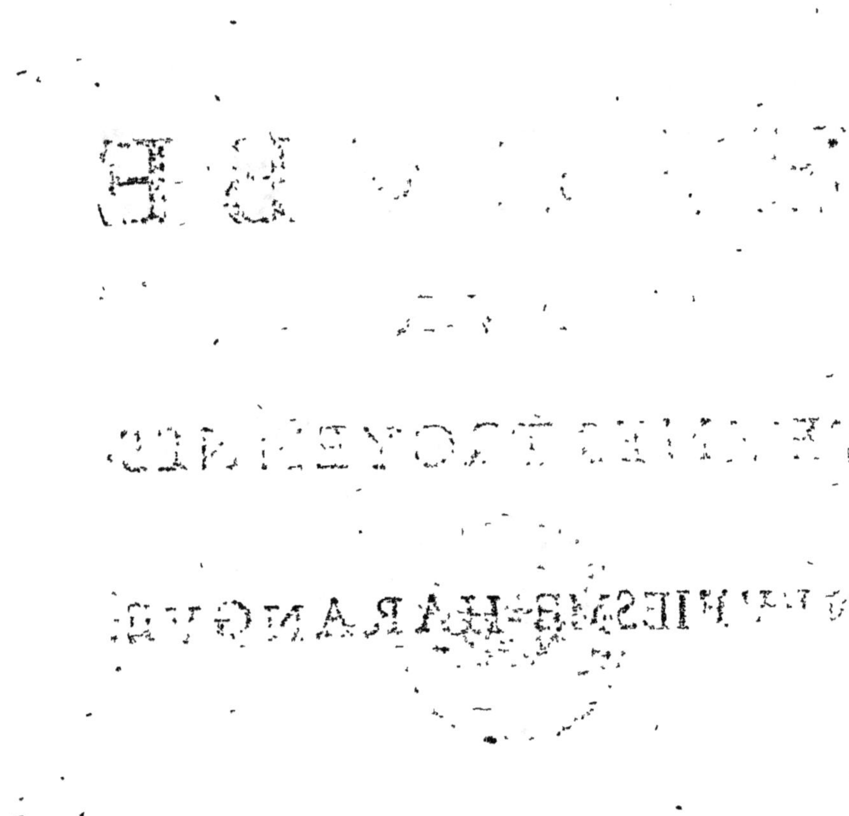

ARGVMENT.

APres que la cruauté des Grecs, eut sacrifié Polixene à l'Ombre d'Achile, la mal-heureuse Hecube sa Mere fut au bord de la Mer, accompagnée des femmes Troyennes; pour y lauer le corps de cette infortunée Princesse. Mais à peine auoit elle commencé de luy rendre ce pitoyable office, que les flots presenterent à ses yeux, & pousserent au riuage, celuy du ieune Polidore, le dernier de ses enfans; que le perfide Polimnestor auoit égorgé, pour dérober les Thresors, qu'on luy auoit baillez en garde auec ce ieune Prince, au commencement du Siege de Troye. Vn obiet si surprenant & si terrible, fit dire d'abord à cette Reyne desesperée, tout ce que la fureur peut suggerer, aux ames qu'elle possede : mais apres que les premiers mouuemens luy eurent permis de donner quelques regles à sa douleur, & quelque ordre à ses discours ; elle parla ainsi aux tristes Compagnes de ses disgraces, pour leur faire voir, QVE LE MALHEVR N'A POINT DE BORNES, QVE LA MORT.

HECUBE
La perte de son Empire
Fut le moindre de ses coups;
Elle perdit son Espous,
Et ses enfans, c'est tout dire.

HECVBE AVX FEMMES TROYENNES.

Qviconque s'assure aux grandeurs de la Terre, & aux pompes de la Royauté, n'a qu'à voir les déplorables ruines de Troye, & les épouuentables mal-heurs d'Hecube, pour connoistre certainement, combien sont foibles ces grandeurs, & combien est changeant & trompeur, ce superbe éclat qui l'ébloüit. Apres auoir consideré vn objet si digne de l'estre, si digne de compassion, & si capable de donner de la terreur; il faudra sans doute que son ame soit bien déreglée; & que son ambition l'aueugle d'vne étrange sorte ; si l'éleuation du Thrône ne luy fait peur du précipice ; s'il ne prefere vn Roseau au Sceptre ; si la couleur de la Pourpre, ne luy fait craindre pour son sang ; & s'il ne foulle aux pieds vne Couronne, qui a bien plus d'épines que de fleurs. Depuis que le Soleil éclaire sur des ruines, & qu'il iette ses rayons sur des Empires détruits, il n'a iamais veu de desolation égale à la nostre : & quoy que son cours doiue estre eternel, & qu'il voye tous les miserables, il est certain qu'il n'en verra iamais, qui le soyent autant que nous. Le mal-heur (fidelles & tristes Compagnes de mes infortunes) n'a point de bornes que la mort : & tant que nous sommes en vie, quelques malheureux que nous soyons, nous pouuons encor l'estre dauantage. Il y a vn enchainement continel, dans toutes les funestes auantures, qui de l'vne nous conduit necessairement à l'autre, malgré toute la prudence humaine : des persecutions de la terre, on passe aux perils de la Mer ; des vents aux foudres ; des tempestes aux naufrages ; des flots aux sables ; des sables aux écueils ; &

des écueils à la mort; qui seule (comme ie l'ay dit) est le terme des mal-heureux. Mais pour vous faire voir cette verité, souffrez que ie retrace en vostre memoire, l'image de nos felicitez passées, & celle de nos disgraces presentes; (si toute-fois il est possible, que rien les en ait pû effacer;) & que ie vous fasse aduoüer, par vostre propre experience, comme ie l'ay connû par la mienne; qu'il n'est point de veritable repos, que celuy qu'on trouue au Tombeau; ny de mal si grand, qui n'en doiue faire craindre vn pire. On dit (& ie sents bien que l'on a raison de le dire) que les contraires opposez se font paroistre dauantage: & que ce n'est que par la noirceur de l'ombre, que l'on connoist parfaitement le vif éclat de la lumiere. Aussi ne peut-on conceuoir quelle a esté la cheute de Priam, si l'on ne considere combien son Thrône estoit éleué: ny iuger de la misere où ie me voy, si l'on ne remarque la splendeur où ie me suis veuë. Toute l'Asie auoit du respect pour cet illustre Monarque; elle estoit absolument, ou sa tributaire, ou son alliée; la magnificence des Temples, la rare Architecture des Palais, la prodigieuse quantité de richesses, & la hauteur superbe de ses Ramparts, rendoient la déplorable Troye, vne des merueilles du monde. L'abondance estoit dans nos champs, l'alegresse estoit dans nos Villes, & le plaisir estoit par tout. Nostre Empire estoit remply de Soldats, la famille Royalle estoit nombreuse, & pour dire quelque chose de plus, Hector, mon cher Hector viuoit encore. Qui n'eust dit lors, que nostre bon-heur estoit sans limites? Et qui eust dit lors, que nostre mal-heur seroit sans bornes? qui eust (dis-je) pû croire, au mauuais songe que ie fis, & aux predictions de Cassandre? & qui n'eust dit au contraire, veu l'heureux estat où nous estions, que ces songes & ces presages, quoy que faux & sans nul effet, estoient neantmoins les plus grands maux, qui nous pussent iamais arriuer, tant nostre puissance & nostre felicité, paroissoient solidement establies? Cependant ie sçay, vous sçauez, & tout l'Vniuers sçaura, que ce qui sembloit la fin de nos déplaisirs, à peine en fut le commencement.

Nous

Nous vismes bientost apres, blanchir toute la Mer de voilles ; nous vismes nostre riuage, couuert de troupes ennemies ; nous vismes le fer & le feu, desoller toutes nos Campagnes ; nous les vismes couuertes de morts, & de morts qui n'estoient pas tous des Grecs. Nous vismes le vaillant Hector resister long-temps, & toutes-fois resister inutilement. Nous vismes former ce superbe Camp ; nous luy vismes enuironner nos Murailles ; nous luy vismes ouurir ses Tranchées, & les éleuer à l'égal de nos Ramparts ; & enfin nous vismes Troye assiegée ; & nous nous vismes sans liberté. O fortune, qui te ioües des Sceptres & des Couronnes, & qui te plais à renuerser, tout ce que tu as éleué ! c'est assez éprouuer la patience de ceux, qui ne sont pas acoûtumez à cette vertu seuere : c'est assez ; c'est mesme trop, que de reduire vn grand Prince à la facheuse necessité, de s'enfermer dans l'enceinte d'vne Ville, luy dont l'Empire est si vaste : c'est (dis-je) trop, ô fortune ! & sans doute ta cruauté, ne sçauroit aller plus loin. Vous sçauez toute-fois, mes filles, qu'elle n'en demeura pas là; qu'elle fut plus ingenieuse, & plus cruelle tout ensemble; & que sa fureur fut vn torrent qui ne s'arresta, qu'apres auoir tout rauagé; tant il est vray, que le mal-heur n'a point de bornes. Mais comme ce mal-heur est contagieux, nous n'auons pas esté seuls à le souffrir : toute l'Asie s'arma pour nous, & toute l'Asie a pery pour nous dans nostre perte, & s'est enseuelie sous nos ruines. Le vaillant Memnon, la genereuse Penthasilée, l'illustre Sarpedon, & tant d'autres Princes, que le sang, le deuoir, ou l'amitié, attacherent à nos interests; tous, tous, (dis-je) se sont perdus pour nous sauuer; & ne nous ont pas sauuez en se perdant, parce que le mal-heur n'a point de bornes. C'est icy, Troyennes, c'est icy, que vous l'allez voir plus clairement : car ny la funeste arriuée des Grecs, ny la desolation de nos Champs, ny la sanglante mort de nos Soldats, ny la retraite de nos Troupes repoussées, ny nos Murs étroitement assiegez, ny nostre liberté perduë; tout cela (dis-je) n'aproche point du tragique accident qui l'a suiuy. Car enfin le pourray-je dire? mais enfin le pourroy-je celer? Hector, le Grand Hector luy mesme, le deffenseur d'Illion, le rampart de Troye, & le plus illustre de mes enfans, est tombé mort sur la poussiere, sous les armes du cruel Achille, & tombé mort deuant mes yeux. Helas, qui m'eust dit à ce funeste spectacle, que ma douleur n'eust pas esté infinie, & que mon mal-heur n'eust pas esté à son dernier poinct, ie ne l'aurois iamais creu: allez, (auroy-je reparty) dénaturez que vous estes; vous ne sçauez ce que c'est que de voir donner la mort à vn fils, auquel on a donné la vie: vous ignorez la tendresse des sentimens de la Nature; vous ne sçauez pas qu'en luy perçant le sein, on me trauerse le cœur; qu'en répandant son sang, on répand le mien; & qu'en le faisant mourir, on me fait mourir moy mesme. Cependant il est certain, que comme le mal-heur n'a point de bornes, le coup de sa mort ne fut pas le plus rigoureux pour moy. Ie sentis des blessures qu'il ne sentoit plus; ie souffris ce que le barbare Achille luy croyoit faire souffrir, mon ame endura, ce que ce corps ne pouuoit plus endurer; & lors que ce Tigre déguisé en homme, luy perça les pieds pour l'atacher à son Char, & qu'il le traisna trois fois à l'entour de nos murailles; ie fus contrainte d'auoüer, que sa mort n'auoit pas esté mon plus grand mal. O Dieux! toutes les fois que ie me souuiens, de cét horrible spectacle; ie perds la raison, pour n'auoir pas perdu la vie; & ie ne puis conceuoir, qui me la put conseruer. Ie voyois bondir sa teste toute sanglante, qui s'écrasoit contre les Rochers; ie voyois les funestes traces, que ce corps tout percé de coups, & tout brisé par la rapidité du Char, laissoit empreintes sur la terre; ou pour mieux dire, ie ne voyois rien, car l'excés de la douleur me fit tomber euanoüie, & m'osta l'vsage des sens. Apres cela (cheres Compagnes de mes infortunes) imaginerez vous qu'il soit possible, que le mal-heur n'ait point de bornes? & me croirez vous quand ie vous diray, que l'Astre inhumain qui me persecute, n'est pas encor au milieu de sa carriere, & que tout ce que i'ay dit, n'est pas la moitié de ce que i'ay à vous dire ? Quoy, Heçube, (me répondrez vous peut-estre) la mort d'vn Heros, la mort d'vn fils, & d'vn fils le plus aimé de vos enfans ; & vne mort si funeste, & qui a de si cruelles circonstances, n'est pas le plus grand, & le dernier de tous vos maux ! songez vous bien à ce que vous dittes, & l'excés de vostre douleur, ne pouuant vous oster la vie, ne vous oste t'il point le iugement ? seroit-il possible, qu'il y eust encor des foudres à tomber sur vostre teste, & que l'ire du Ciel ne fust pas encor assouuie ? peut-on croire que vous n'ayez pas déja souffert, tout ce que l'on sçauroit souffrir, & que vous ne ioüissiez pas au moins de ce triste repos, qui prouient de la lassitude, apres les douleurs violentes ? en considerant vostre force, nous aduoüons nostre foiblesse : nostre imagination ne peut conceuoir, ce que vous voulez nous persuader. Sans doute vostre douleur n'est pas de celles, que l'on appelle muettes : c'est vne douleur eloquente, qui agrandit les choses, qui les exagére, & qui les veut faire passer, pour ce qu'elles ne sont pas. Nullement, mes filles, nullement; mes paroles sont bien au dessous de mes disgraces: ie dis ce que ie puis dire, & non pas ce que ie sents. Il n'y a que mon cœur qui sçache, ce que i'essaye inutilement de faire sçauoir aux autres: & pour connoistre le mal-heur d'Hecube, il faut auoir esté mere d'Hector. Car l'esprit le plus ingenieux, à inuenter des suplices, n'en sçauroit imaginer vn si cruel que fut le mien, lors que ie vis vn miserable Pere, reduit à la dure necessité, d'aller luy mesme racheter le corps de son fils. O Dieux, quel tragique employ! & quelle pitoyable rançon! le barbare Achille (s'il vous en souuient) mal traita ce pauure Prince affligé; le receut auec des menaces; luy laissa passer la nuit deuant sa Tente; & ce monstre d'auarice & de cruauté, mit enfin à prix, vne chose qui n'en auoit point. Helas, changer Hector pour du cuiure, & vendre ce que toute la Terre ne pouuoit payer! quel aueuglement! quelle injustice! & quelle inhumanité! Voyez donc si les bornes de mon mal-heur, estoient où vous les auez crües, puis que mesme elles ne sont pas, où vous les croyez maintenant? Non, Troyennes, elles n'y sont pas; puis que ie vy reuenir le corps de mon fils tout percé de coups, & qu'vn mesme Char raporta deuant mes yeux, le Pere & l'Enfant, presques aussi morts l'vn que l'autre. L'vn versoit du sang, & l'autre des larmes; l'vn estoit mort, & l'autre mouroit; ie deuois mes soins à l'vn, ie deuois mes soûpirs à l'autre; & ne pouuant me partager, ie n'allois vers l'vn, ny vers l'autre, & ie mourois pour tous les deux. Mais aussi (me direz vous) c'est à cette fois, Mere infortunée, que le Destin vous a tiré ses derniers traits: mais, vous répondray-je, vous auez donc vous mesme oublié, la bizarre amour d'Achille, puis qus vous me parlez ainsi. Vous ne vous souuenez plus, que ce Tigre deuint amoureux de Polixene, aux funerailles d'Hector; (s'il est vray toutes-fois, que l'amour ait iamais pû trouuer place, dans vne ame si barbare;) Vous auez sans doute oublié, que la crainte de l'aduenir, & que l'interest de l'Estat, me contraignirent d'aprouuer vn Himenée, que le Ciel & la Terre condamnoient, & que ie condamnois moy mesme? vous auez sans doute oublié, que ie vis allumer cette flâme criminelle, sur les propres cendres de mon fils; & que peu s'en falut que l'on n'érigeast sur son Tombeau, vn nouueau Trophée à son meurtrier. ie vous le iure, mes filles, & ie vous le iure veritablement; que cette indigne auanture, par la bassesse qui l'acompagnoit, me donna plus de dépit & de colere, que toutes les autres ne m'auoient donné d'affliction. Il me sembloit à tous les momens, que le fantôme d'Hector, deuoit sortir de son Sepulchre, pasle, sanglant, & defiguré, pour me reprocher mon ingratitude, & l'intelligence que i'auois, auec son mortel ennemy. Il me sembloit entendre sa voix, il me sembloit voir son visage: & l'aparition effectiue, ne m'auroit pas plus épouuantée, que ce penser m'épouuantoit. Et certes il parut bien visiblement, que nos desseins estoient injustes: puis que par vne rigueur équitable, ce malheur qui n'a point de bornes (comme ie vous l'ay déja dit tant de fois) fit que la cause de nostre crime, en deuint elle mesme le châtiment. Oüy, l'impitoyable & brutal Achille, me punit par sa cruauté, d'vne faute que luy seul m'auoit fait commettre : & ce furieux tua Troile l'vn de mes fils, de la mesme main dont il vouloit épouser sa sœur. Mais c'est icy que ie doute auec beaucoup de raison, si ie dois mettre la mort de Paris, entre mes autres infortunes: il estoit mon fils (il est vray,) mais il estoit Mary d'Helene. Ie luy auois donné la vie (il est certain) mais il estoit cause de la mort d'Hector. Ie luy auois fait voir la lumiere (ie l'auouë) mais il nous a fait voir nostre Ville en flâme : & si ie le puis compter, au nombre de mes enfans, ie le puis compter encor, au nombre de mes ennemis. Suiuons toute-fois en cette occasion, les sentimens de la Nature : oublions sa faute, de peur d'en commettre vne aprés luy : & haïssons Philoctete qui fut son meurtrier, comme s'il estoit le nostre. En fin soûtenons encor à sa perte, que le malheur n'a point de bornes : car apres tout, quand ie ne considererois pas ce qu'il m'eſtoit, il ne me ſeroit pas aiſé de haïr vn homme, qui a fait mourir Achille. Suiuons donc, ſuiuons donc, Troyennes, le funeſte cours de mes deſtinées, & comme elles ne s'arreſtent pas, ne noûs arreſtons point auſſi. Mais ou prendroy-je des couleurs aſſez noires, pour vous repreſenter cet effroyable nuit, qui fut la derniere de Troye, & qui ne fut pas toutes-fois, la derniere de mes infortunes? pourroy-je vous dépeindre cette époiſſe & groſſe fumée, de laquelle on voyoit ſortir les flâmes de toutes parts? pourroy-je vous remettre en la memoire, ce bruit éclatant qu'elles faiſoient, en deuorant des Palais entiers, & le bruit que ces meſme Palais faiſoient, par la cheute de leurs ruines? pourroy-je vous faire ſouuenir, des cris aigus & perçans, que tant de femmes pouſſoient en l'air, toutes écheuellées, & les mains tenduës vers les Cieux, qui ne les écoutoient pas? auroy-je la force, ou pluſtoſt la cruauté, d'expoſer encor vne fois vos Filles, à l'inſolence des Soldats, & vos biens à l'auarice du vainqueur? pourroy-je ſans vous faire mourir, & ſans mourir moy meſme, vous parler de tant de morts? pourroy-je vous faire voir vn fleuue de ſang, ſans vous en faire répandre vn de larmes? & enfin, comment apres vn Siege de dix années, pourrois-je vous faire voir Troye, puis qu'elle n'eſt plus? tout eſt paſſé, tout eſt éteint, elle fut icy, & peut-eſtre meſme que ſon nom paſſera comme elle, en la memoire des hommes. Aduoüez donc (me direz vous encor) que voſtre mal-heur a trouué ſa fin dans la ſienne, & qu'il n'a pas eſté ſans bornes. Vous vous trompez, mes Filles, vous vous trompez; ce mal-heur (s'il eſt permis à vne affligée de parler ainſi) eſt vn abominable Phœnix, qui renaiſt au milieu de ce funeſte bucher, & qui ſort de ces déplorables cendres. Car ſans vous parler de Deiphobe, le dernier de tous mes Fils qui combatoient ſur nos murs, & qui fut horriblement maſſacré, pendant cette fatale nuit; ſans vous parler meſme de Priam, de qui ie deurois toûjours parler; luy qui fut poignardé au pied des Autels, & entre mes bras, & qui tomba, apres auoir veu tomber son Empire; sans vous parler (dis-je) de tout cela, puis que tout cela dépend de la prise de nostre Ville; i'ay encor assez d'autres choses lugubres en la memoire, pour vous faire confesser, que le mal-heur n'a point de bornes. En effet, si la rigueur du sort, & la cruauté de celuy que les Grecs apellent Pirrhe, & le fils d'Achille, & que i'apelle l'infame Bourreau de Priam; eussent laissé la vie à ce pauure Prince, & la liberté à sa malheureuse femme; i'ose dire, que nous auions assez de vertu l'vn & l'autre, pour nous consoler de tant de pertes, & pour les souffrir sagement. Nous eussions passé du Palais à la Cabane, & du Sceptre à la Houlette, presques sans en murmurer : & comme nous auions sceu commander à nos Subjets, nous aurions sceu obeïr à la necessité, ou pour mieux dire à la raison. Nostre vie eust esté obscure & tranquile; elle eust esté sans éclat, & sans trauerses; & tout ainsi que nous n'eussions rien eu à perdre, nous n'eussions plus rien eu à craindre; & nous serions enfin morts plus heureux, que nous ne l'auions veu. Mais la Fortune n'auoit garde de me traiter de cette sorte: il eust semblé que mon mal-heur eust eu quelques bornes, & l'inexorable qu'elle est, ne luy en veut point donner d'autres que la mort. Il a donc falu que Polixene fust Esclaue; que Cassandre passast du Temple du Dieu dont elle estoit la Prestresse, à la seruitude des Grecs; qu'Andromache la femme d'Hector fust mise à la chaine; & qu'Hecube portast des fers. Ha, mes Filles! si vous sçauiez quelle cheute est celle du Thrône; combien le Precipice en est affreux; combien il y a loin de commander à obeïr; d'estre Reyne, à estre Esclaue; & quelle difference il y a d'vn Sceptre à des fers; vous vous étonneriez aussi bien que moy, de me voir viuante, apres auoir éprouué, vne si étrange auanture: & ce seroit veritablement à cette fois, que vous auriez peine à conceuoir, que mon mal-heur ne fust pas à son dernier poinct. En ce premier estat, la Couronne brilloit sur nostre teste, & la Pourpre seruoit à nous parer; en l'autre, à peine nous a-t'on laissé, quelques lambeaux pour nous couurir. En l'vne, nous n'entendions que des loüanges; en l'autre, nous n'entendons que des injures. Nous estions dans vn Palais magnifique, nous sommes au fonds d'vne Gallere, entre les bancs & les forçats. Chacun auoit soin de nous plaire; aucun n'a soin de nous secourir. Nous auions tout auec abondance, & nous n'auons rien presentement. Nous viuions parmy les plaisirs, nous languissons parmy les larmes. Tout le monde estoit à nos pieds; mille Tirans sont sur nos testes. Et bref, (pour le dire encor vne fois, & pour dire tout en peu de paroles) nous portions vn Sceptre, & nous portons maintenant des fers. Voilà de grands maux (Troyennes) voilà de grands maux; mais ce ne sont pas les derniers que ie dois souffrir. I'ay perdu des Thresors, des Palais, des Villes, des Royaumes, vne Couronne, vn Thrône, vn Roy, vn Mary, & la liberté; mais ie n'ay pas encor perdu tous mes Enfans. Il s'en est sauué quelques-vns, d'vne desolation si generalle: la guerre ne les a pas tous exterminez: & la flâme qui a deuoré nostre Ville, leur a permis de se sauuer. Oüy, la ieune Polixene en a esté garantie aussi bien que moy : elle m'aide à porter mes chaines ; elle m'aide à pleurer mes pertes ; & me donne toute la consolation que l'on peut tirer, d'vne personne affligée. Elle le fait, ie le souffre, & la fortune le voit : qui ne pouuant endurer, que mes miseres finissent, & me voulant témoigner, que le mal-heur n'a point de bornes que la mort ; fait encor tomber vne nouuelle foudre sur ma teste, & m'accable par vn accident plus tragique, que tous ceux qui m'estoient aduenus. Ce seroit peu, que les hommes me fussent contraires, si les Demons ne me l'estoient aussi : l'Enfer s'ouure ; les Tombeaux s'ouurent comme luy ; & l'Ombre de l'impitoyable Achille nous aparoist ; mais aussi cruelle apres sa mort, qu'il le fut toûjours pendant sa vie. Elle demande vn Sacrifice ; & l'orgueilleuse qu'elle est, se met elle mesme au rang des Dieux. Et bien, qu'on luy offre de l'Encens, puis que sa vanité en demande : qu'on luy fasse vn Autel de son Sepulchre ; & qu'on fasse vn Dieu, d'vn homme qu'on a veu mourir. Qu'on luy immolle vne victime ; & si ce n'est pas assez, qu'on luy presente vne Hecatombe. Non, non, ce n'est pas là ce que desire cette Ombre enragée : elle veut du sang, mais du sang de Polixene : elle veut vne victime, mais vne victime Couronnée : & son amour ne veut enfin, que ce que la haine pourroit vouloir. O barbare ! est-ce ainsi qu'on haït ou qu'on aime ? est-ce estre Amant ou Ennemy ? est-ce vne vengeance ou vne tendresse ? prens tu Polixene pour Paris, parce qu'elle luy ressemble ; & crois tu qu'il soit déguisé en fille, comme tu le fus autrefois ? on veut mourir pour vne Amante ; & tu veux qu'elle meure pour toy ! l'on répandroit tout son sang pour elle, & tu veux qu'elle répande le sien ! l'on entreroit au Tombeau pour la sauuer, & tu en sors pour la perdre ; & bien Tigre furieux, d'autres Tigres comme toy vont te contenter : on l'arrache d'entre mes bras, on l'emmeine, on la sacrifie, elle tombe, elle répand tout son sang, elle meurt sur la Sepulture. Cruel Achille, cruelle Fortune, vous voilà tous deux satisfaits ! & pour le moins apres tant

tant de maux, ie puis croire que i'en suis au bout. Ha, mes Filles, vous n'auez qu'à ietter les yeux sur ce nouuel objet de pitié, pour connoistre que ie me trompe. I'ouure le Sepulchre pour vn de mes enfans, & ie trouue qu'il y en faut mettre deux. Ie viens lauer le corps de l'vn au bord de la Mer, & la Mer m'en présente vn autre qu'elle a déja laué. Ie rends les derniers deuoirs à Polixene, & il les faut rendre à Polidore. Ie me pleins des Grecs, & il me faut pleindre des Thraces. Ie deteste la cruauté de nos ennemis, & la perfidie de nos alliez est pire. I'accuse l'inhumanité d'Achille, & il faut que ie crie eternellement contre l'auarice de Polimnestor. I'ay horreur d'vn coup de poignard qu'à receu ma fille, & i'en voy le corps de mon Fils tout percé. Ha, la douleur m'oste la parole : mais voyez ce que ie ne vous puis dire, & ce que ie n'ose voir. Dieux eternels, quel crime peut auoir commis, l'illustre Maison d'Assarace, pour attirer sur elle, de si seueres châtimens ? nous perdez vous pour nous punir, ou si ce n'est seulement, que pour donner vn grand exemple, de l'instabilité des choses, & pour faire voir mieux que moy, que le malheur n'a point de bornes que la mort? Ie ne le connoy que trop, Dieux seueres; & ie croy qu'apres tant de disgraces, il en est encor qui m'attendent. Ie croy que ie verray seruir la femme d'Hector; que ie verray ietter au vent, les cendres de son Mary; que ie verray prophaner, la saincteté de Cassandre; & qu'apres tant d'accidents, ie ne pourray pas mourir; tant il est vray, que le mal-heur n'a point de bornes. Mais quoy qu'il en soit, Troyennes, ne laissons pas ce perfide Roy de Thrace impuny: si nous ne trouuons point d'autres armes, employons plustost nos chaines, à luy écraser la teste: trouuons nostre liberté au milieu des fers, pour vne si genereuse action: puis que nos Thresors ont fait son crime, creuons luy les yeux, afin qu'il ne les voye iamais: témoignons luy que la vertu desesperée, est capable de tout entreprendre: faisons voir aux Grecs, qu'ils ont des Esclaues qui deuroient estre leurs Maistres: & faisons sentir au Barbare Polimnestor, vn suplice qui n'ait non plus de bornes que nostre mal-heur : & qui ne finisse que par la fin de sa vie, comme le nostre ne finira, que par celle de nos iours.

EFFET DE CETTE HARANGVE.

LEs mal-heurs de Troye estoient si grands, qu'il estoit facile à Hecube, de prouuer qu'ils estoient sans bornes : & la perfidie de Polimnestor estoit si horrible, qu'auec vne eloquence moindre que la sienne, elle auroit non seulement persuadé, mais armé quelque chose de plus foible que son sexe, pour en prendre la vengeance. Elles attirerent donc ce mal-heureux Roy, dans vne embuscade qu'elles luy dresserent, sur le pretexte d'auoir encor des Thresors à luy confier : & se iettans sur luy toutes à la fois, elles luy creuerent les yeux auec leurs aiguiles ; pour aprendre aux hommes en general, & aux meschants en particulier, qu'il n'est point de petits ennemis, ny point de crimes si cachez, que la Iustice du Ciel ne voye, & ne châtie à la fin.

ANGELIQVE

MEDOR.

DIXIESME HARANGVE.

ARGUMENT.

ANgelique, cette belle Reyne Indienne, qui faisoit courir apres elle, tant de genereux Amants, & qui dédaignoit leur affection, ne put enfin empescher, que la beauté d'vn simple Soldat, ne triomphast de la sienne, & de son orgueil: & ne vengeast l'injuste mépris que cette superbe auoit fait, de l'amour de tant de Rois, & des vœux de tant de Heros, dont elle s'estoit moquée, & qu'elle n'auoit iamais bien aimez. Or nous supposons, qu'apres que l'heureux Medor eut assujety son cœur, elle eut quelque honte de sa deffaite, & iugeant bien qu'vne passion si extraordinaire, seroit condamnée de toute la terre, veu l'inégalité de leurs conditions; vn iour qu'ils estoient sous ces beaux ombrages, où ils passerent ensemble, de si agreables momens; elle entreprit de luy soûtenir, par vn sentiment de gloire, & auec son adresse acoûtumée, QVE L'AMOVR VIENT DE LA SEVLE INCLINATION.

ANGELIQVE

ANGELIQVE
Elle met Sceptre, & Couronne,
Aux piedz d'vn Ieune vainqueur ;
Mais, ayant donné son Cœur,
Est-il rien que l'on ne donne ?

ANGELIQVE A MEDOR.

TOutes les fois (aimable Medor) que vous entreprendrez de m'entretenir, de la grandeur de vostre affection, ne me parlez iamais, ny de ma naissance, ny de mon merite, ny des obligations que vous m'auez, ny de la gloire que vous rencontrez à me seruir, ny des aduantages que la Nature m'a donnez, ny de ceux que ie tiens de la Fortune; mais pour me satisfaire en cette occasion, dittes moy seulement que vous m'aimez, parce que vostre inclination vous y porte, & parce que vous ne pouuez vous en empeſcher. Croyez moy, Medor, ce n'eſt, ny à ma naiſſance, ny à mon merite, ny aux obligations que vous m'auez, ny à la gloire que vous trouuez à me ſeruir, ny aux aduantages que i'ay receus de la Nature, ny à ceux que ie tiens de la Fortune, que ie veux deuoir toute la tendreſſe que i'attends de vous: & pour tout dire, ce n'eſt, ny de voſtre raiſon, ny de voſtre reconnoiſſance, ny meſme de voſtre volonté, que ie veux tenir l'amour que vous auez pour Angelique. Si les chaines que ie vous ay données, n'eſtoient pas plus fortes que celles là, ie vous croirois capable de les rompre facilement; & ie me tiendrois peu aſſurée de ma conqueſte. Mais pour ma ſatisfaction, ie ſuis perſuadée du contraire: & ie crois certainement, que quand ie ne remonterois pas ſur le Thrône où ie ſuis née, que quand i'aurois moins de bonnes qualitez que ie n'en ay, que quand vous ne me ſeriez point redeuable, que quand il n'y auroit point de gloire à eſtre mon Eſclaue, & que quand la Nature, ny la Fortune, ne m'auroient donné, ny beauté, ny richeſſe, vous ne laiſſeriez pas de m'aimer auſſi parfaitement que vous faites, pourueu que voſtre inclination vous y portaſt, comme ie ſçay qu'elle vous y force. C'eſt vne erreur de penſer, que l'amour puiſſe eſtre vn effet du raiſonnement & de la volonté: non, Medor, cette paſſion ceſſeroit d'eſtre paſſion, ſi elle naiſſoit en noſtre ame, par connoiſſance & par iugement. On peut, & on doit choiſir ſes amis; mais on ne peut, ny on ne doit point choiſir vne Amante. Il faut l'aimer quaſi ſans la connoiſtre; il faut que le premier inſtant de ſa veuë, ſoit le premier de la ſeruitude où l'on s'engage; il faut ſe trouuer tout chargé de fers, auparauant que l'on aye eu loiſir d'examiner, s'il eſt glorieux ou non de les receuoir; il faut que le iugement ſoit aueugle; il faut que la raiſon ſoit bannie; il faut que la volonté ſoit enchainée; & il faut enfin, que l'inclination que l'on a pour la perſonne que l'on aime, triomphe imperieuſement, de toutes les puiſſances d'vne ame qui eſt touchée comme elle doit l'eſtre, d'vne veritable paſſion. C'eſt d'elle ſeulement, que l'amour doit prendre naiſſance, & non pas de ce grand nombre de choſes, où l'intereſt particulier, nous porte bien pluſtoſt qu'elle. Auſſi vous puis-je aſſurer, que dans les ſentimens où ie ſuis, i'aimerois mieux receuoir vne Couronne de voſtre main, que vous la donner, comme i'en ay l'intention: i'aimerois mieux vous voir mépriſer toutes les Princeſſes du Monde pour l'amour de moy, que de mépriſer moy meſme comme ie fais, tous les plus grands Princes de la Terre pour l'amour de vous; puis qu'enfin ſi les choſes eſtoient ainſi, ie ne pourrois iamais douter, que voſtre amitié ne fuſt pluſtoſt vn effet de voſtre inclination, que de voſtre choix. Neantmoins, puis que cela ne peut eſtre, ie ne ſuis pas marrie de vous faire voir, que la mienne ne peut eſtre intereſſée, & qu'elle n'eſt point volontaire. En effet, ſi le raiſonnement pouuoit agir auec liberté en cette rencontre, Medor n'auroit point trouué le cœur d'Angelique, en eſtat de receuoir ſon image: tant d'illuſtres Captifs que ſa beauté ou ſon bon-heur luy ont donnez, auroient ſans doute engagé ſon ame. Oüy, de tant de Princes, de tant de Rois, & de tant de Heros, qui l'ont aimée, & qui l'ont ſuiuie, il s'en ſeroit trouué quelqu'vn, que ſa raiſon n'auroit pas iugé indigne d'elle. Si l'ambition pouuoit eſtre vn chemin pour l'amour, ie regnerois ſur l'Empire des Tartares: ſi la valeur pouuoit aſſujetir l'eſprit, Roland ſeroit le vainqueur d'Angelique: ſi la ſageſſe, la vertu, la naiſſance, & le courage, pouuoient ſuffire à faire naiſtre cette ardeur, ou à la conſeruer, i'aimerois encor Renaud plus que moy meſme: ſi les témoignages d'vne affection violente, en pouuoient produire vne ſemblable, ie n'aurois point reſiſté à mon frere, lors qu'il me voulut faire accepter celle de Ferragus fils du Roy d'Eſpagne: enfin, ſi cette paſſion venoit en noſtre cœur, ſans contrainte & par iugement, le Roy de Circaſſie n'auroit pas laiſſé le mien en eſtat de vous eſtre donné: & il euſt eſté impoſſible, que de tant de Couronnes, que l'on a miſes à mes pieds, il ne s'en fuſt rencontré quelqu'vne, que i'euſſe trouuée aſſez belle, pour ſouffrir que l'on me l'euſt mise sur la teste. Cependant, parce que tous ces Princes, tous ces Rois, & tous ces Heros, n'ont satisfait que mon iugement, & n'ont point touché mon inclination, ie les ay tous méprisez: & le seul Medor, sans Couronne, sans Royaume, tout couuert de blessures, & étendu presques mort sur la poussiere; a eu plus de pouuoir sur mon ame, que tous ceux qui par leurs richesses, par leur naissance, ou par leur courage, ont tâché de me conquerir. Il est vray que l'on me pourroit peut-estre dire, que i'ay plus trouué de merite en vous, qu'en tous les autres: & que celuy qui venoit de verser son sang, & d'exposer sa vie pour donner Sepulture au corps de son Roy, meritoit d'estre Roy luy mesme, & de mettre dans le cœur d'Angelique, des sentimens que les autres, n'y auoient point mis. Toutefois à dire les choses comme elles sont, cette vertu Heroïque que vous témoignastes en cette occasion, ne vous donna point l'Empire de mon ame: & si cette puissante inclination dont ie parle, & qui est la Mere de tous les Amours, ne m'eust point contrainte à vous aimer;

aimer; ie n'aurois eu que de la compassion & de l'estime pour vous. Mais cette puissance superieure, qui nous incline, ou pour mieux dire qui nous force, à faire ce qui luy plaist; fit que sans vous connoistre, & quasi sans vous auoir veu, i'eus plus de soin de vostre vie que de la mienne; & que ie creus trouuer en vostre personne, ce que ie n'auois point tronué en celle des autres. Tout ce que vous appellastes d'abord compassion, & generosité en moy, estoit déjà vn effet d'amour: ie faisois, non ce que ie voulois, mais ce que ie ne pouuois m'empescher de faire. Ie cherchois les herbes qui deuoient guarir vos blessures, auec trop d'empressement, & trop d'inquietude, pour croire que ie ne prisse autre interest en vostre vie, que celuy de cette compassion, & de cette generosité. Non, Medor, cela ne fut point ainsi: ie ne vous vis pas plustost, que sans l'aide de mon iugement, ie vous aimé autant qu'on peut aimer; quoy que ie ne sceusse pas moy mesme, si ce que ie sentois pour vous estoit amour. En effet, la raison est plus acoûtumée à combatre l'Amour, qu'à le faire naistre, ou qu'à le conseruer quand il est nay. Cette Reyne seuere & imperieuse, bien loin d'aprouuer les fers, les chaines, & les follies des Amants, ne parle que de liberté, de franchise, & de sagesse. Elle veut que tous les sens luy soient assujetis ; que la volonté suiue ses intentions ; que la memoire ne reçoiue que ce qu'elle iuge digne d'y estre conserué ; & que l'imagination ne luy présente, que des choses toutes serieuses, & toutes solides. Vn Amant aux pieds de sa Mestresse, luy est vn objet digne de risée ou de pitié : elle se mocque de sa foiblesse ; elle condamne tout ce qu'il fait ; & elle voudroit enfin, s'il estoit en sa puissance, détruire tous les sentimens de la Nature, oster toutes les passions du cœur des hommes, & regner elle seule par tout l'Vniuers. Iugez apres cela, Medor, si la raison peut introduire l'amour dans vne ame, & si ie n'ay pas droict de dire, qu'il y a quelque chose en nous de plus puissant qu'elle qui nous y pousse, puis que malgré ses conseils & son pouuoir, nous faisons bien souuent tout le contraire, de ce qu'elle veut que nous faſſions? il y a cette difference, entre la raiſon & l'inclination, que l'vne veut pour l'ordinaire, nous obliger à faire des choſes qui nous déplaiſent; & que cette derniere ne nous porte iamais, qu'à ce qui nous eſt agreable. C'eſt ſans doute ce qui rend ſon pouuoir ſi grand, que l'autre ne luy peut reſiſter: il faut qu'elle cede toute clair-voyante qu'elle eſt, à cette aimable aueugle qui nous guide, & qui nous conduit comme elle veut; qui nous fait aimer & haïr ſelon ſa fantaiſie; & qui ſeule introduit l'amour dans le cœur de tous les hommes. Lors que la raiſon nous veut porter à quelque choſe (quoy qu'imperieuſe comme ie l'ay déjà dit) elle ne laiſse pas d'employer du temps & de l'artifice, à nous perſuader de luy obeïr: elle fait voir à ceux qu'elle veut expoſer dans les grands perils, la gloire qui s'y rencontre: elle repreſente à ceux qui trouuent vne occaſion d'eſtre Liberaux, que c'eſt mettre ſes Threſors en lieu ſeur, que de les donner à ſes amis: enfin elle fait voir la laideur du vice, & la beauté de la vertu, afin que l'on puiſse éuiter l'vn, & que l'on ſuiue l'autre auec plus d'ardeur. Elle n'agit donc pas auec vne puiſsance ſi abſoluë que l'inclination, qui ſans nous faire voir, ny le bien, ny le mal, qui nous peut arriuer des choſes où elle nous porte, nous y pouſſe, ou pour mieux dire nous y contraint auec tant de violence, que nous n'y pouuons reſiſter. Ces aduerſions naturelles, que l'on voit entre des perſonnes raiſonnables, témoignent aſſez que noſtre iugement n'eſt pas le Maiſtre abſolu de nos actions : ceux qui haïſſent les Roſes, tombent d'acord que la couleur en eſt belle, que la forme en eſt agreable, & que l'odeur meſme en eſt douce : cependant, malgré cette connoiſſance qu'ils ont de leur beauté, ils en détournent la veuë auec ſoin, & les fuyent comme les autres pourroient fuir vn objet épouuentable. Cette foibleſſe de leur temperamment eſt meſme choſe, que celle qui ſe trouue en noſtre ame, lors que l'inclination la contraint à faire ce qu'elle veut, & non pas ce qui luy plaiſt. Quand i'ay ceſſé d'aimer Renaud, ie n'ay pas ceſſé de ſçauoir qu'il estoit digne de mon estime : & lors qu'à son tour il a cessé de m'aimer, il n'a pas laissé sans doute aussi, d'aduoüer qu'Angelique auoit de la beauté. Cependant, parce que ce n'est pas le iugement qui fait naistre l'amour, nous nous sommes connus aimables sans nous aimer : & peut-estre nous estions nous aimez, sans sçauoir si nous estions aimables : tant il est vray, que la raison agit auec peu d'Empire, & tant il est vray, que l'inclination est puissante. Cette premiere ne se fait obeïr, que par les moyens que les Rois legitimes employent contre leurs Subjets : mais l'autre se fait craindre & se fait suiure, comme les Tirans victorieux. Elle n'employe que la force contre nous; mais comme cette force est presques inevitable, & qu'elle n'a pas moins de douceur que de pouuoir, il s'en faut peu qu'elle ne surmonte tout ce qui luy resiste. L'honneur, la gloire, l'interest particulier, & la vertu mesme, sont quelques-fois de trop foibles obstacles, pour empescher ses desseins : elle fait que des Rois aiment des Bergeres; que des Bergers leuent leurs regards iuſques à leurs Souueraines; & ſans diſtinction de qualité, ny de merite; elle fait vn meſlange de Sceptres & de Houlettes, de Couronnes & de fers, de perſonnes libres & d'eſclaues; & témoigne aſſez par ces effets extraordinaires, que nous ne ſommes pas les Maiſtres de noſtre volonté, ny de nos affections; & que la raiſon n'eſt pas toûjours aſſez forte pour la vaincre. En effet, ſi nous n'agiſſions que par ſes conſeils; que l'amour vint en ſuitte de la connoiſſance; & que ce fuſt de ſon conſentement, que nous portaſſions des chaines; il eſt certain que nous n'en vſerions qu'vne en toute noſtre vie. Ce que nous aurions trouué beau vne fois, nous le ſeroit toûjours: nous aimerions iuſques à la mort, ce que nous aurions trouué aimable: & l'inconſtance enfin, ne ſe trouueroit iamais parmy les Amants. Depuis le commencement du monde, le Soleil a donné de l'admiration à tous les hommes: l'Or, les Perles, & les Diamants, n'ont trouué perſonne qui ait mis leur beauté en doute: bref, toutes les choſes vniuerſellement connuës, demeurent constantes : pourquoy donc, si l'amour naissoit par vne connoissance parfaite, & par les operations du iugement, ne demeureroit il pas toujours dans les cœurs qu'il possede ? Ha, non, non, Medor, cela ne peut estre ainsi : & c'est pourquoy tous ceux qui sont infidelles, ne sont pas aussi blasmables qu'on les croit : & c'est pourquoy ceux qui sont constants, ne meritent pas tant de loüange qu'on leur en donne. Les vns & les autres font, ce qu'ils sont forcez de faire : les vns brisent leurs fers, & les autres les conseruent, parce qu'ils y sont contraints. Vous en voyez qui apres auoir rompu leurs chaisnes, les renouënt eux mesmes auec soin, & se r'atachent plus étroitement, qu'ils ne l'estoient auparauant. Il y en a qui sont accablez par leur pesanteur, qui soupirent sous le joug qui les presse, & qui pouuant s'en dégager, ne le font pourtant pas, & preferent la seruitude à la liberté. Croyez vous, Medor, que ces bizarres effets puissent venir, d'vne raison clair-voyante, & d'vne volonté libre ? & ne croyez vous pas au contraire, que la seule inclination, est ce qui nous enchaine, ou nous deslie, ce qui nous fait inconstans ou fidelles, & ce qui nous fait aimer ou haïr? qu'on ne s'étonne donc plus, si l'on voit des Reynes descendre du Thrône, pour y mettre leurs Amants, quoy qu'ils ne soient pas de naissance Royale: qu'on ne s'étonne donc plus, de voir des Princes ne receuoir que des mépris, des Couronnes rejetées, & des Heros malheureux en amour; puis que ce n'est, ny de la raison, ny de l'interest, ny de l'ambition, ny de la gloire, que cette noble ardeur prend naissance. Mais (me direz vous) quelle obligation peut auoir vn Amant à sa Mestresse, s'il est vray qu'elle ne l'aime, que parce qu'elle ne peut s'empescher de l'aimer? nulle, mon cher Medor, nulle, & c'est pour cela que l'amour passe dans mon esprit, pour la plus noble de toutes les passions, puis qu'elle n'est point mercenaire. Il est permis dans l'amitié commune, de conter les seruices que l'on rend & qu'on reçoit; & de nommer obligation, vne chose que l'on fait volontairement; mais dans l'amour, il n'en doit pas aller ainsi. Les personnes

nes qui s'aiment ſe deuant toutes choſes, ne ſe doiuent point de remerciments, pour les bons offices qu'elles ſe rendent : de ſorte que quand ie vous auray donné ma Couronne, comme ie vous ay déja donné mon cœur, ie ne pretends point que vous m'en ſoyez plus obligé : puis que parmy ceux qui ſçauent aimer, quiconque donne ſon affection, donne en meſme temps & Sceptres, & Royaumes, & bref tout ce qu'il poſſede. Que ſi par mal-heur il fuſt arriué, que voſtre inclination euſt eſté contraire à la mienne ; que vous m'euſſiez autant haïe, que ie vous ay aimé, & que ie vous aime ; penſez-vous, mon cher Medor, que ie vous en euſſe blâmé ? Non, ie me ſerois pleinte ſans vous accuſer : & comme par ma propre experience, ie ſçay qu'on ne peut aimer par raiſon, ie n'aurois point murmuré contre vous, quand vous auriez refuſé l'amour d'Angelique auec autant de rigueur, qu'elle a refuſé les ſeruices de tout ce qu'il y a de Rois en l'Vniuers, pour accepter ceux de l'aimable & genereux Medor. Quelqu'vn me pourroit peut-eſtre dire, que ie ſuis peu ingenieuse & fort mal-auisée, de vous entretenir de semblables choses : que c'est vous oster vne partie de vos chaines, que de vous persuader, que vous les pouuez quiter sans crime : & que c'est vous instruire à l'ingratitude, que d'auoüer moy mesme que vous ne m'auez point d'obligation ; quoy que i'aye fait pour l'amour de vous, tout ce que i'estois capable de faire, en vous donnant mon Royaume, & de plus mon amitié, que ie prefere au Sceptre que ie veux remettre en vos mains. Mais pour répondre à cette obiection, i'ay à vous dire que veu l'estat où ie vous trouué, veu la difference de vostre naissance à la mienne, si i'auois pû m'empescher de vous aimer, ie serois coupable de ne l'auoir pas fait : & estant aussi raisonnable que ie vous connois, vous auriez vous mesme condamné en secret mon affection, quoy qu'elle vous fust aduantageuse. Vous auriez plus estimé en moy, la qualité de Reyne que celle d'Amante : & plus eu de joye de conquerir mon Royaume que ma personne. De sorte que pour vous persuader tout à la fois, & la grandeur de cette affection, & que ie ne suis pas indigne de vostre estime, non plus que de vostre amour, ie ne me lasse iamais de vous dire, que c'est vne puissance superieure qui nous porte à aimer; que toute la sagesse, & toute la prudence humaine, n'y sçauroient mettre d'obstacle; & qu'enfin, ce n'est que la seule inclination, qui se peut dire la veritable Mere de tous les Amours. Il y a ie ne sçay quel charme secret, qui passe des yeux de l'Amant, au cœur de celle que le Destin luy choisit pour estre son Amante, dont la force est inevitable. Et comme la Lune gouuerne la Mer, le Nort attire l'Aimant, & le Soleil forme les Metaux, dans les entrailles de la Terre, par des moyens qui nous sont inconnus; ainsi l'inclination conduit nostre iugement, atire nostre volonté, & forme l'amour en nostre ame, par des voyes que nous ignorons absolument. Elle fait que nous aimons bien souuent, ce que nous ne connoissons pas; & bien souuent encor, ce qui n'est point aimable, & ce que nous voudrions bien n'aimer point. D'où pensez vous que soient arriuez au Monde, tant de bizarres euenemens, dont les Histoires sont remplies, si ce n'est de cette puissance tirannique, qui surmonte toutes les autres ? si la Galere d'Antoine (dont ie vous ay raconté les auantures, & dont i'ay apris les amours, depuis que i'ay quité l'Asie, & depuis que ie suis en Europe) eust pû (dis-je) estre gouuernée par la raison, & qu'elle n'eust pas esté emportée auec violence, par l'inclination que ce Romain auoit, pour cette belle Egiptienne dont il adoroit les charmes; croyez vous qu'il ne fust pas demeuré dans son Armée, à la Bataille qu'il perdit, & que du moins il n'eust pas disputé la victoire à son ennemy ? Oüy, Medor, il estoit trop sage & trop vaillant, pour ne vouloir pas vaincre, & pour fuir lâchement, deuant ceux dont il pouuoit estre le vainqueur. Cependant, quoy qu'il fust ambitieux, quoy qu'il fust presques assuré d'auoir tout l'aduantage de cette iournée, & quoy qu'il s'agist de l'Empire de tout le Monde; son inclination fut plus puissante en luy, que le desir de la gloire, ny que celuy de regner. L'on peut mesme dire encor, apres cet illustre exemple, que c'est par le pouuoir de cette inclination, que tant de freres ont esté ennemis, lors qu'ils ont esté Riuaux; que tant de Subjets se sont reuoltez contre leurs Princes; que tant de Citoyens ont trahy leur Patrie; & que tant de Heros ont fait des fautes de iugement, ou commis des actions indignes d'eux. Tous ces gens là, Medor, n'auoient pas perdu la raison, dans les choses qui n[illegible] regardoient point leur amour: ils parloient de la mesme sorte, qu'ils auoient acoûtumé, auparauant que d'estre atteins d'vn si grand mal: ils agissoient de la mesme façon; ils songeoient à leurs affaires, & à celles de leurs amis, auec la mesme prudence: pourquoy donc cette mesme raison, ne se fust elle point trouuée en leurs amours, s'il n'y eust pas eu en eux, quelque chose de plus puissant qu'elle? Ha, non, non, Medor, cette verité n'est pas douteuse: & quoy qu'il semble que ie me nuise, en vous la persuadant, i'y trouue neantmoins tant de satisfaction, que ie ne m'en sçaurois empescher. Car comme ie pense estre certaine que vous m'aimez, de la maniere dont ie la veux estre; ie me tiens plus assurée de vostre amour que ie ne la serois, si ie la croyois tenir de vostre reconnoissance, plustost que de vostre inclination. I'aime mieux que vous aimiez ma personne, que le Thrône où ie vous veux conduire: & i'aime mieux encor, que vous estimiez plus la tendresse de mon amitié, que la conqueste de mon Royaume, que ie n'apelle plus ainsi, qu'afin de vous faire voir, que ie puis vous le donner. Mais (me dira t'on peut-estre) cette mesme inclination, qui fait que vous aimez aujourd'huy, peut faire aussi que vous n'aimerez plus demain: puis qu'enfin l'on vous a veu aimer & haïr Renaud successiuement; & que l'on a veu aussi Renaud, aimer & haïr Angelique. I'aduouë ingenuëment que cette obiection est plus forte que l'autre: & i'aduouë mesme que cette pensée m'a donné de la douleur, pendant les premiers iours de nostre amitié. Quoy (disois-je en moy mesme quelques-fois, lors que ie considerois la force de cette inclination, qui me portoit à vous aimer) ſeroit-il poſſible, que ie puſſe vn iour n'aimer plus Medor ? ſeroit-il poſſible, que Medor puſt vn iour n'aimer plus Angelique ; & que cette meſme inclination, qui vnit nos cœurs & nos volontez, les deſ-vniſt pour toûjours ? apres vn raiſonnement ſi facheux, ſuccedoit vne penſée plus agreable : car venant à conſiderer, que tous ceux qui aiment ne changent pas toûjours d'inclination ; ie me laiſſois perſuader, que nous ſerions enfin de ces Amants choiſis pour ſeruir d'exemple à la Poſterité. Oüy, Medor, i'ay creu que noſtre affection ne diminuera point : & ie crois preſentement, qu'en vous faiſant Roy, ie ne fais qu'augmenter le nombre de mes Subjets ; qu'en vous donnant ma Couronne, i'acquiers vn Eſclaue tres fidelle ; & qu'en vous donnant mon cœur, ie reçois le voſtre, pour ne m'en deffaire iamais. C'eſt de cette ſorte (aimable Medor) qu'il faut du moins ſe flatter, dans les choſes dont on ne peut répondre abſolument : car ſi elles arriuent comme on les ſouhaite, l'on auroit eu tort de s'affliger ſans cauſe : Et s'il aduient que l'inclination change d'objet, l'on n'a pas besoin d'estre consolé, de la perte d'vn bien, que l'on n'estime plus assez pour l'aimer. Ioüissons donc en repos, de la felicité presente, sans nous mettre en peine de l'aduenir: laissons au Destin la connoissance des choses futures, puis qu'aussi bien ne pourrions nous les éuiter, par nos craintes & par nos preuoyances: employons tous les moments de nostre vie, à parler aduantageusement, de la force de cette inclination, qui a fait toute nostre felicité, puis qu'elle a fait naistre nostre amour: laissons en des marques par tous les lieux où nous passerons: faisons que tous les arbres qui nous prestent leur ombrage, nous prestent aussi leur écorce, pour y grauer les noms de Medor & d'Angelique, afin que tous ceux qui les verront, admirent & enuient nostre bonheur: & bref ne parlons iamais, que du plaisir qu'il y a, dans cette vnion des cœurs, que la seule inclination fait naistre; en comparaison de celuy, ou la raison ou l'interest se meslent de contribuer quelque chose. Ceux qui n'aiment que par ces deux sentimens, ne connoissent point du tout, les delices

delices de l'amour : la raison est trop sage, pour faire qu'vn de ses Subjets mette toute sa joye, en la possession d'vne Mestresse, quelque parfaite qu'elle puisse estre : & l'interest est trop mercenaire, pour souffrir que l'on fasse ses plus chers Thresors, des moindres faueurs qui puissent venir d'vne Amante. Si i'estois aimée par vn de ces sages Amants, qui consultent toûjours leur iugement, & qui combatent leur inclination autant qu'ils peuuent ; il aimeroit sans doute mieux ma Couronne, qu'vn bracelet de mes cheueux : & prefereroit l'éclat de mon Thrône, à celuy de mes regards. O Medor, que ces gents là connoissent peu la Nature de l'amour ! aussi à parler raisonnablement, ne doit-on pas les mettre au nombre des veritables Amants. Tous les hommes ne sont pas toûjours également touchez, de toutes les passions : ceux qui naissent auares, & qui pensent quelques-fois estre amoureux s'abusent : car si l'on examine bien la chose, l'on trouuera qu'ils aiment l'argent de leur Mestresse, & non pas les charmes de sa personne. Ils suiuent leur inclination, ie l'aduoué; mais ce que regarde cette inclination n'eſt pas l'amour, c'eſt l'auarice. Vn ambitieux agira de la meſme ſorte : vn vaillant ſouhaitera de ſe voir des Riuaux, afin d'auoir la gloire de les combatre & de les vaincre: & bref tous ceux que l'on croit Amants ne le ſont pour l'ordinaire qu'en aparence: & c'eſt ſans doute ce qui fait tant d'inconſtants & tant d'infidelles. Car comme leur plus forte inclination, n'eſt pas celle qui les fait aimer, il peut arriuer cent rencontres, qui ſatisfaiſant leur auarice, leur ambition, & leur vanité par d'autres voyes, font qu'ils abandonnent leurs Meſtreſſes, comme inutiles à leur felicité. Mais ceux qui de toutes les paſſions, ne ſont fortement inclinez qu'à l'amour, ſont plus aſſurez de la durée de leur affection, & plus heureux dans leur ſeruitude. Ils ne partagent, ny leurs ſoins, ny leurs cœurs : les Sceptres & les Couronnes, ne ſont point le terme de leurs deſirs: & la certitude d'eſtre parfaitement aimez, eſt la ſeule choſe où ils pretendent. Songez vn peu (aimable Medor) à l'agreable vie que nous auons menée dans ces Bocages, depuis que par la force de noſtre inclination, nous auons commencé de nous aimer. Cette Cabane m'a tenu lieu d'vn Palais ; la fraicheur de l'herbe m'a ſemblé plus commode pour m'aſſeoir, que la magnificence du Thrône ; & le chant des Oyſeaux plus charmant, que toute la Muſique que i'ay entenduë en Europe. I'ay preferé le ſable des ruiſſeaux qui nous enuironnent, aux minieres d'or de mon Pays : & la roſée que nous voyons ſur ces fleurs, aux plus belles Perles que l'Orient ait iamais produites. Et tout cela, Medor, parce que ie vous aime, parce que nous voyons toutes ces choſes enſemble, & parce que mon inclination, & celle que vous auez pour moy, font que ie ne puis rien voir auec vous qui ne me plaiſe, & qui ne me donne de la joye. C'eſt là (mon cher Medor) la veritable marque d'vne forte paſſion : quiconque peut trouuer vne partie de ſon plaiſir ailleurs qu'en la perſonne qu'il adore, n'eſt point du tout capable de cette noble foibleſſe : & quiconque eſt aimé ſans eſtre abſent de ce qu'il aime,

& ne s'estime point heureux, doit estre effacé du nombre des Amants. Car à parler des choses comme elles sont, ceux qui sont amoureux de la maniere que ie l'entends, ie veux dire malgré leur raison & leur volonté, ne peuuent iamais en vser ainsi: par tout où se trouue leur Mestresse, ils n'ont rien à desirer: & par tout où elle n'est pas, tout leur manque, & rien ne les satisfait. Ils s'ennuyeroient dans les Cours les plus grandes & les plus pompeuses, quand mesme ils y seroient sur le Thrône: & s'estimeroient heureux, dans vn desert effroyable, pourueu qu'il fust éclairé des yeux qu'ils adorent. Or comme l'objet de leur contentement est plus borné que celuy des autres, il est aussi plus facile de le contenter: mais pour le reste des hommes, qui ne sçauent pas aimer, & dont l'esprit est en proye, à toutes les passions; il faut quasi que toutes les parties de l'Vniuers, contribuent quelque chose pour les satisfaire pleinement. Les auares voudroient auoir en leur puissance, tout l'Or que le Soleil a produit, depuis le commencement des Siecles: les courageux voudroient auoir vaincu tous les Heros, que la Nature a fait naistre chez toutes les Nations : & les Conquerants ambitieux, ne veulent pas moins que l'Empire de tout le Monde. Pour satisfaire ces gents là, il faudroit bien des choses : ou pour mieux dire, il faudroit des enchantemens ou des miracles pour les rendre heureux! Mais pour ceux qui sçauent aimer, & qui renferment toute leur felicité, dans le cœur d'vn Amant ou d'vne Amante, ils n'ont iamais rien à craindre qu'eux mesmes. Car pourueu que leur inclination, ne destruise point leur felicité en changeant d'objet ; ils ne redoutent ny la malice des hommes, ny les caprices de la Fortune, ny aucun de tous ces mal-heurs, qui peuuent aduenir pendant tout le cours de la vie ; tant il est vray, que leur esprit est détaché de toute autre pensée, que de celle qui regarde directement leur amour. Voilà (mon cher Medor) de quelle nature est celle que i'ay pour vous, & celle que ie croy que vous auez pour moy. Vous me tenez lieu de Parens, de Patrie, & de Couronne : & si ie n'auois dessein de la mettre sur vostre teste, ie pense que sans songer à remonter sur le Thrône, ie vous obligerois à passer le reste de nos iours, dans cette agreable solitude. Mais comme ie sçay bien que vous estimez plus la main qui vous couronnera, que la Couronne mesme, quelque brillante qu'elle soit: il faut songer à quitter cet aimable Desert; il faut retourner au Royaume de Catay; il faut faire voir à toute la Terre, ce que peut la force de l'inclination; il faut luy montrer ce que c'est que l'on doit apeller Amour; & luy faire voir en vous, vn Amant sans ambition, que cet Amour a fait Roy; & en ma personne, vne Reyne sans imprudence, que ce mesme Amour a renduë Sujette.

EFFET
DE CETTE HARANGVE.

ANgelique estoit trop adroite, pour ne persuader pas : & Medor estoit trop amouroux, pour n'estre pas persuadé. De sorte que quoy que l'Arioste ne nous ait pas dit, ce qui leur arriua aux Indes ; & qu'à peine il nous ait apris, qu'ils s'embarquerent pour y aller ; nous pouuons croire, que la force de l'inclination, rendit leur amour eternelle : & que comme elle seule l'auoit fait naistre, elle seule la fit apres toûjours durer.

ANDROMACHE

A

VLISSE

VNZIESME HARANGVE.

ANDROMACHE

A

VLISSE.

VINGTIESME HARANGVE.

ARGVMENT.

LEs Grecs estoient enfin prests de faire voile pour leur retour, lors que Calchas leur dit que si le Fils d'Hector demeuroit en vie, Troye n'estoit pas si bien ruinée, qu'elle ne pust vn iour releuer ses Ramparts destruits; & des mesmes tisons de son embrasement, porter la flame dans toutes les Villes de la Grece. De sorte que pour éuiter ce malheur, ils resolurent de ne partir point, qu'Astianax ne fust mort: & ils donnerent la commission à Vlisse, de trouuer cet Enfant qu'ils redoutoient, pour les deliurer par sa perte, des maux que sa conseruation leur pourroit causer. Ce sanglant dessein ne put estre si secret, qu'Andromache n'en découurist quelque chose, ou du moins qu'elle n'en eust quelque soupçon : si bien que pour tâcher de sauuer son Fils, elle le cacha dans le Tombeau de son Pere. A peine y estoit-il entré, qu'Vlisse arriua ; qui par cette eloquence artificieuse, qui luy estoit si naturelle, tâcha de sçauoir de cette Mere affligée, ce que son Enfant estoit deuenu. Mais voyant que son trauail estoit inutile ; ce Grec aussi rusé que cruel, ayant peut-estre obserué quelques regards, que la malheureuse Andromache iettoit vers le Tombeau d'Hector, malgré le soin qu'elle apportoit à ne le regarder pas ; cet impitoyable (dis-je) commanda aux Soldats qui l'acompagnoient, d'abatre cette Sepulture. Ce fut à ce funeste moment, que cette infortunée Princesse, voulut faire ses derniers efforts, pour essayer de sauuer son Fils, sans témoigner qu'elle y songeast : & qu'elle tâcha de persuader à Vlisse, QVE LES TOMBEAVX DOIVENT ESTRE INVIOLABLES.

ANDROMACHE
Que sa douleur est amere !
Que son deuil est estouffant !
Lors qu'elle cache vn enfant
Dans le tombeau de son Pere.
B.R

ANDROMACHE A VLISSE.

ARrestez vous, Sacrilege, arrestez vous ; & n'aprochez du Tombeau du grand Hector, que comme vous aprocheriez d'vn Autel, c'est à dire auec vn profond respect. Auez vous oublié que l'Vrne funebre qui contient ses Cendres, contient celles d'vn Heros & d'vn demy Dieu, & que ces tristes lieux sont consacrez, & dignes de veneration? pouuez vous mesme regarder vne Sepulture toute couuerte de vos dépoüilles, & des Trophées remportez sur les plus vaillans des Grecs ; & ne vous en éloigner pas, sinon par respect, au moins par honte & par dépit ? ignorez vous qu'il n'y a que les Corbeaux & les Vautours, qui fassent la guerre aux morts ; que les Sepulchres doiuent estre inuiolables ; & qu'apres les trauaux de la vie, le repos des trespassez doit estre eternel ? Ha inhumain ! (& si ie l'ose dire, barbare Vlisse) quelle procedure est la vostre, & quelle cruauté pourroit iamais égaller, celle que vous témoignez aujourd'huy ? les Peuples les plus farouches, & les plus éloignez des bonnes mœurs, n'en seroient iamais capables : ceux mesmes qui n'ont de loix que celles de la Nature, & qui n'ont iamais apris que ce qu'elle leur a enseigné ; par vn instinct aussi general qu'il est pieux, honnorent les Cimetieres, & n'en peuuent presque aprocher, sans estre saisis d'vne sainte horreur. Les Animaux mesmes, oüy les Animaux sans raison, ne font durer leur haine qu'autant que durent leurs ennemis : & si la faim ne les solicite, ils ne sont pas plustost tombez, que leur colere tombe auec eux ; que leur furie se laisse appaiser ; & que leur ressentiment s'éuanoüit. En

effet,

effet, eſt-il vne lâcheté égalle, à celle d'attaquer vn aduerſaire qui ne ſe peut plus deffendre, & qui s'eſt ſi bien deffendu? tant qu'il a les armes à la main, tant qu'il ataque ou qu'il reſiſte, & qu'il peut faire courir, le meſme danger qu'il court; on peut employer ſes plus grands efforts pour le vaincre, & n'oublier rien pour y paruenir: Mais lors que la fortune a trahy ſon courage; mais lors qu'il a ſuby la neceſſité generalle de finir; mais lors qu'il eſt mort; il faut que la haine meure comme luy, & qu'on l'enſeueliſſe dans ſon cercueil. Si voſtre Achille (ô Dieux dequoy me vay-je ſouuenir) ſi voſtre Achille (dis-je) n'euſt fait aller ſa vengeance, que iuſques à la mort d'Hector; qu'il ſe fuſt contenté de luy oſter ſes armes, & meſme de luy oſter la vie; il n'auroit point terny ſa memoire, & ne ſe ſeroit pas deſ-honnoré comme il fit: Il eſtoit Grec, mon Hector eſtoit Troyen, ils eſtoient tous deux ennemis, ils eſtoient tous deux armez, & par la loy des combats, il pouuoit & deuoit le vaincre, ſi ſes forces le luy permettoient. Oüy, bien loin d'en remporter de la honte, il pouuoit par cette illustre mort, se rendre luy mesme immortel : au lieu que par cette barbare action qu'il fit, de l'attacher à son Char, & de le traisner tout mort qu'il estoit ; il combatit & vainquit sans gloire, il ternit tout l'éclat de sa reputation, & fit que la Posterité le mettra plûtost au nombre des bourreaux, qu'en celuy des fameux vainqueurs. Cependant, (ô cruel Vlisse) il est certain que ce fier & cet impitoyable Achille, fut moins barbare que vous : Hector respiroit encore; Achille sentoit encor les grands & les redoutables coups, dont vn bras si fort l'auoit frapé ; il voyoit à ce déplorable Heros, les funestes dépoüilles de Patrocle, le plus cher de ses amis; il luy voyoit ses propres armes, & teintes d'vn sang qui luy auoit esté fort considerable : Tout cela (dis-je) pouuoit exciter la fureur, dans vne ame beaucoup plus sage que la sienne, & pouuoit seruir d'excuse à son crime : (si toutes-fois l'on peut excuser vne si grande lâcheté.) Mais pour vous, Vlisse, nul pretexte bon ny mauuais, n'authorise les impietez, que vostre main veut commettre. Vous ne voyez point Hector; ce Heros ne vous frape pas, & ne vous sçauroit fraper; vous ne luy voyez les armes, ny de Laerte vostre Pere, ny de Telemaque vostre fils, ny mesme de Diomede vostre amy; pourquoy donc voulez vous encor le poursuiure apres qu'il n'est plus? pourquoy voulez vous ietter au vent, des Cendres si precieuses? pourquoy voulez vous violler, la saincteté des Tombeaux? & pourquoy voulez vous attaquer mort, vn Guerrier que vous n'auez osé attaquer viuant? il le falloit voir sur son Char, & non pas dans son Cercueil; il le falloit voir libre au milieu de vostre Camp, & non pas enfermé dans sa Sepulture; & bref il le falloit voir sous son Bouclier, & non par le voir sous la Tombe. Or pour continuer de me seruir du mesme exemple, puis que sans doute il vous est le plus agreable: ne vous souuient il plus que pendant la trefve, Achille qui fut son meurtrier, assista à ses funerailles? qu'il y versa mesme des pleurs, tout impitoyable qu'il estoit? que ses yeux tâcherent d'effacer, le crime que sa main auoit commis!? & que du consentement de tous les Grecs, & mesme du vostre; Hector, mon cher Hector, receut les honneurs de la Sepulture, & les deuoirs du Tombeau? pourquoy donc, (ô peu genereux Vlisse!) vous efforcez vous de luy rauir, ce que vous luy auez acordé? pourquoy voulez vous faire errer son Ombre dolente, dans ces Campagnes desertes, sur ces riuages abandonnez, & parmy les tristes ruines de Troye? pourquoy ramenez vous cette Ombre affligée, du silence, de l'obscurité, & du repos du Sepulchre, au bruit, à la lumiere, & à l'inquietude des viuans? pourquoy voulez vous faire voir aux Cieux, ce que l'on cache sous la Terre? pourquoy vostre main sacrilege veut elle abatre, ce que la Pieté seule fait éleuer? & pourquoy nous voulez vous rauir, ce que nous auons acheté? vous le sçauez Vlisse, vous le sçauez; Achile ne rendit pas gratuitement le corps de l'inuincible Hector: il le vendit à Priam son Pere, il en fit le marché, le barbare qu'il estoit; & son auarice épuisa toutes les richesses d'vn Empire, pour nous redonner des os qu'il n'estimoit point,

& que nous estimions plus qu'elles. Laissez nous donc vn Thresor que nous possedons à si iuste titre ; ou pour mieux dire, laissez ce Thresor enseuely dans la Terre qui les garde tous, & qu'il vous suffise de nous emmener Captiues. Oüy, il me semble qu'il vous doit suffire, que Priam ait perdu son Estat, qu'Hecube ait perdu ses Enfans, qu'Andromache ait perdu son Mary, & qu'Hector ait perdu la vie, sans vouloir qu'il perde encor son Tombeau. Vous auez abatu ses Palais, il n'en a que faire ; mais n'abatez pas son Sepulchre dont il a besoin. Vous auez mis sa Ville en Cendre, & sa Ville subsisteroit inutilement pour luy ; mais ne brisez pas l'Vrne sacrée, où ses Cendres sont en dépost. Vous luy auez arraché le Sceptre, il n'importe, puis qu'il ne le sçauroit plus porter ; mais laissez au moins en repos, la main qui le deuoit tenir. Vous l'auez fait tomber du Thrône, il s'en console, car le Thrône n'est pas vn grand bien ; mais ne le faites pas sortir de la Sepulture, où vous l'auez fait tomber. Certainement, Vlisse, il y a quelque chose de si dénaturé en vostre action, qu'elle passe au delà de la cruauté, non seulement d'vn Barbare, non seulement d'vn Grec, mais de la cruauté d'Vlisse mesme. Car que vous ayez formé le dessein, de vous vanger d'vne injure, ce sentiment est assez naturel, & le crime de Paris l'authorise en quelque sorte: que vous nous ayez assiegez, vous n'estiez partis de Grece, qu'auec cette seule intention: que vous nous ayez combatus, vous n'estiez venus que pour nous combatre: que vous ayez fait mourir plusieurs Troyens, ils estoient tous vos ennemis, ainsi que vous estes les nostres: qu'Hector mesme ait perdu la vie, Hector estoit nay pour mourir, & sujet à la Loy commune: que Troye apres dix ans aye esté prise, la victoire est toûjours la fin de la guerre, ou du moins l'objet de ceux qui la font: qu'elle ait mesme esté sacagée, & qu'elle ait souffert le fer & le feu, peu de Victorieux ont assez de generosité pour estre clements, & peu de Villes sont surprises ou forcées, sans souffrir les mesmes malheurs: enfin, il n'y a rien d'extraordinaire en toutes ces choses: mais qu'apres auoir combatu les viuans, l'on veuille combatre les morts; que l'on ataque les Tombeaux, apres auoir ataqué les Villes; que l'on renuerse les Sepulchres, apres auoir renuersé les Ramparts; & que l'on tâche d'abolir la memoire des grandes actions, apres auoir perdu ceux qui les ont faites; c'est ce que l'on n'auoit iamais veu, c'est ce que l'on ne voyoit point, & c'est ce que l'on ne verroit iamais, si l'on ne voyoit pas Vlisse. Tant que les hommes sont viuans, ils sont en estat d'acquerir de l'honneur & de la gloire; ils peuuent châque iour, adjouster de nouueaux Lauriers à leur Couronne; & entasser de nouueaux Trophées, sur ceux qu'ils auoient déja gagnez: ils peuuent (s'il faut ainsi dire) se vaincre eux mesmes; apres auoir vaincu les autres, & se surpasser autant, qu'ils auoient surpassé leurs ennemis. Le Champ de la gloire n'a point de bornes, pour ceux qui veulent y courir: plus ils vont loin, plus ils aperçoiuent, que cette Carriere n'est point limitée: plus ils cueillent de Palmes, plus ils voyent qu'il en reste à cueillir: & lors qu'on les croit à la fin de leurs nobles trauaux, ils trouuent qu'à peine en sont ils au commencement. De là vient, qu'on peut auec moins de crime, tâcher de leur rauir vn auantage, qu'ils peuuent recouurer apres: c'est ne leur oster, que ce qu'ils peuuent oster à d'autres; c'est s'enrichir sans les ruiner; & c'est plustost les exciter aux grands desseins, que leur dérober leur reputation. Mais, Vlisse, il n'en va pas ainsi des pauures morts: eux seuls ont veu le bout de cette Carriere, où les autres courent encor; eux seuls ne sont plus en estat, de gagner de nouueaux Trophées; & ce qui est le plus pitoyable, ils ne sont pas seulement en celuy de pouuoir deffendre, ceux qu'ils ont gagnez autrefois. Le moindre ennemy leur est redoutable; le plus foible peut triompher d'eux; & comme il n'y a iamais que des lasches qui les ataquent, par vne injustice effroyable, les lasches offencent les vaillans; & les offencent impunement. Cependant ils ne songent pas, que ces Piques, ces Dards, ces Boucliers, & ces Drapeaux apendus sur les Sepultures, sont les seules richesses des deffunts: cependant ils

ne

ſongent pas, que les inſcriptions & les Epitaphes, que l'on graue ſur les Tombeaux, donnent vne ſeconde vie aux morts ; & que ſi leur brutalité les efface, c'eſt les faire mourir de nouueau, & les faire mourir pour toûjours. Oüy, la memoire des bonnes actions, s'éteint inſenſiblement, ſi l'on en détruit ces triſtes & belles marques ; & le premier Siecle eſt à peine reuolu, que l'on voit finir vn renom, qui deuoit eſtre eternel. Et puis, à dire les choſes comme elles ſont, pourquoy faut-il que les viuans ataquent les morts, qui ne ſongent plus aux viuans ? pourquoy faut-il que vous conſeruiez de la haine pour eux, puis qu'ils n'en ont plus pour vous ? pourquoy perſecuter dans l'ombre du Tombeau, ceux qui n'ont plus de part à la lumiere ? & pourquoy auoir de la fureur, quand vous deuez auoir de la pitié ? les morts ne ſont plus ny Grecs, ny Troyens ; ils n'ont plus de differents ny de guerres ; ils ſont ſans intereſts & ſans paſſions ; ils ſont ſans colere & ſans haine ; & ſi la Magie ou l'impieté, ne trouble le repos de leurs Ombres ou de leurs Cendres, ils n'ont plus nul commerce auec les hommes; ils n'ont plus rien à démeller auec eux; & ce repos n'a point de fin. Helas, Sacrilege que vous estes, si nulle consideration qui nous regarde, n'est capable de vous arrester, arrestez vous au moins, par celle de tant d'amis, que vous auez perdus à ce long & funeste Siege: songez que la Fortune n'a pas toûjours esté dans vostre Camp; qu'elle a changé de party plus d'vne fois; & que si beaucoup de Troyes ont esté blessez, tous les Grecs n'ont pas esté inuulnerables. De ce lieu mesme où nous sommes, qui a quelque éleuation; iettez les yeux sur cette vaste Campagne, & la parcourez d'vne veuë, depuis le pied du Mont Ida, iusques à celuy de nos Murailles; & depuis les eaux de Simoïs, iusques à celles de Scamandre; Voyez y (dis-je) ce nombre innombrable de Tombeaux, qui la couurent de toutes parts, & qui composent (s'il faut la nommer ainsi) vne funebre Ville de Morts, qui n'est guere moins grande, que Troye le fut autrefois. Remarquez en la structure, aussi bien que la quantité: & voyez si l'Architecture Greque, n'y paroist pas aussi bien que la Phrigiene? Oüy, Vlisse, elles y paroissent égallement : & cette grande Pleine a peu de lieux, où l'on puisse voir l'vne sans l'autre. D'icy, vous voyez le vain Tombeau de Sarpedon; mais vous voyez encor le veritable Tombeau de Tlepoleme. D'icy, vous voyez celuy de Penthasilée qui combatoit pour nous; mais vous voyez aussi celuy de Prothesilas, qui mourut le premier de tous les Grecs. D'icy, vous voyez celuy de l'illustre Memnon qu'Achille tua; mais vous voyez aussi celuy du vaillant Patrocle, auquel Hector fit perdre la vie. D'icy, vous voyez celuy de Troile l'vn de mes beaux freres; mais vous voyez aussi celuy d'Antiloque le fils de Nestor. D'icy, vous voyez celuy de Paris, qui fut la cause de cette guerre; mais vous voyez aussi celuy d'Aiax, qui la fit durer si long-temps. D'icy, vous verriez celuy de Priam, si les Dieux eussent permis qu'il en eust eu vn; mais vous verriez aussi en mesme temps celuy de Palamede, qui fut l'vn de vos Generaux. Enfin d'icy, vous voyez le Tombeau d'Hector; mais vous voyez aussi celuy d'Achille: tãt il est vray, que nos pertes sont égales, & tant il est vray, que le vent victorieux dois pleurer, aussi bien que les vaincus. Car ce que ie dis des principaux Chefs, ie le puis dire encor d'vne multitude effroyable de simples Soldats, de l'vn & de l'autre party, qu'vne mesme terre couure, & dont elle garde les os. Icy l'on voit vn Troyen, comme là l'on voit vn Grec; & presques en aucun lieu, l'on ne peut voir l'vn sans l'autre. Craignez donc, Vlisse, craignez, que l'impieté de quelqu'vn, n'imite celle que vous voulez auoir aujourd'huy; que les Dieux qui vous regardent, ne tirent la cause de vostre châtiment, de celle de vostre crime; & qu'ils ne se seruent d'vn meschant, pour punir vostre meschanceté; & de la main d'vn impie, pour vanger vn Sacrilege. Craignez (dis-je) que les Cendres de vostre Achille, ne reçoiuent le mesme traitement, que les Cendres de mon Hector; que son Tombeau ne soit viollé, comme vous voulez violler le sien; que sa gloire ne soit effacée, comme vous voulez effacer la sienne; & que ses os ne soient dispersez; & peut-estre iettez dans la Mer, comme vous voulez ietter au vent, les Cendres de mon Mary. Ha, Vlisse! ie ne vous prie point de cesser entierement d'estre Barbare, car ie sçay que vous ne le pourriez pas; mais ie vous prie seulement de l'estre vn peu moins. Continuez de persecuter les viuans, mais laissez les morts en repos : percez le cœur d'Andromache, mais ne rompez pas l'Vrne d'Hector : accablez moy sous les chaines, mais n'abatez pas son Tombeau : & puis qu'il ne me reste, ny Palais, ny Maison, ny Cabane, laissez moy cette sombre Sepulture, pour y viure & pour y mourir. Ainsi les vents fauorables, puissent enfler les voilles de vos Galeres, & les reconduire au Port : ainsi pour vostre voyage, la Mer ne puisse auoir ny bancs, ny Rochers : ainsi puissiez vous reuoir vostre Itaque, vostre Pere, & vostre Fils, & vous reuoir entre les bras, de vostre chere Penelope : & pour faire mesme vn souhait plus difficile, ainsi puissent reposer en paix, les os du cruel fils de Pelée, luy qui tua le Roy de Thebes mon Pere, qui fit perdre le iour à sept Freres que i'auois, & qui massacra mon Espoux. Que la terre luy soit legere; que tous les Elemens respectent sa Sepulture; que le temps ne la destruise iamais; & qu'il ne se trouue iamais d'Vlisse qui veuille faire, ce que le temps n'aura pas fait. Mais, ô Dieux! insensible que vous estes, rien ne vous peut émouuoir: ie vous voy rire de mes larmes, & rire malicieusement. Ha, impitoyable, & barbare! i'en conçoy bien la raison: vous voulez auoir mon Fils, & voulez m'épouuenter pour l'auoir. Vous feignez d'en vouloir au Pere, & vous en voulez à l'Enfant: & vous ne me menacez de m'empescher de voir ce Sepulchre, qu'afin que ie vous montre son Berceau. Et bien, il faut vous contenter, Vlisse, en deussay-je mourir de regret: il faut faire voir mon mal-heur aussi grand qu'il est, & éleuer moy mesme vn nouueau Trophée, à la vanité de vostre Nation. Partez, partez quand il vous plaira, Peuple que la Fortnne fauorise; faites leuer les anchres, faites leuer les voiles, rien ne peut plus vous retenir, sur ces funestes riuages: Troye n'est plus, Priam est tombé, Hector est mort, &

Astianax est dans le Tombeau. I'auois caché cette derniere infortune, afin de n'auoir pas encor la douleur, de vous en voir réjoüir: ie l'auois tenuë secrette, afin qu'on me la laissast pleurer, auec plus de liberté: & i'en soûpirois en particulier, pour ne vous en voir pas rire en public. Mais puis qu'il faut que ie le die encor vne fois, partez, Vlisse, partez, éloignez vous d'vne Terre, que l'ire du Ciel foudroye à tous les momens, & dans laquelle on ne voit que de sanglantes marques de sa fureur. Allez respirer sous vn Ciel plus doux; allez reuoir vostre Patrie, apres auoir détruit la nostre; & ne meslez pas la crainte & l'affliction des vaincus, à l'assurance & à la joye des victorieux. Helas, Vlisse, que craignez vous? sont-ce les Cendres de Troye, ou les Cendres des Troyens? redoutez vous l'Ombre d'Hector, ou prenez vous son Tombeau, pour le Rampart d'Illion? est-ce le Deuin Calchas qui vous donne ces terreurs, ou si elles sont des terreurs paniques? & quoy, tant de Capitaines & de Soldats, peuuent-ils craindre vn Enfant, & vn Enfant qui n'eſt plus? Non, non, ne le craignez point; le malheur inuincible qui nous perſecute, a coupé la trame de ſes iours, & l'a fait mourir en vn âge, où à peine les autres commencent à viure. Il eſt deſcendu dans les Enfers, il eſt allé reuoir ſon illuſtre Pere, & l'infortuné qu'il eſt, n'a pas meſme encor de Sepulchre; ſi comme à tous nos Citoyens, Troye ne luy ſert d'vn Sepulchre general. N'aprehendez donc point qu'il épouuente iamais vos Enfans; qu'il repare iamais les ruines de noſtre Ville; qu'il peuple iamais vn nouueau Royaume en ces lieux deſerts; qu'il r'aſſemble iamais en vn Corps, les miſerables Troyens, que le Sort aura garantis de vos fers ou de vos armes; qu'il paroiſſe iamais ſur vos riuages, à la teſte d'vne armée; ny qu'il aſſiege iamais Argos ou Micenes. Non, non, vous ne deuez rien craindre de tout cela, puis qu'Aſtianax n'eſt plus en vie: car ſoit que la flâme l'aye deuoré, ſoit que le toict des Palais ruinez, l'aye accablé de ſa cheute, ou que l'impitoyable Soldat l'ait priué du iour; il eſt certain, (& ie vous le iure par les Dieux) qu'il n'eſt n'est plus parmy les viuans, & qu'il est entre les morts. Oüy, ce malheureux Enfãt, est certainement où est l'inuincible Hector, où est Priam, où est Troile, où sont tous les Phrigiens, bref où Troye est elle mesme. Et ne me menassez point, de me faire changer de discours, par la violence des tourmens, car il n'en est aucun qui le puisse. Ne me menassez non plus de la mort, menassez moy plustost de la vie, puis que ie la crains plus que l'autre, & qu'elle m'est aujourd'huy vn suplice insuportable. Quoy, vous ne me croyez pas! quoy, vous ne m'écoutez point! & vous persistez encor, au dessein impie que vous auez de violler la sainteté des Tombeaux! écoutez moy toutefois, Vlisse, écoutez moy; & ne doutez nullement, de l'imprecation que ie vay faire. Puissay-je éprouuer de nouuelles infortunes, puissay-je sentir tous les maux qu'vn ennemy en colere me peut souhaiter, si Astianax n'est entre les morts, & si ce malheureux Enfant n'est sous la Tombe. Ha, le Barbare ne me croit pas! ou peut-estre il me croit trop; & ie l'ay mieux persuadé, que ie ne voulois qu'il le fust. Il me quite, il va toûjours, il touche déja ce Tombeau, qui contient tout ce que i'ay aimé, & de plus tout ce que i'aime. C'en est fait, ie suis perduë; c'en est fait, Astianax est perdu; & rien ne nous peut secourir. O toy, Ombre du Grand Hector, qui vois l'intention sanguinaire de ce Bourreau; sorts, sorts (dis-je) de ta Sepulture, pour deffendre ton Fils & le mien. Montre toy au cruel Vlisse; mais montre toy aussi redoutable, que tu le parus à tous les Grecs, lors que tu rompis les portes de leur Camp, & que tu fus porter la flâme, iusques dedans leurs Vaisseaux. Aparois terrible à ses yeux, oppose toy deuant ses pas, repousse sa main sacrilege; & s'il est possible, deffends encor mieux ton Tombeau, que tu ne deffendis nos murailles. Sorts enfin, sorts il en est temps, si tu veux sauuer ce que ie t'ay baillé en garde. Ha, iuste Ciel! tout m'abandonne en ce malheur, & mesme iusqu'à mon Hector. Sorts donc toy mesme, Astianax, sorts de cette Sepulture, où l'on te va faire rentrer; puis que c'est en vain que i'ay tâché de te faire trouuer la vie, où les autres trouuent la mort. Sorts (dis-je) Enfant infortuné, & & viens toy mesme essayer d'obtenir ta grace, que ie demanderois inutilement. Le voilà, Vlisse, le voilà cet ennemy redoutable, qui fait tant de peur aux Grecs: voyez si ses mains sont fort propres, à reparer les ruines de Troye, & si elles sont assez fortes, pour releuer les superbes murs d'Illion. Et toy, mon Fils, prosterne toy deuant Vlisse, embrasse luy les genoux, oublie ce que tu as esté, & ne te souuiens que de ce que tu es : demande luy qu'il sauue tes iours, puis que luy seul en est le Maistre : n'ayes aucune repugnance à cette bassesse, puis qu'elle n'est pas moins forcée qu'elle est necessaire: ne te souuiens en cette occasion, ny de tes Ayeuls, ny des Sceptres qu'ils ont portez, ny d'Hector mesme ; & te souuiens seulement, que tu n'es pas moins Esclaue qu'ils furent Rois. Prie mon Enfant, prie Vlisse qu'il ait quelque pitié de ta jeunesse ; acorde quelques larmes aux miennes, & à mes prieres, pour en moüiller la main de ce Prince Grec ; & pour luy amollir le cœur:

il m'obeït, Vlisse, il m'obeït, malgré cette noble fierté qu'il tient de son Pere, & vous le voyez à vos pieds ainsi que moy. Tiendrez vous contre vne innocence si aimable, & contre vne affliction si digne d'estre consolée ? oüy Barbare, oüy, ie le voy bien dans vos yeux, & vostre silence me le dit assez. En vain ce genereux infortuné, a fait ce qu'il ne desiroit, & ce qu'il ne deuoit pas faire; & en vain i'ay fait tout ce que i'ay dû. Et bien, mon cher & malheureux Enfant, meurs puis que tu ne sçaurois plus viure; & que ce Tigre ne le veut pas. Tu n'as qu'à rentrer dans ce Tombeau, duquel tu viens de sortir : mais rentres-y pour toûjours, déplorable Creature, de peur que le Barbare Vlisse, ne le prophane ou ne l'abate, & rends au moins en mourant, ce pieux office à ton Pere. Oüy, va mon cher & trop aimable Fils, va quelques momens deuant moy, rejoindre l'Ombre du Grand Hector, & luy porter mes dernieres pleintes. Il te presente déja la main, & déja toute nostre Ville t'attend comme luy; car Troye est entierement enseuelie comme il l'eſt, & comme nous l'allons eſtre. Meurs donc, mon Aſtianax, puis qu'il faut mourir; mais meurs en Fils d'Hector, c'eſt à dire genereuſement. O Ciel! il m'obeït encor vne fois! il part plus fier que celuy qui le meine: il marche, il va, ie ne le voy plus, & ie ne le verray iamais. Ha, ie tombe! ie pâme: & ſi les Dieux ont quelque pitié, ie meurs.

EFFET
DE CETTE HARANGVE.

Elle n'obtint rien, cette miserable Mere; car les Grecs precipiterent son Fils du haut d'vne Tour, & elle ne mourut pas. Veritablement il estoit dificile, d'estre assez eloquente pour persuader, dans vne affliction si grande : il semble toutefois qu'elle le fit en quelque façon; puis qu'ayant entrepris de prouuer, que les Tombeaux doiuent estre inuiolables, celuy d'Hector ne fut pas enfin viollé.

BRISEIS
A
ACHILLE.

DOUZIESME HARANGUE.

ARGVMENT.

Achille estant deuenu amoureux de Polixene, aux funerailles d'Hector, voulut pour faciliter l'heureux succez de ses amours, faire la paix entre les Troyens & les Grecs : & pour reuoir sa nouuelle Mestresse sur vn si beau pretexte, il fut mesme dans Troye pendant que la tresve duroit. Vne chose si extraordinaire, fit murmurer tout le monde dans le Camp, & le rendit suspect à toute l'Armée: mais entre les autres, Briseis Princesse captiue, qu'Achille auoit beaucoup aimée, auant cette infidelité, en receut vne affliction sans égale. De sorte que par son interest, & par celuy qu'elle estoit obligée de prendre, à la gloire de ce Prince, elle eut enfin la hardiesse de luy representer, le tort qu'il luy vouloit faire, & celuy qu'il se faisoit à soy mesme. Or comme il auoit l'humeur violente, & l'esprit aisé à émouuoir, cette sage remonstrance ne fit qu'irriter sa colere : de façon qu'il traita Briseis d'Esclaue, & luy parla d'vn ton de Maistre, c'est à dire fort imperieux. Cette iniuste procedure, mit cette Fille au desespoir : & comme le desespoir fait armes de tout, & que de l'extreme timidité, l'on va quelques-fois iusqu'à l'audace ; elle entreprit de luy soûtenir, QV'ON PEVT ESTRE ESCLAVE ET MESTRESSE.

BRISEIS
O volage autant que braue,
Vois les maux qu'elle a souffers:
Brise ta chaine, ou ses fers;
Sois libre, ou sois son esclaue.

BRISEIS A ACHILLE

OVY, oüy, cruel Achille, ie voy mes fers, & ie sens bien que ie suis Esclaue : quand ie n'aurois iamais veu les vns, & que i'aurois toûjours ignoré l'autre ; le traitement que ie reçois aujourd'huy, ne m'aprendroit que trop quelle est ma condition, & quel est aussi le malheur qui l'acompagne, & la honte qui la suit. Vous estes sans doute mon Maistre, vos actions & vos paroles, me le témoignent assez : & passant mesme de bien loin, au delà des iustes bornes de la puissance legitime, de mon Maistre vous deuenez mon Tiran, & vous me faites souffrir vn suplice, indigne de vous & de moy. Mais quelque orgueil que vous ayez, & quelque humilité que vous desiriez que i'aye, ie ne sçaurois oublier en portant vos fers, que ie deuois porter vne Couronne; que ie ne suis pas née ce que vous voulez que ie meure; que ma main estoit destinée au Sceptre, & non pas aux chaines; & qu'en m'ostant le Thrône vous ne m'auez pas osté le cœur. Comme on tient les Royaumes & les Empires de la Fortune, & qu'elle est auare & capricieuse, elle peut oster ce qu'elle a donné: mais comme on ne tient la generosité que de la Nature, & qu'elle est trop sage pour changer d'aduis, & trop liberalle pour reprendre iamais ses dons; on la conserue iusques au Tombeau; on la fait voir libre au milieu de la seruitude; & on la fait enfin triompher des Tirans, comme de la tirannie. N'attendez donc pas que ie continuë à me pleindre laschement, de vostre infidelité; que ie verse des larmes honteuses; & que ie les verse inutilement; que ie donne la satisfaction à ma Riualle, de voir ma honte au iour de sa gloire, & ma douleur parmy ses plaisirs; & bref, que i'adiouste moy mesme à mes disgraces, celle de ne les sçauoir pas souffrir. Non, Achille, non, ie ne me pleindray plus de vostre inconstance, ie ne vous apelleray plus ingrat, ie ne vous nommeray plus volage, & ne vous feray plus des reproches que vous n'écouteriez pas, ou que vous écouteriez en fureur. Continuez de me trahir si bon vous semble, passez du Camp des Grecs parmy les Troyens, de nos Tranchées dessus leurs Ramparts, & si ce n'est encor assez, adorez vos ennemis. Baisez (dis-je) la main de Polixene, si elle est assez lasche pour endurer, que celle du meurtrier d'Hector son frere, ose aprocher de la sienne: & n'oubliez rien de tout ce qui la peut satisfaire, de tout ce qui me peut causer de l'affliction, & de tout ce qui vous peut deshonnorer. I'y consens, Achille, i'y consens; si c'est par force ou volontairement, il n'importe, pourueu que vous soyez content; pourueu que vous paroissiez mon Maistre; pourueu que ie paroisse vostre Esclaue; & que ie souffre voftre legereté sans en murmurer. Mais n'atendez pas que i'endure que de l'inconftance vous alliez iusqu'à l'orgueil, & de l'orgueil au mespris ? que vous me reprochiez des fers, que voftre seule cruauté me fait porter ; & que vous me traitiez indignement, parce que ie ne suis pas libre, parce que vous n'eftes pas genereux, & parce que ie suis infortunée. Non, ie vous le dis encor vne fois, & ie vous le diray plus de mille ; ie ne sçaurois auoir cette basseſse, & quand voftre inhumanité deuroit me condamner au suplice, i'aimerois encores mieux le souffrir que le meriter. Quoy, Achille ! ne vous souuient-il plus déja, que ie vous ay veu baiser mes fers par respect, & n'oser baiser la main qui les portoit ? que ie vous ay veu faire gloire d'obeïr, à celle que vous pouuiez commander ? que ie vous ay veu traiter de Reine, celle que vous traitez d'Esclaue ? & pour dire tout en peu de paroles, que ie vous ay veu Captif, de voftre propre Captiue ? d'où vient donc vn changement si étrange ? eftoy-je plus libre que ie ne suis, ou suy-je plus Esclaue que ie n'eftois ?

stois? estiez vous moins Souuerain que vous n'estes maintenant, ou estes vous plus absolu, que vous ne l'estiez alors? auons nous changé de condition l'vn & l'autre, ou si i'ay changé de visage? estiez vous aueugle, Barbare Achille, ou si vous l'estes deuenu? manquiez vous de iugement, au temps où vous m'auez adorée, ou si vous en manquez aujourd'huy, que vous ne m'adorez plus? en vn mot, estiez vous idolastre en ce temps là, ou si vous estes impie en celuy cy? Ha, non, non, nulle de toutes ces choses n'est aduenuë: ie suis toûjours ce que i'estois, vous estes toûjours ce que vous estiez, au moins quand à la Fortune: & s'il n'estoit non plus arriué de changement, en vostre cœur qu'en mon visage, & qu'en vostre condition; ie verrois encor à mes pieds, celuy qui ne souffriroit qu'à peine, que ie me jettasse aux siens; i'entendrois encor prier, celuy qui me dit des injures; ie receurois encor des submissions, de celuy dont ie reçoy des outrages; ie verrois encor son humilité, & ne verrois point son orgueil; & bref, i'aurois encor en vous vn Amant respectueux, & non pas vn Tiran ſuperbe. Vous croyez donc (à ce que ie puis comprendre, par l'impitoyable & fiere reſponſe que vous m'auez faite) vous croyez (dis-je) que le commandement & la ſeruitude, ſont des choſes incompatibles en amour, comme elles le ſont à la guerre ; qu'on ne ſçauroit donner des Loix, & en receuoir ; & qu'on ne ſçauroit ſeruir & regner. Mais que vous eſtes abuſé, ſi vous auez cette croyance ! & que vous connoiſſez peu, la puiſſance de l'Amour, ſi vous la faites releuer de celle de la Fortune : quand ceux de qui ie tiens la vie, n'auroient iamais porté que des Houlettes, ny veu de Sceptres qu'en la main d'autruy ; quand ie ſerois née dans vne Cabane, & non pas dans vn Palais ; diſons plus, quand ie ſerois née auec ces chaines, dans leſquelles vous me voulez faire mourir ; quand ie ſerois non ſeulement Eſclaue, mais Fille d'vn Pere qui l'auroit eſté ; & au contraire, quand voſtre Empire ſeroit auſſi grand que toute la Terre ; quand la Prouince de Phitie, ſeroit Meſtreſſe de tout l'Vniuers ; & que Pelée, ou Achille meſme, commanderoit à tous les hommes, comme il commande aux Mirmidons ; cela n'empescheroit pas, que Briseis ne fust Souueraine, si Briseis estoit aimée ; & qu'Achille ne luy obeïst, si Achille sçauoit aimer. C'est vne des marques la plus illustre, de la puissance de l'Amour, que celle d'abaisser des Thrônes, ou d'y éleuer des Bergeres ; de faire voir la Couronne sur vn beau front, qui n'auoit iamais porté que des Guirlandes ; en vn mot, de faire voir des Esclaues Reines, comme des Rois enchainez. Lors que deux aimables personnes, sont veritablement touchées, de cette noble passion ; comme elles n'ont rien ny l'vne ny l'autre, qui ne leur deuienne commun, elles font vn échange glorieux, des marqnes du malheur de l'vne, & de la grandeur de l'autre, afin de n'auoir rien de separé, ny rien qui les rende differentes. L'Amant prend les fers de sa Mestresse, la Mestresse prend le Sceptre de son Amant ; celuy qui commandoit obeït ; celle qui obeïssoit commande ; & comme l'obeïssance est volontaire, le commandement n'est point rigoureux. Il tremble cependant, ce Vainqueur qui faisoit trembler des Prouinces ; il obserue les moindres regards, de cette Reine Electiue ; il est complaisant, il est humble, il est mesme respectueux ; il craint de la fâcher, il cherche à luy plaire ; & comme il aime, il ne veut aussi qu'en estre aimé. Il prefere sa moindre faueur à l'or de son Sceptre, & aux perles de sa Couronne ; il se croit riche quand il donne tout ; & bref, il croit que c'est regner que seruir ainsi. Voilà, orgueilleux & fier Achille, voilà, de quelle façon on voit viure, les veritables Amans, & les veritables genereux. Iamais aucun reproche ne leur échape, iamais aucune aigreur ne se mesle à leurs discours : au contraire, la moindre injure leur sembleroit vn blaspheme, & la moindre insolence vn sacrilege indigne de pardon, & digne d'vn grand suplice. Que si quelque autre auoit l'audace, d'oser fâcher leur Mestresse, bien loin de la fâcher eux mesmes ; vne passion en exciteroit vne autre ; l'amour les porteroit à la haine, la haine à la fureur, & la fureur à la vengeance. Ils seroient prodigues de leur sang, comme ils l'auroient esté de leurs richesses ; ils s'exposeroient pour sa gloire, & croiroient s'exposer pour la leur ; & quand ils perdroient le Sceptre & la vie pour la deffendre, ils croiroient encor gagner en perdant, & n'auoir fait que ce qu'ils deuoient ; tant il est vray, que l'amour égale les personnes differentes, & confond leurs interests. En effet, comme l'amour des Sages ne doit iamais estre vn Amour aueugle, & qu'ils doiuent toûjours aimer par connoissance, comme par inclination ; que la beauté de la vertu leur doit autant plaire, que celle d'vn visage aimable ; que les perfections de l'esprit, les charment autant que les perfections du corps ; & que leur cœur est plus touché, par les qualitez de l'ame, que par les dons de la fortune ; pourquoy faut-il qu'apres auoir aimé, ce qu'ils ont iugé digne de l'estre, ils veuillent ne l'aimer plus ? pourquoy faut-il qu'on les voye changer, puis que la vertu ne change point ? & pourquoy faut-il qu'ils perdent iusques au respect, puis que mesme cette beauté qui les rendoit respectueux, n'a rien perdu de son esclat ? croyez moy, Achille, soit que la vertu regne ou obeïsse, soit qu'elle soit sur le Thrône ou dans les fers; & soit mesme qu'elle soit née sous la Pourpre ou sous les lambeaux, elle est toûjours également aimable, & toûjours également digne de respect & de veneration. Il n'y a que le Peuple grossier & stupide, qui iuge des choses par l'éclat qui les enuironne & qui l'éblouït; & qui fasse la difference des personnes, par la difference des conditions. Tous ces ornemens empruntez, n'ont rien d'essenciel ny de solide: & si l'on n'est estimable, que par l'or & par les diamans des Couronnes, il ne faut estimer que les Orphevres & les Lapidaires qui les font briller; ou tout au plus, que la Terre qui les produit. Ha, non, non, toutes ces choses que le vulgaire apelle precieuses, le sont trop peu, pour estre l'objet d'vn esprit grand & raisonnable: & tout ce qui vient de la Fortune a trop peu de prix, pour en estimer moins la vertu, quand elle n'en est plus parée, & pour empescher auec iniustice, qu'on ne puisse estre Esclaue & Mestresse. Mais suposons (quoy que faussement & sans raiſon) qu'il faille que la naiſſance ſoit illuſtre, pour pouuoir pretendre à la gloire de retenir vn illuſtre priſonnier, qui ſe l'eſt rendu de ſa priſonniere; qu'il faille (dis-je) que les fers de cette heureuſe Eſclaue, ayent eſté forgez du meſme or, dont eſtoit le Sceptre que ſon Pere portoit autrefois; ou trouuez vous par là, que Briſeis ſoit indigne de l'amour d'Achille, & digne de s'en voir mépriſée? vous eſtes Fils d'vn Roy, ie l'aduouë; mais le mien ne l'eſtoit-il pas? il y a des Couronnes dans voſtre Maiſon, ie le confeſſe; mais n'y en a t'il pas eu dans la mienne? vous deuez monter au Thrône, ie ne le puis nier; mais ne m'en auez vous pas fait deſcendre? vous nous auez vaincus, i'en ſuis d'acord; mais ne pouuions nous pas vous vaincre? ie ſuis voſtre Eſclaue, il eſt certain; mais ne pouuiez vous pas eſtre le noſtre? ie porte vos fers, chacun le voit; mais ne pouuiez vous pas porter nos chaines? vous me pouuez mal traiter, ie n'en doute point; mais ne ſerez vous pas vn Barbare ſi vous le faites? vous pouuez m'abandonner, il eſt vray; mais ne ſerez vous pas vn perfide si vous m'abonnez ? vous pouuez aimer Polixene, ie le voy trop; mais ne serez vous pas sans raison, si vous aimez vos ennemis? vous pouuez aller dans Troye, ie le concede; mais ne serez vous pas insensé, de vous fier aux Troyens? vous pouuez mesme trahir les Grecs, qui ne le sçait? mais ne serez vous pas vn lasche de les trahir? Ha, ie voy bien cruel Achille, que ce dernier reproche, vous est plus insuportable que tous les autres; que vous auez beaucoup de peine à le souffrir; & que ce n'est pas sans dificulté, que vous retenez en quelque façon, la fureur qui vous est si naturelle. Il n'importe toutesfois, il n'importe; & quand vous la deuriez faire éclater sur ma teste, la part que ie prends encor malgré moy, à tout ce qui vous regarde, m'oblige à ne vous point celer, ce que les autres n'osent vous dire. Aprenez donc (si vous estes assez aueugle, pour ne l'apercevoir pas) que tout le Camp murmure contre vous; qu'Agamemnon que vous auez offensé, se sert de cette conjoncture pour se vanger, & pour vous descrier parmy les Grecs;

Grecs; qu'Vlisse ne fait plus agir son eloquence que sur ce sujet, & que la facilité qu'il a de parler, & de parler bien, vous est vne dangereuse ennemie; que le sage Néstor vous blâme tout haut, luy qui en toute autre occasion, a toûjours témoigné tant de retenuë; qu'Aiax mesme qui n'est pas peu de vos amis, est reduit à la facheuse necessité, ou de ne pouuoir rien dire pour vous deffendre, ou de quereller à faute de meilleures raisons, ceux qui condamnent vostre procedure; que Thersite par vne raillerie piquante, s'ataque à vostre reputation, & fait rire tout le monde à vos dépens; & bref, qu'Idomenée, Diomede, & tous les autres Princes Grecs, sont resolus de n'endurer pas, vne chose si peu raisonnable. Chacun vous obserue soigneusement; chacun remarque toutes vos paroles; chacun considere toutes vos actions; & vous passez aujourd'huy dans nostre Camp, plustost pour vn Espion des Troyens, que pour vn des Chefs de nostre Armée. Ie voy bien que vous me voulez répondre, par la colere qui s'alume dans vos yeux, que vous sçauez l'art de les faire taire; que vostre main est plus redoutable que leur langue; & que s'ils sçauent vous faire vn outrage, vous sçaurez encor beaucoup mieux les punir & vous vanger. Mais Achille, il faut donc tailler en pieces toutes nos Troupes; combatre tous nos Capitaines; & faire mourir tous nos Soldats: c'est à dire, il faut faire ce que les Troyens ne peuuent & n'osent entreprendre; il faut aller tenir la place d'Hector; il faut aller vous des-honnorer. Peut-estre n'auez vous pas vne pensée si criminelle; peut-estre ne voulez vous seulement, que vous retirer dans vos Tentes, comme vous fites autrefois: afin que par le des-auantage que les Grecs auront, lors qu'ils combatront sans vous, ils connoissent & sentent en mesme temps, le tort qu'ils ont de vous facher, & de n'aprouuer pas aueuglement, tout ce qui vous plaist, & tout ce qui vous peut plaire. O Achille! sont-ce là les sentimens d'vn Heros, qui n'a que la gloire pour objet, & qui par mille grandes actions, aspire à l'immortalité? doit-on preferer son interest particulier, à l'interest general; son injuste passion à l'equité ; & le bien de ses ennemis, au respect de sa Patrie? doit-on se croire plus sage que tous les autres, quand on ne l'est point du tout? doit-on estre juge en sa propre cause? doit-on écouter ses propres desirs, & n'écouter pas la raison? & s'il est vray que l'on ait sceu bien aimer (ce que ie ne sçaurois croire) doit-on orgueilleusement soûtenir, qu'on ne peut estre Esclaue & Mestresse? certainement, Achille, il y a quelque chose de si étrange en vostre procedure, qu'on ne la sçauroit comprendre : plus on la considere, moins on l'entend ; & ie pense que vous ne l'entendez pas vous mesme. Pour moy ie vous aduoue, qu'elle m'est inconceuable, & que ie ne puis imaginer, par quels bizarres motifs, vous pouuez vous y porter : car pourquoy quereller outrageusement Agamemnon, lors qu'il m'arracha d'entre vos mains, si vous ne me trouuez point aimable? pourquoy vous retirer dans vos Pauillons, & y soûpirer amerement, puis que vous n'aimez point la cause de vostre retraite? pourquoy voir deffaire nos Bataillons, & ne les secourir pas, si l'on ne vous oste que ce que vous voulez perdre? pourquoy souffrir qu'Hector rompe les portes de nostre Camp sans vous y opposer, si cette cause de vos differens, vous peut estre indifferente? pourquoy endurer qu'il porte la flâme dans nos Vaisseaux, sans y courir pour l'éteindre, si celle de l'amour que vous auiez pour moy, est éteinte dans vostre cœur? pourquoy exposer la vie de Patrocle, le plus cher de vos amis, & estre cause de sa mort, si ma vie ne vous est point chere? & pourquoy enfin, me reprendre des mains d'Agamemnon, si ie ne vous suis plus agreable? respondez, Achille, respondez, à ce que ie veux sçauoir: ie vous en suplie auec humilité, si ie ne suis qu'Esclaue seulement; & ie vous le commande, si ie suis encor Esclaue & Mestresse. Ne m'auez vous reprise aupres de vous, superbe & fier ennemy, que pour m'employer à des choses basses & seruiles? auez vous beaucoup de Captiues qui portent des fers, dont les Peres ayent porté des Couronnes? croyez vous qu'vne main destinée au Sceptre, sçache bien s'aider d'vne éguille, & que celle qui est acoûtumée à commander, puisse s'acoûtumer à obeïr? croyez vous quand vous me traiterez ainsi, que ie le puisse voir & viure? croyez vous que ie sois sans courage, comme vous estes sans raison & sans pitié? croyez vous que vos chaines arrestent l'ame comme le corps, & qu'vn coup genereux ne me puisse pas rendre la liberté, & m'affranchir de vos tirannies? Ha, si vous le croyez de cette sorte, que vous connoissez peu vos cruautez, & que vous connoissez mal Briseis! que vous sçauez peu ce qu'est la mort, & que vous sçauez peu ce que ie souffre! Quand elle se presenteroit à mes yeux, auec tout ce funeste & sanglant équipage, que la Barbarie des Tirans luy peut donner; quand ie la verrois accompagnée de Bourreaux, de foüets, & de flâmes; quand on inuenteroit de nouueaux suplices, pour vous plaire & pour m'affliger; ie prefererois toutes ces choses, au miserable estat où ie me voy: & me resoudrois plustost à les souffrir toutes, qu'à souffrir vos outrages & vos mespris: car enfin, l'on peut estre Esclaue & Meſtreſſe, mais l'on ne peut eſtre Eſclaue ſans eſtre Meſtreſſe, apres la gloire de l'auoir eſté. Ie pouuois viure ſans cette gloire, mais ie ne puis viure & la perdre : ie pouuois me reſoudre à demeurer dans vos fers, mais ie ne puis me reſoudre à y rentrer : ie pouuois endurer la colere de mon vainqueur, mais ie ne ſçaurois endurer le meſpris de mon Amant : ie pouuois lors me ſouuenir que i'eſtois voſtre Eſclaue, mais ie ne puis maintenant oublier, que vous auez eſté le mien : en vn mot, vous pouuez eſtre inconſtant & barbare, mais ie ne puis eſtre inſenſible, & n'auoir point de reſſentiment. O cruel & déraiſonnable Achille ! ne l'eſtes vous point encor aſſez, pour croire que ie ſeray meſme trop honnorée, de ſeruir l'aimable & nouuel objet de voſtre nouuelle flâme ? n'auez vous point aſſez d'aueuglement, pour eſperer que ie ſeray ſa Captiue, comme vous dittes que ie ſuis la voſtre ? n'atendez vous point de ma complaiſance & de mon adreſſe, le ſoin de luy choiſir vn habillement qui la pare, le ſoin de luy ajuſter les cheueux, celuy d'orner ſa coiffure de pierreries, & celuy de tâcher encor, d'adiouster de nouuelles graces, à celles qu'elle receut en naissant, afin que l'Art acheue en elle, ce que la Nature a si glorieusement commencé? ne voulez vous point que ie vous vante ses perfections, que ie vous parle de ses attraits, que ie vous fasse remarquer l'éclat de ses yeux, l'éclat de son teint, & celuy de tout son visage, afin d'augmenter vostre amour, & vostre plaisir tout ensemble? ne voulez vous point qu'en suite, i'aille entretenir cette belle Phrigienne, des rares qualitez qui sont en vous? que ie luy vante vostre cœur, que ie luy parle de vostre adresse, & sur tout que ie luy fasse valoir vostre constance que ie connois bien, afin d'alumer dans son ame, ce beau feu qui brule la vostre? mais ne voulez vous point pour preuuer ce que ie luy dois dire de vostre valeur, que ie la fasse souuenir, que vous auez assiegé Troye, que vous auez mille fois batu les Troyens, & que vous auez fait perdre la vie à son frere? ne voulez vous point que ie luy fasse connoistre hautement, vostre liberalité, par l'argent que vous priſtes pour rendre le Corps d'Hector, & voſtre courtoiſie, par les menaſſes que vous fiſtes à Priam, lors qu'il vint vous le demander dans vos Tentes? O Barbare que vous eſtes! ſont-ce là vos intentions? mais ô laſche que ie ſuis moy meſme! n'ay-je point de honte de ce que ie fais? & ne dois je pas rougir, de ce que malgré mon deſſein & mes premiers diſcours, ma colere meſme eſt vne marque de ma paſſion, ou pour mieux dire de mon erreur? Non, non, ne m'écoutez plus, & n'écoutez plus l'Amour, qui vous parle comme moy, ny la raiſon qui vous parle comme luy: partez, puis que vous voulez partir, & paſſez du Camp des Grecs, dans les Troupes de Phrigie, où la gloire vous attend, auſſi bien que Polixene: quitez vos anciens amis, & allez embraſſer ceux que vous auez combatus, & que vous deuriez combatre: oubliez l'intereſt de voſtre Nation, & perdez tout, iuſques à l'honneur, pour reuoir voſtre Meſtreſse: voyez en riant les larmes de Briſeis, & vous moquez de ſa douleur, ſi toutes-fois ſa douleur, ne vous met point en colere: ioignez

ſes

chaînes aux armes d'Hector, & portez les vnes & les autres, aux pieds de cette Troyenne : & enfin, allez sur le Tombeau d'vn genereux frère, épouser vne lâche sœur. Vous le voulez, le Destin le veut, & quoy que ie ne le veuille pas, il y faut bien consentir; car qui peut resister au Destin, & à l'opiniastreté d'Achille? mais souuenez vous, cruel & aueugle que vons estes, qu'vn Dieu vous a dit par ma voix (oüy ie vous iure que ie sents qu'vn Dieu m'inspire ce que ie dis;) que vous trouuerez la haine, où vous croyez trouuer l'Amour; que vous n'aurez que du regret, où vous pensez n'auoir que du plaisir; que vous serez trahy par les Troyens, comme vous trahissez les Grecs; qu'ils auront autant de finesse, que vous auez de simplicité; que si Polixene vous attend, la Parque vous attend aupres d'elle; que si vous aprochez de Troye, vostre heure fatale s'aproche; que le premier iour de ce tragique mariage, sera le dernier de vostre vie; & que vostre mort me va bien tost faire mourir. Voila ce que le Ciel m'inspire; voilà ce que vous deuriez croire; voilà ce que vous ne croirez pas ; & voilà insensible & insensé, la cause de vostre perte, & la cause de la mienne. Iustes Dieux, il ne m'écoute plus, il s'en va ! la force de la Destinée l'entraine ; ie ne le reuerray point ; il ne me reuerra pas ; il me quite, il va mourir, & ie vay mourir moy mesme.

EFFET
DE CETTE HARANGVE.

L'Infortunée Briseis n'obtint rien, de l'impitoyable Achille, mais sa prediction ne fut pas fausse. Il fut reuoir Polixene, pour ne reuoir plus le iour : & chacun sçait qu'vne des fleches de Paris, l'enuoya dans le Tombeau, pour n'auoir pas voulu croire cette aimable Esclaue, qui sans doute meritoit, d'estre ensemble Esclaue & Mestresse.

DIDON
A
BARCE.

TREIZIESME HARANGVE.

ARGVMENT.

I'Aduouë que ie ne me suis pas peu trouué en peine, lors qu'il s'est agy de faire parler Didon: car d'introduire des Heroïnes; & que celle-là n'en fust point, il n'y auoit nulle aparence, veu la haute reputation que Virgille luy a donnée. De là faire parler apres luy, ce n'estoit pas vne entreprise, ny moins dangereuse, ny plus facile. De traduire simplement ce fameux Autheur, outre que ie l'ay déja fait vne autre fois, c'estoit trauailler beaucoup, & trauailler presques sans gloire. D'entreprendre außi de faire mieux, c'estoit auoir perdu la raison, & ne connoistre ny l'Eneide, ny soy mesme. Enfin le temperamment que i'ay cherché, entre des extremitez également perilleuses, ç'a esté de prendre les choses de plus haut; & de faire parler cette Princesse, apres que Pigmalion son frere, a tué Sichée son Mary. J'introduis donc Barcé Nourrice de Sichée, qui luy conseille de se vanger, & qui luy donne les moyens de pouuoir faire mourir ce frere auare & cruel: mais cette illustre personne, aussi genereuse qu'affligée, ne pouuant aprouuer vn conseil qui n'est pas moins dénaturé, que la premiere action a esté Barbare, le rejette absolument; & soutient mesme à Barcé, QV'ON NE DOIT POINT FAILLIR PAR EXEMPLE.

DIDON
Dans ſa funeſte auanture,
Sa vertu parut au jour;
Puis qu'elle eſcouta l'Amour,
Sans meſpriſer la Nature.

DIDON A BARCE.

HA Barcé, que vous estes inhumaine, de toucher à des blessures si sensibles, & que vous estes injuste, de penser que ie ne les sente point! tout l'art que vous employez, à me representer quelle est ma perte, & quelle est la grandeur du crime, que mon barbare frere a commis; ne dit (quoy que vous le pensiez bien dire) ny quel est cet horrible crime, ny quel est aussi le ressentiment que i'en ay. Il faut estre Didon, pour sçauoir ce qu'elle souffre; il faut auoir perdu Sichée, pour sçauoir ce qu'elle à perdu;

& il faut estre sœur de Pigmalion, & femme de celuy qu'il a massacré, pour connoistre parfaitement, mon malheur & son iniustice. Non, non, ma Mere, ne prenez plus vne peine absolument inutile; & ne tâchez plus de rapeller dans ma memoire, des choses qui n'en sortiront iamais, que ie ne sorte de la vie, & que ie n'entre dans le Tombeau. L'image de mon cher Espoux, est trop bien empreinte en mon ame, pour en pouuoir estre effacée; & le souuenir de ses vertus, est trop bien graué dans mon cœur, pour n'y estre pas eternellement. Ie le voy, & ie le verray toûjours, cet aimable & cher Mary, tel que ie l'ay veu pendant que les Dieux & mon bon-heur me l'ont laissé, & luy ont laissé la lumiere: toutes les graces de son corps, aparoissent à mon esprit; tous les charmes de son esprit, se presentent à ma pensée; & la Nature ne luy auoit rien donné d'auantageux, que l'Amour ne me fasse reuoir à tous les momens, pour m'affliger & pour me plaire. Il me semble entendre sa voix; il me semble voir son visage; il me semble remarquer encor l'amitié qu'il auoit pour moy; la complaisance & le respect, que luy donnoit cette amitié; la tendresse de ses sentimens; le soin qu'il auoit de me les faire paroistre; l'innocence de ses mœurs; la pureté de ses intentions; l'égalité de son humeur; & la bien-veillance mesme, qu'il auoit pour son meurtrier, parce qu'il estoit mon frere. Oüy, Barcé, toutes ces illustres marques d'vne bontê sans exemple, & d'vne vertu sans égale, s'offrent à la fois à mon imagination : & par ma felicité passée, ne me font que trop bien iuger, de mon infortune presente. Les biens que l'on a possedez, & que l'on ne possede plus, deuiennent des maux pour l'ame qui s'en voit priuée : & comme elle est ingenieuse à se tourmenter elle mesme, c'est sur le nombre de ses plaisirs, qu'elle regle celuy de ses douleurs, & par la satisfaction qu'elle a euë, qu'elle mesure la peine qu'elle a. Elle r'apelle en sa memoire, tous les heureux moments qu'elle a passez; elle retrace en son souuenir, toutes les images que le temps en auoit à demy effacées; il ne luy échape rien, de tout ce qui luy plaisoit autrefois, ny de tout ce qui l'afflige maintenant; la moindre action s'offre encor deuant ses yeux; la moindre parole se fait encor entendre à son cœur; & par vn prodige d'amour, autant inconceuable que cruel, les mesmes choses qui faisoient tout son bon-heur, font apres tout son suplice. Voilà Barcé, l'heureux estat où ie me suis veuë, & voilà Barcé, le mal-heureux estat où ie me voy. Mais helas, ces sentimens ordinaires, ne sont pas les seuls que me donne vn desastre si particulier! mon effroyable auanture, a des circonstances qui me la rendent bien plus insuportable, & qui viennent bien mieux à bout, de toute ma patience, & de toute ma raison. Toutes les autres douleurs, ont quelque chose qui les consolle, ou qui les doit consoller: la mienne seule, est priuée de cette assistance generalle, & pour elle il n'est point d'autres remedes, que les Poignards, les Poisons, & les precipices. En effet, si la mort m'auoit osté mon Sichée, apres vne longue vie, & qu'il eust aproché des bornes que les Dieux ont prescrites, à celle de tous les hommes;

ie dirois pour m'affliger moins, c'est vn ordre general, estably en la Nature; c'est vne necessité absoluë, de laquelle personne ne s'est exempté, de laquelle personne ne s'exempte, & de laquelle personne ne s'exemptera iamais. Les Bergers meurent, les Rois meurent, & tout finit en l'Vniuers: ainsi ne nous pleignons point d'vne chose, que tous les Siecles ont veuë, & que tous les Siecles verront; puis que qui dit naistre dit mourir, & que l'vn n'est pas moins naturel, ny moins ordinaire que l'autre. Que si mesme vne infirmité aussi courte que violente, m'auoit rauy mon Espoux, dans vn âge moins aduancé, & dans vn âge où l'on doit plus esperer que craindre, & plus attendre de joye, que redouter d'affliction : i'aurois au moins eu le triste plaisir, de luy rendre les derniers deuoirs, d'vne amitié veritable; de l'assister dans ses maux; de le consoler dans ses souffrances; de partager ses douleurs, pour les luy rendre moins rudes; de mesler mes larmes à ses soûpirs; de luy dire les derniers adieux, & de receuoir les siens. Que si cette noble maladie des grandes ames, ie veux dire l'ambition, l'auoit engagé dans le perilleux dessein, de conquester des Prouinces, & d'assujetir des Rois : & que dans cette haute entreprise, il eust donné des Batailles, & fust mort en les donnant, à la teste de son Armée : la gloire d'vne si belle mort, me consolleroit de la perte de sa vie : & les Trophées que l'on verroit sur son Tombeau, le rendant aussi magnifique que son Thrône, rendroient en quelque façon, ma douleur plus suportable, & mon desespoir plus retenu. Ie le verrois non seulement reuiure, par ces glorieuses marques de son courage & de son pouuoir, mais ie le verrois immortel, en la memoire de tous les hommes, aussi bien qu'il l'est dans mon cœur ; & ie verrois apres sa fin, son illustre renommée, en estat de ne plus finir iamais. Que si la fureur de la Mer, auoit brisé contre des Rochers, vne Galere qui l'auroit porté ; qu'elle l'eust enseuely dans ses ondes, & fait perir dans vn naufrage ; ie dirois pour adoucir l'aigreur de mes sentimens, & pour calmer la violence de mes pleintes ; qui sont ceux qui ne connoissent point l'inconstance de ce barbare Element ? qui sont ceux qui peuuent ignorer, les effroyables effets de ses tempestes ? qui sont ceux qui n'ont point entendu parler, de l'infidelité des vents & des flots ? qui sont ceux qui s'embarquent sans songer qu'en sortant du Port, ils peuuent entrer dans la Sepulture ? & qui sont ceux enfin, qui voyent embarquer leurs amis, & qui leur disent les derniers adieux sur le riuage, sans songer auec autant de crainte que d'espoir, que ces adieux seront peut-estre eternels ? que si par la fureur égale, d'vn element tout contraire, il auoit pery dans le feu, au lieu de perir dans l'eau; qu'il eust esté accablé sous les déplorables ruines, de quelque Ville embrasée; ou qu'vn coup de foudre tombant du Ciel, par vn effet aussi étrange que subit, l'eust reduit en cendre, malgré les fameux Lauriers dont il estoit Couronné; l'exemple de Troye dont nous venons d'entendre parler, m'auroit fait plus aisément souffrir, cette premiere infortune : & la crainte des Dieux qui auroient causé la seconde, m'auroit empesché d'en murmurer, & m'auroit apris qu'il faut vouloir tout ce qu'ils veulent, & se resoudre à ce qui leur plaist. Que si quelque lâche ennemy, dont la trahison seroit aussi detestable & aussi noire, que l'Enfer qui l'auroit causée, auoit attenté sur sa vie, l'auoit fait tomber dans le Piege, que sa malice luy auroit tendu; & par vne cruauté de Tigre, l'auoit deschiré, l'auoit mis en pieces, & l'auoit fait nager dans son sang; pourueu que ce Monstre ne fust pas du mien, si i'estois sans bonheur, ie ne serois pas sans consolation, & la funeste mort de mon Sichée, ne seroit pas sans vengeance. Quand ce traistre auroit autant de Soldats que de crimes; quand i'aurois autant de foiblesse qu'il auroit de force; quand il descendroit dans les Enfers, ou qu'il pourroit s'aller cacher dans les Cieux; quand il mettroit tout l'espace de l'Vniuers entre son cœur & mon bras; i'irois (les Dieux m'en sont témoins) le sacrifier à ma haine, & l'immoller à l'ombre offensée, de mon Espoux massacré. I'irois mesler son sang dans le mien; i'irois luy arracher ce lâche cœur, qui auroit conceu vne si lâche perfidie; i'irois luy faire sentir, ce que peut la vertu desesperée; & i'irois enfin signaller ma iuste colere, & mon iuste ressentiment. Rien ne m'en pourroit empescher; rien ne pourroit retenir ma main; & rien ne le pourroit garantir, d'vn suplice si legitime. Non pas tous les hommes ensemble; non pas tous les Demons auec les hommes; & non pas mesme tous les Dieux auec le Demons: tant ie le poursuiurois opiniastrement; tant mon amour & ma douleur, ioindroient de force à mon courage; & tant i'aurois d'enuie de me vanger, de vanger Sichée, & de punir son assassin. Mais helas, son assassin est mon frere! & c'est ce qui rompt tous mes desseins; & c'est ce qui le sauue de ma fureur; & c'est ce qui m'empesche de le punir; & c'est ce qui m'empesche de vous croire; & c'est ce qui m'aprend qu'on ne doit point faillir par exemple. Oüy, la Nature l'auoit fait naistre mon frere, auant que l'Amour eust rendu Sichée mon Espoux: oüy, i'estois obligée de l'aimer, auant que de sçauoir seulement, si mon Espoux estoit aimable: oüy, ie suis encor obligée, sinon de ne le haïr point, car cela n'eſt pas poſſible; au moins de ne contribuer rien à ſa perte, & de n'imiter pas ſa cruauté. Il a oublié que i'eſtois ſa Sœur, & que Sichée eſtoit mon Mary; mais comme cet oubly eſt vn crime, ie ne dois pas oublier qu'il eſt mon Frere, & que mon Pere eſtoit le ſien, de peur d'eſtre criminelle comme luy. Le ſang de Sichée crie vengeance, mais qu'il la demande aux Dieux, qui ſe la ſont reſeruée, & non pas à moy qui ne ſçaurois répandre le mien. Ie ſerois indigne du iour, ſi la perte de mon Sichée, ne me donnoit vne affliction inconſolable: mais ie ſerois indigne de l'amour de Sichée, ſi ie pouuois tremper mes mains, dans le ſang de Pigmalion. Toutes les choſes du monde, ont des bornes legitimes, qu'on ne ſçauroit paſſer ſans injuſtice: & la Nature a des priuileges, qu'on ne ſçauroit violler ſans impieté. Rien ne peut excuſer vn crime, que l'on commet volontairement: & rien ne peut iamais diſpenſer vne perſonne raiſonnable, de ces ſaincts deuoirs, qui comme des liens indiſſolubles, l'atacherent en naiſſant. Plus la faute de Pigmalion me paroist horrible, plus ie dois aporter de soin, à m'empescher d'en commettre vne semblable; & si ie l'ose dire vne plus grande : puis qu'enfin il est mon Frere, & que Sichée n'estoit pas le sien. Plus i'ay de colere en cette occasion, moins ie la dois croire, de peur de tomber dans le mesme abisme, où ce malheureux est tombé : & plus i'ay de moyens de contenter cette passion, moins ie la dois satisfaire, de crainte que la colere des Dieux, ne veuille punir la mienne, & que leur clemence n'aprouue pas ma rigueur. Car à dire les choses comme elles sont, toutes les passions dereglées, sont également criminelles, quand les effets qu'elles produisent, sont également mauuais : si ie suiuois le conseil violent que vous me donnez, le Barbare Pigmalion n'auroit rien fait par auarice, que Didon ne fist par fureur : & qu'importe si c'est la soif de l'or ou du sang, qui fait commettre ce crime, puis que ce crime est commis ? ce sont deux chemins dangereux, qui quoy que differens vont au mesme lieu, & qui conduisent les pas de ceux qui s'égarent en les suiuant, dans les mesmes precipices. L'auarice est le crime d'vne ame lâche, & le fratricide est le crime d'vne ame enragée. L'auarice trouue son excuse en l'vtilité qui la suit, & le fratricide n'en sçauroit iamais trouuer. L'auarice a mille exemples qui l'authorisent, ou qui semblent l'authoriser; & le fratricide à peine en peut trouuer vn, dans la suite de tous les Siecles, tant il est vray que les Monstres sont plus rares que les meschans. Ie sçay bien que dans vne auanture pareille à la mienne, tout est permis au ressentiment pourueu qu'il soit prompt; ou du moins que la surprise que les sens font à la raison, en ces funestes rencontres, trouue de la pitié dans l'ame des Iuges les moins indulgens. Oüy, l'on peut faire armes de tout en ces occasions; l'on peut repousser la force par la violence; & l'on n'est pas obligé de sauuer celuy qui tâche à nous perdre. Mais lors qu'vn espace considerable, a separé l'outrage de la vengeance; qu'vn temps assez long a dû calmer, le tulmute qu'excite le premier mouuement, dans vn esprit offencé; & que l'ennemy que nous poursuiuons, ne peut se tourner vers nous; sans nous faire voir sur son visage, que nous poursuiuons vn Frere; il faut que la raison nous retienne le bras, quoy qu'il soit déja leué; il faut que la Nature nous fasse tomber le Poignard de la main, quoy que nous soyons en estat de luy en percer le cœur; & il faut mesme qu'vne tendresse legitime, nous fasse verser des larmes, au lieu de verser du sang. Vous sçauez ma Mere, (helas pourray-je me souuenir de ce que ie vay dire, & ne mourir pas!) vous sçauez (dis-je) que lors que mon barbare Frere, ataqua mon aimable Espoux, ie n'oublié rien de tout ce qui pouuoit sauuer le dernier, & de tout ce qui pouuoit perdre l'autre: ie m'exposay hardiment à la fureur de ce sanguinaire; ie luy voulus arracher ses armes; ie luy voulus arracher les yeux; ie luy lancé tout le feu du Sacrifice; & ie me ietté moy mesme au deuant du coup mortel pour le receuoir, & pour en garantir mon cher Mary, qui le receut malgré tous mes soins, & malgré tous mes efforts inutiles. Ce fut là, (vous ne l'ignorez pas) que ie tâché d'acheuer, ce que ie ne veux ; & ce que ie ne dois pas faire maintenant : ce fut là, que ie parus fidelle Espouse de Sichée, comme icy ie parois Sœur de Pigmalion : ce fut là, que ie fis ce que ie deuois, comme icy ie m'empesche de faire ce que ie ne dois pas : ce fut là, que ie suiuis les premiers mouuemens de ma douleur, comme icy ie suy les derniers conseils de la Raison : & bref ce fut là, que i'écouté l'Amour, & icy que i'écoute la Nature. Le premier, parce qu'il auroit fallu estre sans ame, pour estre sans ressentiment ; & le second, parce qu'il faudroit estre sans vertu, & sans la crainte des Dieux, pour suiure ce ressentiment, & pour ne se souuenir pas ; qu'on ne doit point faillir par exemple. Ce n'est pas, ma chere Barcé, que ie condamne absolument en vous, ce que ie n'aprouue point en moy : ie sçay que celuy que nous regrettons, vous tenoit quasi lieu de Fils, & que si vous l'aimiez comme tel, il vous honnoroit comme sa Mere. Ie sçay que vous luy auiez donné le premier laict ; ie sçay que vous auiez formé ses premieres inclinations ; & que vous l'auiez conduit

(s'il

(s'il faut ainsi dire) depuis son Berceau, iusques au pied des Autels des Dieux, dont il estoit Sacrificateur. De sorte que ie ne m'estonne pas, que la perte d'vne personne si chere, & qui vous la deuoit tant estre, vous porte aujourd'huy à des resolutions violentes, contre celuy qui fut son meurtrier. Mais helas, Barcé, vous ne songez pas en m'y voulant porter comme vous, que vous auiez bien éleué Sichée, mais que Pigmalion n'est pas vostre Frere : vous faites peut-estre ce que vous deuez, en me conseillant ainsi; mais ie ne ferois pas ce que ie deurois, si ie suiuois vostre conseil. Vne Nourrice, & vne Sœur, n'ont pas les mesmes pensées : & l'austere vertu dont ie fais profession, ne me permet pas d'écouter, tout ce qui me pourroit plaire; (si toutefois quelque chose me pouuoit plaire, qui s'éloignast de cette vertu.) Ha non, non, il n'est ny iuste ny possible, que Barcé & Didon ayent les mesmes sentimens : leurs naissances sont inégales, leur education l'a esté de mesme, & il faut quasi necessairement, que leurs inclinations le soient aussi. Cessez donc, ma bonne Mere, de murmurer de ma patience; d'accuſer d'inſenſibilité, vn cœur qui n'eſt que trop ſenſible pour ſon repos; & comme ie ne blâme point ce que l'amitié vous fait dire, ne condamnez pas s'il vous plaiſt, ce que l'amitié me fait faire, & ce que vous feriez auſſi bien que moy, ſi le Ciel & voſtre malheur vous auoient miſe à ma place, & que ie fuſſe à la voſtre. Ha non, Barcé, l'Ombre meſme de mon Sichée, n'aprouueroit iamais ce que vous me conſeillez: quoy que Pigmalion ſoit digne de châtimẽt, elle auroit horreur de le voir punir par ma main: & cette Ombre auſſi raiſonnable que genereuſe, apres vne action ſi dénaturée, me regarderoit pluſtoſt comme vne Furie, que comme ſa fidelle compagne. Oüy, elle aimera mieux ſans doute, voir mes yeux baignez de larmes, que ma main tainte de ſang; & fera plus de cas d'vne douleur innocente, que d'vne vengeance coupable: elle aimera mieux que Pigmalion ne ſoit pas puny quoy que criminel, que ſi Didon deuenoit criminelle en le puniſſant: elle aimera mieux que toute la Terre parle de mon affliction, que si toute la Terre parloit de mon fratricide : & elle aimera mieux indubitablement, que mon Ombre entre toute pure dans le Tombeau, comme la sienne y est entrée ; que de la voir toute noircie, apres cette barbare action, errer eternellement à l'entour de ce Tombeau, pleine de honte, de repentir, & de tristesse, sans oser ny pouuoir prendre part comme elle, au repos de la Sepulture. O toy chere Ombre de mon cher Espoux, si des lieux ou l'equité du Ciel & ton innocence t'ont mise, tu peux voir ce que l'on fait icy parmy les hommes ; si tu peux (dis-je) aperceuoir encor les sentimens d'vn cœur, qui ne t'a iamais déguisé aucun des siens, pendant l'illustre cours de ta glorieuse vie ; iette vn de tes regards immortels, sur ce cœur affligé qui t'en conjure ; porte ces rayons lumineux & perçans, iusques dans les secrets les plus cachez, de mon ame desesperée ; & vois si elle n'a pas encor pour toy, toute l'estime, toute la tendresse, & toute la passion qu'elle doit auoir. Considere tous ses soûpirs, examine toutes ses paroles, penestre mesme toutes ses pensées ; & remarque si ses pensées, si ses paroles, & si ses soupirs, n'ont pas toûjours pour vnique objet l'amour de Sichée, & le regret de sa perte. Obserue, obserue, ie t'en conjure encor vne fois, tous les mouuemens de ma douleur & de mon esprit, & si tu n'en es plainement satisfaite, ie suis preste à te satisfaire. Ma main qui veut épargner le sang de ton assassin, n'épargnera pas celuy de Didon, si Didon se trouue coupable : & si la pitié que i'ay pour vn criminel, me rend criminelle moy mesme, ie te proteste que ie n'en auray point pour moy, apres en auoir eu pour luy ; & que i'executeray en ma personne, ce que l'on me conseille d'executer en la sienne. Mais cependant, me direz vous, Sichée estoit vostre Mary ; mais vous répondray-je Barcé, Pigmalion est mon Frere. Mais il a répandu le sang de vostre Espoux ; mais ie répandrois mon propre sang, en celuy de ce barbare. Mais il a outragé vostre Amour ; mais i'outragerois la Nature. Mais Pigmalion est vn meschant ; mais ie serois vne abominable. Mais il a failly le premier ;

mais on ne doit point faillir par exemple. Mais aucun ne ſçauroit voſtre crime; mais ne le ſçauroy-je pas moy meſme? mais perſonne ne le verroit; mais les Dieux ne le verroient ils pas? mais vous demeurerez ſans vengeance; mais ie demeurerois ſans gloire. Mais ſi vous ne perdez Pigmalion, il vous perdra; & bien, qu'il me perde, l'injuſte & le ſanguinaire qu'il eſt, & qu'il acheue de me tuer, apres auoir commencé de m'oſter la vie, en l'oſtant à mon Sichée. Ce ſecond crime ſera peut-eſtre plus grand que le premier, mais i'en ſeray bien moins affligée. Ie me pleindray toûjours de l'vn, & ie luy rendray grace de l'autre. En m'oſtant mon Eſpoux, il m'a rauy tout ce que i'aimois; en me priuant du iour, il m'oſtera ce que ie deteſte. Oüy, la clarté du iour m'eſt odieuſe, parce qu'elle ne me fait plus voir mon Mary, & qu'elle me fait voir ce perfide. Tout ce qui me plaiſoit m'eſt inſuportable; tout ce qui me demeure ne m'eſt plus rien; tout ce que les autres fuyent eſt ce que ie cherche; & la mort qui eſt l'objet de la crainte de tout le monde, eſt maintenant l'vnique objet de mes desirs. Il n'y a plus aucune chose en la Nature, qui touche mes inclinations; il n'y a plus rien en tout l'Vniuers, qui les puisse iamais toucher; & quand par vn desordre general, cette grande & merueilleuse Machine seroit renuersée, si le Tombeau de mon Espoux demeuroit debout, ie n'aurois rien perdu dans vne perte si vniuerselle, & en conseruant ces cheres Cendres, i'aurois conserué tous mes Thresors. Cependant Barcé, (ie vous l'adiouë) quelque grand que soit ce détachement, il y a encor deux choses qui ne peuuent m'estre indifferentes, & que ie ne sçaurois iamais oublier. C'est l'innocence & la gloire; c'est ma vertu, & c'est ma reputation. Ie les aimois auant que d'auoir aimé Sichee; ie les aimois tant que Sichée a vescu; ie les aime apres que Sichée est mort; & ie les aimeray tant que ie meure moy mesme. Elles sont (s'il faut ainsi dire) des parties essencielles de mon ame, qui ne peuuent m'abandonner qu'auec elle, & qui ne peuuent finir qu'auecques moy. La Fortune peut tout m'oster, puis qu'elle m'a osté Sichée: mais i'en excepte toûjours l'innocence & la gloire, qui ne releuent point de son pouuoir. Pigmalion peut m'oster la vie, puis qu'il m'a déja osté, ce que i'estimois plus qu'elle: mais i'espere qu'il ne m'ostera point cette innocence & cette gloire, qui ne dépendent pas de sa cruauté. Vous pouuez redoubler mes peines, par vos injustes reproches; vous pouuez tenter ma vertu, par vos injustes conseils; mais si les Dieux ne m'abandonnent aux mauuais conseils de vostre colere & de mon desespoir, cette innocence & cette gloire triompheront des vns & des autres; & loin de faillir par exemple, le crime me fera tant d'horreur en autruy, que ie n'en commettray iamais. Plus ie le verray horrible, en la personne du barbare Pigmalion, plus ie tâcheray de le bannir de la mienne: plus ie seray solicitée de me vanger, plus ie m'éloigneray d'vne vangeance si criminelle: & plus le sang de Sichêe mon Espoux me donnera de fureur, plus le sang de Pigmalion mon Frere, me donnera de respect, quelque meschant qu'il puisse estre. I'ay esté fidelle au premier, ie ne ſeray point cruelle au ſecond : i'ay tâché de conſeruer l'vn ; ie ne ſçaurois me reſoudre à perdre l'autre : i'ay blâmé la perfidie en cet inhumain, ie ne ſçaurois aprouuer la trahiſon en moy : & bref, ie ne ſçaurois ceſſer d'eſtre Didon, c'eſt à dire ſans vanité, ie ne ſçaurois ceſſer d'eſtre vertueuſe ; ie ne ſçaurois ceſſer d'eſtre pitoyable ; ie ne ſçaurois imiter mon Frere ; ie ne ſçaurois oublier que ie ſuis ſa Sœur ; ie ne ſçaurois ſuiure vos aduis ; & ie ne ſçaurois faillir par exemple. Ceſſez donc ma Mere, ceſſez, de tenter vne vertu, qu'vn ſi iuſte reſſentiment n'a point ébranlée : & ne trouuez pas mauuais, que i'écoute pluſtoſt que vous, la Raiſon & la Nature. Ce n'eſt pas que ie me fie aſſez à l'vne ny à l'autre, pour croire qu'auec leur aſſiſtance, ie puſſe toûjours vaincre ce reſſentiment, ſi ie voyois toûjours la cauſe de mes infortunes : non, ie ſçay la force de ma douleur, & la foibleſſe d'vne ame offencée : ie ſçaurois toûjours ce que ie dois, mais ie ne ferois pas peut-eſtre toûjours ce que ie deurois : ainſi pour ne nous rendre pas criminelles, en penſant punir vn crime, oſtons nous les occasions de pecher, qui pourroient enfin nous seduire, Fuyons, c'est tout ce que ie puis en cette rencontre: témoignons par cette fuite, ne le pouuant autrement, que le crime nous fait horreur, puis que nous craignons de le commettre, & que nous nous en ostons les moyens. Mais en fuyant de cette sorte, portons nostre innocence & nostre gloire, iusques au plus haut poinct où elles puissent mõter: & souhaitons en partant, non pas de tuer nous mesmes le barbare Pigmalion, mais que personne ne le tuë. Non pas qu'il sucombe sous nostre fureur, mais qu'il euite celle des Dieux. Non pas qu'il répande son sang dans son crime, mais qu'il répande des larmes dans son repentir. Non pas que ie puisse oublier qu'il est mon Frere, mais qu'il se puisse souuenir que i'estois sa Sœur. Et non pas enfin que ce cruel meure comme il a fait mourir Sichée, & comme il me va faire mourir; mais qu'il viue & qu'il se repente, s'il est capable de ce sentiment, apres auoir perdu la raison. Voilà Barcé, tout ce que vous peut dire vne personne, qui ne s'éloigne iamais de la vertu, qui ne quite iamais l'innocence; qui n'aspire iamais qu'à la gloire; & qui ne se laisse iamais persuader qu'on puisse faillir par exemple.

EFFET
DE CETTE HARANGVE.

LE Lecteur peut iuger que Barcé ne resista pas, à des raisons si puissantes, puis que Didon ne fit point mourir son Frere; puis qu'elle s'enfuit de son Pays, si nous en voulons croire Virgille; puis qu'elle fut en Afrique, bastir les Murs de Carthage; & puis que Barcé mesme l'acompagna dans sa fuite. Quoy qu'il en soit, ie ne serois pas peu glorieux, si cette belle Phenicienne, persuadoit le Lecteur, en persuadant la Nourrice de son Mary: & si son eloquence barbare, estoit soufferte de l'Europe ciuilisée.

CHARICLEE
A
THEAGENE.

QVATORZIESME HARANGVE.

ARGVMENT.

LOrs qu'apres auoir souffert tous ces illustres malheurs, qui composent l'Histoire Ethiopique, Chariclée & Theagene se virent éleuez sur le Thrône ; cette belle & fameuse Heroïne, dans vne conuersation particuliere, qu'elle eut auec son Amant, rapella dans sa memoire, toutes ses peines passées, & les comparant à ses felicitez presentes, il luy sembla que cet agreable souuenir, les augmentoit en quelque sorte. Si *bien que dans les transports de sa joye, elle parla ainsi à Theagene, pour luy prouuer,* QVE QVI N'A POINT EV DE MAL, NE CONNOIST PAS LE PLAISIR.

CHARICLÉE

Sa belle, et fameuse histoire
Enseigne a nostre desir,
Que du mal vient le plaisir,
Et de la peine la gloire.

CHARICLEE A THEAGENE.

ENfin, mon cher & bien aimé Theagene, nous auons passé vne glorieuse Carriere, au bout de laquelle nous trouuons vne Couronne qui ne l'est pas moins : c'est du Port qu'il fait bon songer à l'orage, & parmy le repos & la tranquilité de la Terre, qu'il y a plaisir de se remettre en memoire, la fureur & l'agitation de la Mer. Ces images, quoy que tumultueuses & troublées, ne laissent pas de plaire à l'esprit : elles ont du desordre, mais il est beau, & comme la diuersité est le grand charme de la Nature, celle des euenemens merueilleux, qui composent vne vie aussi trauersée que la nostre l'a esté, ne manquent iamais d'exciter de la joye dans vne ame qui se ressouuient de ses douleurs. Toutes choses (il est certain) paroissent par leurs contraires : & ce n'est que par la seule opposition, que leur difference se fait remarquer, & que leurs aduantages deuiennent sensibles. C'est à l'Ombre que la lumiere doit son éclat ; c'est de la Nuit que le Iour tire sa clarté ; c'est par les Tenebres que le Soleil fait connoistre la splendeur de ses rayons ; c'est la rigueur de l'Hiuer, qui releue l'aimable douceur du Printemps ; ce sont les Espines qui font estimer les Roses ; & bref, c'est certainement des infortunes, que viennent les felicitez ; estant tres veritable, que qui n'a point eu de mal, ne connoist pas le plaisir. En effet, ceux qui n'ont iamais eu que d'heureuses auantures ; qui n'ont iamais éprouué l'inconstance du Sort ; & aux quels les contentemens les plus sensibles, n'ont iamais cousté vn soupir, ny fait répandre vne larme ; les possedent sans en estre possedez ; en ioüissent ſans en ioüir ; & ſont l'objet de leur froideur & de leur mépris, de ce qui pourroit eſtre l'objet des deſirs de tout le monde. Ils ſont riches ſans le ſçauoir ; il ont des Threſors ſans les connoiſtre ; ils ont des biens ſans les gouſter ; & leur abondance les fait pauures. Cette longue ſuite de felicitez, aſſoupit vne ame pluſtoſt qu'elle ne la réueille : & l'habitude n'oſte pas moins la delicateſſe du plaiſir, qu'elle oſte l'aigreur de la peine. L'on s'acoûtume au Sceptre auſſi bien qu'aux fers ; le Thrône n'eſt pas meilleur pour ces gens là qu'vn Siege ordinaire ; & tel porte vne Couronne ſur la teſte, qui ne ſçait quaſi pas s'il en eſt paré. Ces Princeſſes qui apres eſtre nées dans la Pourpre, en ont toûjours eu vn Manteau Royal ; & qui depuis leur Berceau, iuſques à leur Sepulture, ſe ſont toûjours veuës ſous le Dais, dans les Baluſtres, & parmy la Pompe & la Majeſté ; ne ſçauroient comparer leur ſatisfaction, à celle de Chariclée : elle que l'on expoſa en naiſſant ; elle qui n'eſtoit connuë de perſonne ; elle qui ne ſe connoiſſoit pas elle meſme ; elle qui n'eſtoit parée que de ses graces naturelles ; & elle enfin qui de l'extreme misere, a passé en vn moment, à la supréme grandeur. Pour moy (ie vous l'aduouë Theagene) il me semble que i'ay conquesté, le Royaume que la Fortune me rend ; il me semble que ie le tiens de ma vertu, & non pas de ma naissance ; & il me semble que mon merite m'a donné, tout ce que mon amour veut donner à vostre merite. Or comme ce que nous tenons de nostre industrie, ou de nostre generosité, nous est infiniment plus precieux, que ce que nous tenons de la Nature ; il ne faut pas s'étonner, si ie prefere vne gloire qui m'a cousté cent trauaux, à cette gloire que les autres ont sans peine : & si ie trouue que ce n'est que par les dificultez, que l'on arriue au souuerain bien. Non, mon cher Theagene, ce n'a esté que par mes disgraces, que i'ay obtenu mon bon-heur ; ce n'a esté que par mon bannissement, que i'ay eu vostre connoissance ; & ce n'a esté qu'en m'éloignant de l'Ethiopie qui m'a veu naistre, que l'on a veu naistre nostre amour, dans le Temple d'Apollon à Delphes. Ainsi ne sçauroit on nier, que de mon mal n'ait procedé mon bien, & que de mes trauerses ne soit venu mon repos. Qui n'eust dit, lors que nous eûmes quité le riuage de la Grece, & que le Corsaire Trachinus se fut rendu Maistre de nostre Vaisseau, qu'il n'y auoit plus de felicité pour nous ? qui n'eust dit, lors que ce Pirate deuint amoureux de moy, qu'il auroit fallu auoir perdu la raison, pour pouuoir conseruer quelque esperance ? qui n'eust dit, lors qu'vne si grande tempeste s'éleua, que les vagues nous portoient iusques dans le Ciel, & nous laissoient apres tomber iusques au centre de la Terre, que la Mer nous alloit engloutir, & que sa fureur alloit briser nostre Nauire, contre les pointes des Rochers ? qui n'eust dit, lors que ces infames Corsaires furent arriuez à l'emboucheure d'vn grand fleuue, & qu'ils y commencerent vn combat entre eux, dont ie deuois estre le prix, que la Fortune alloit decider leur different, & donner à l'vn des partis, la victoire & Chariclée ? qui n'eust dit apres, me voyant sur ce Riuage desert, au milieu de tant de morts, &

vous tenant blessé entre mes bras, presques aussi mort qu'ils l'estoient, & presques aussi morte que vous l'estiez; que nous allions trouuer nostre Tombeau sur ce bras du Nil, que l'on apelle Heracleotique; & que l'illustre race de Persée dont ie suis descenduë, & que le noble sang d'Achille dont vous estes descendu, alloient perir dans vn lieu sauuage & inhabité? cependant, par la bonté des Dieux qui nous protegerent, rien de tout cela n'arriua: & nous sommes encor en estat de nous consoler, de ces infortunes passées, ou plustost de nous en rejoüir, par nos felicitez presentes. Mais aimable Theagene, dittes moy la verité, ie vous en conjure, & ne me la déguisez non plus, que ie vous déguise mes sentimens: pouuez vous vous souuenir, de la mine affreuse de ces premiers voleurs qui nous prirent, & de l'équipage extrauagant des seconds qui nous osterent aux premiers, sans sentir quelque joye en vostre ame, d'estre hors d'vn si grand peril? ne les voyez vous point encor aussi bien que moy, sortir d'entre ces Rochers, le visage haue & brussé du Soleil, les cheueux longs

longs & negligez; le corps à demy armé, & à demy nud; & ne vous donnent ils point maintenant autant de plaisir, qu'ils me donnerent lors de crainte? c'est d'icy que nous pouuons considerer en liberté, & sans aucune frayeur, cette belle Isle des Pastres, qu'vne si longue espace de Terre marescageuse, & qu'vn si grand nombre de Cannes & de Roseaux, separe de la Terre ferme, & dérobe aux yeux de ceux qui y sont. Vistes vous iamais rien de plus agreable & de plus industrieux, que ce Labirinthe d'eau, que tant de petits sentiers qui s'entrelassent, forment entre ces Roseaux & ces Cannes, par où les Nacelles de ces Brigands se font vn passage, & sçauent trouuer vn chemin, que nul autre qu'eux ne peut démesler? vistes vous iamais vn objet Rustique, qui fust plus diuertissant, apres auoir débroüillé dans vne Nacelle, tous ces détours couuerts dont ie vous parle, que l'est celuy de cette Isle, qui semble s'estre cachée, au milieu de tant d'herbes aquatiques, & de tant de plantes qui ne croissent que dans les Marets? vistes vous iamais rien de plus artiste, & de plus plaisant tout ensemble, que l'estoient toutes ces Cabanes, faites de branches de Palmier entrelassées, & couuertes de longues Palmes, & de grands Rameaux de Laurier entremeslez? & cet objet estant joint à tant d'armes differentes, que ces Larrons tenoient penduës, sur tous les Arbres d'alentour, n'eust on pas dit que cette petite Montagne, estoit vn de ces grands & superbes Trophées, que les Grecs éleuent lors qu'ils sont victorieux? ie sçay bien que vous me direz, que ces plaisirs innocens, n'auoient garde de nous estre sensibles, & que l'amour que Thiamis conceut pour moy, (luy qui estoit Chef de ces Voleurs) nous fit souffrir d'étranges peines: ie sçay bien que vous me direz, que ie me vy separée de vous, & que ie me vy enseuelie toute viuante, dans vne profonde Cauerne: ie sçay bien que vous me direz, que lors que les Egiptiens & les Perses vinrent ataquer ces Voleurs, la ialousie de Thiamis me pensa faire perdre la vie; & qu'il me l'auroit sans doute ostée, si l'obscurité de cette Spelonque, ne luy eust fait prendre la malheureuse Thisbé pour moy: ie sçay bien que vous me direz, que la flâme deuora presques en vn instant, toutes les Cannes, tous les Roseaux, toutes les herbes, toutes les plantes, tous les Arbres, toutes les Armes, & toutes les Cabannes de ces Voleurs: & que l'on eust dit que par quelque enchantement, cet agreable objet estoit disparu, & n'auoit laissé en sa place, que de la flâme, des cendres, & de la fumée: ie sçay bien que vous me direz, que vous eustes vne extréme douleur, lors que vous me creustes perduë, & plus encor lors que prenant Thisbé pour moy, vous creustes que i'estois morte: mais ie sçay bien que ie vous diray, que cette douleur n'aprocha point de vostre joye & de la mienne, lors que vous me vistes viuante, & que ie vous retrouué viuant. Rapellez mon cher Theagene, rapellez dans vostre memoire, ie vous en conjure, mes rauissemens & vos transports en cette occasion: retracez bien dans vostre souuenir, cette image que le temps & vne longue suite d'autres malheurs, en ont peut-estre effacée: examinez bien vostre cœur, comme i'examine le mien: &

dittes moy apres cela, si vous eustes iamais vn contentement plus sensible; si les peines que vous auiez souffertes, n'augmentoient pas vos felicitez; & enfin s'il n'est pas veritable, ainsi que ie le soûtiens, que qui n'a point eu de mal, ne connoist pas le plaisir? mais peut-estre, me direz vous encor, que ces felicitez furent si courtes, qu'elles ne pûrent quasi passer, que pour vn agreable songe: que la Fortune qui nous auoit rejoints, nous resepara bien tost apres, par la cruauté de Mitranes: & que cette derniere separation, trouuant nostre ame toute disposée à la tristesse, cette tristesse entra dans nostre ame, auec toute la furie d'vn insolent vainqueur, qui rauage & qui bouleuerse tout, dans vne place qu'il a surprise. Il est certain (& ie vous l'aduouë) que rien ne se peut comparer aux sentimens d'affliction, que nous eûmes en cette rencontre: & que pour les connoistre parfaitement, il faut les auoir éprouuez, car l'eloquence la plus forte, & la plus persuasiue, n'en sçauroit tracer qu'vn crayon fort imparfait. Ie me voyois separer de tout ce que i'aimois; vous vous voyez ſeparer de tout ce que vous aimiez, & ſeparer pour toûjours. Vous me voyez au pouuoir d'vn Barbare; ie vous voyois vn Maiſtre cruel; & bien-toſt apres (ce qui eſtoit le plus inhumain) vous ne me voyez plus Theagene, & ie ne vous voyois plus. Sans doute ces funeſtes momens, furent ſi douloureux pour vous & pour moy, que ceux meſmes qui les ont ſoufferts, ne peuuent trouuer l'art de le dire. Que ſi de cette triſte auanture, ie paſſe encor à l'aparition de ce mort, que ie vy mouuoir & parler, par la force de la Magie, & par l'impieté de ſa Mere, dont la tendreſſe dénaturée, troubloit le repos de ſon Tombeau, & violloit les dernieres loix de la Nature; ie ne doute nullement, que ie ne vous donne quaſi autant de frayeur, que i'en eus en cette occaſion, & que ie ne vous faſſe partager ma crainte. Car figurez vous vne Fille & le bon Calaſiris, ſeuls au milieu d'vne grande Pleine, toute couuerte d'armes rompuës, de Chars renuerſez; de ſang répandu, de Soldats morts, & de toutes ces tragiques marques, qui ont acoûtumé de ſignaler ces fuuestes lieux, où vne Bataille s'est donnée. Representez vous (dis-je) que vous m'y voyez, & que vous y voyez tous ces funebres objets, par la sombre clarté de la Lune, de laquelle les foibles rayons, perçoient quelques-fois les nuages, & laissoient voir confusément tout ce que ie dis : & quelques-fois s'enseuelissans dans ces nuées, ne laissoient sur ces Campagnes, qu'horreur & qu'obscurité. Figurez vous (dis-je) que vous me voyez au milieu de cet épouuentable desordre, & que du milieu de ces Soldats massacrez, vous voyez tout à coup vn mort par vn mouuement aussi subit que peu naturel, se leuer comme on leueroit vne Statuë, & se tenir quelque temps debout. Deux fois ie le vy leuer comme vn viuant; deux fois ie le vy tomber comme vn mort; deux fois ie vy son visage pasle & defiguré; deux fois ie vy ses yeux tous éteints & tous renuersez, quoy qu'ils parussent ouuerts; deux fois sa bouche s'ouurit, toute morte qu'elle estoit; & deux fois elle parla; mais auec moins de paroles que de soûpirs, & d'vn ton capable de transir d'effroy, l'ame la plus assurée. Cependant mon cher Theagene, toute cette affliction & toute cette frayeur, ne seruirent apres qu'à augmenter nostre joye, lors que par la bonté des Dieux, nous nous rencontrâmes deuant les murailles de la Ville de Memphis. Ce fut là que i'éprouué encor vne fois, que qui n'a point eu de mal ne connoit pas le plaisir : ce fut là que ie connus sensiblement, que l'absence fait trouuer en suite, la veuë de l'objet aimé plus agreable : & ce fut là mon cher Théagene, que i'apris par experience, que ceux qui sont toûjours heureux, ne le sont pas à demy. En effet, ceux qui n'ont iamais perdu vn Thresor, ignorent la joye qu'il y a à le retrouuer, & ne connoissent presques pas, celle que sa possession donne. Il n'apartient qu'aux infortunez, à parler de la bonne fortune : & comme il faut estre dans les profondes Valées, pour iuger de la hauteur des Montagnes, il faut auoir esté dans la misere & dans l'affliction, pour connoistre parfaitement, la felicité & l'abondance. Il passe en ce bien-heureux moment, d'vne rencontre inopinée, certains rayons inuisi-

bles, des yeux d'vn Amant à l'autre, qui portent auec eux iusques dans leur cœur, ce que l'on ne sçauroit dire. Les mots de plaisir, de contentement, de joye, de satisfaction, & de gloire, sont trop foibles pour exprimer vn sentiment si tendre & si delicat: & le silence éloquent de ces deux heureuses personnes, le dit beaucoup mieux que ne le peuuent dire toutes les paroles, & que ne le peuuent representer, toutes les figures de cet Art imperieux, qui se vante d'estre le Maistre des esprits libres, & le Tiran de la volonté. Mais Theagene, comme i'ay dit que les yeux d'vn Amant estoient eloquens, & qu'ils se sçauoient faire entendre, les vostres me confirment en mon opinion: & i'entends bien sans que vous parliez, ce qu'ils veulent que ie comprenne, & ce qu'ils veulent remettre en mon souuenir. Non, non, ie n'ay pas oublié l'indigne amour de ce digne objet de ma haine & de vos mespris; d'Arsace en vn mot, cette cruelle Sœur du Roy de Perse, qui nous donna tant de peine, & qui nous pensa faire perir. Ie sçay que i'auois en elle vne redoutable Riualle;
ie

ſçay qu'elle vous fit porter des fers, à vous qui meritiez de porter vn Sceptre ; ie ſçay qu'ayant découuert noſtre innocente paſſion, ſon artifice criminel me voulut contraindre d'épouſer Alchamene l'vn de ſes Eſclaues ; ie ſçay que ſa fureur vous fit enſeuelir tout viuant, dans l'obſcurité d'vn profond cachot ; ie ſçay que vous y receuſtes des outrages qui me firent horreur, & qui ſignalerent hautement, voſtre amour & voſtre conſtance ; ie ſçay que le deſeſpoir de cette enragée, expoſa ma vie au poiſon ; & que ſi l'équité des Dieux ne l'euſt fait prendre à Cibelé, qui me le vouloit donner, voſtre Chariclée eſtoit perduë ; ie ſçay que l'effroyable malice de cette Perſienne, m'acuſa de cette mort dont elle eſtoit cauſe, & dont i'eſtois innocente ; ie ſçay que ie me vy priſonniere auſſi bien que vous, & que ie fus partager vos chaines ; ie ſçay que des hommes qui eſtoient enſemble Iuges & Eſclaues, me condamnerent au feu, pour contenter cette furieuſe ; ie ſçay que ie me vy ſur le Bucher, toute preſte à y eſtre conſumée ; ie ſçay que la flame m'enuironna de toutes parts, & que iamais l'innocence & l'amour ne furent mises à vne épreuue si dangereuse; mais ie sçay aussi, que par l'assistance des Dieux, & par la vertu de cette pierre que ie portois, que vous autres Grecs appellez Pantarbe, ie marché sur les brasiers comme sur des fleurs, & que ce bucher infame, deuint le Thrône de ma gloire. O mon cher Theagene, dittes moy (ie vous en conjure par nostre amour) si mon Triomphe ne fut pas causé par mon suplice? si vostre joye ne surpassa pas vostre douleur? & si apres m'auoir pleinte comme morte, rien aprocha de vostre contentement, lors que vous me vistes viuante, ou pour mieux dire ressucitée? pour moy, ie vous aduoué qu'apres ce miracle, que les Dieux, l'Amour, & la Nature, firent ensemble en nostre faueur, i'eus des transports d'alegresse, que ie ne sçaurois exprimer: & que ie fus liberallement recompensée par eux, de toutes les peines que i'auois souffertes, & mesme de tous les maux que ie deuois encor souffrir. Vous sçauez de plus, que comme les felicitez sont ordinairement enchainées, aussi bien que les disgraces, celle cy (quoy que tres grande) ne nous arriua pas seule : car nous sortismes des prisons d'Arsace, par l'ordre d'Oroondates, que par vn sentiment de jalousie, de dépit, & de vangeance, Alchamene estoit allé aduertir, de l'impudicité de sa femme. Vous sçauez mesme que nous eûmes la satisfaction d'aprendre que la Iustice du Ciel, s'estoit seruie de la propre main d'Arsace, pour punir ses crimes dans la peur qu'elle eut que son Mary ne les punist : & qu'ainsi toutes nos trauerses, augmenterent nos contentemens, & ne seruirent qu'à nous en faire mieux connoistre la grandeur. Que si vous me dittes qu'aussi tost apres, nous éprouuâmes vne nouuelle affliction, estans pris par des inconnus, qui nous osterent à Bagoas, lequel nous vouloit conduire vers son Maistre Oroondates; ie vous répondray qu'aussi tost apres, nous éprouuâmes aussi vne nouuelle joye, puis que ces Soldats qui nous prirent, estoient d'Ethiopie où nous desirions aller. En effet, ils nous presenterent à Hidaspes, qui sembla d'abord nous vouloir fauoriser, puis que par ses ordres nos chaines de fer furent changées en des chaines d'or, & que nous fumes traitez auec beaucoup de respect. Cependant, mon cher & bien aimé Theagene, c'est icy qu'il faut que ie confesse, que cette esperance fut trompeuse, & que nous nous reuismes de nouueau dans vn déplaisir, qui n'auoit rien qui luy fust égal, que le danger que nous courions. Car enfin, si l'on nous para, ce fut comme des Victimes, que l'on deuoit sacrifier : & si l'on eut quelque respect pour nous, ce fut comme à des offrandes que l'ō destinoit aux Dieux. Certes ie ne sçaurois nier qu'en cette occasion, ma douleur ne fust incomparable : & que ie ne murmurasse long-temps contre l'Oracle, qui m'auoit enuoyée en Ethiopie ; & qui sembloit absolument estre faux, puis que nous trouuions le Tombeau, où il nous auoit fait esperer, que nous trouuerions le Thrône. Mais Theagene, que la conduite des Dieux est cachée & merueilleuse ! & que l'esprit humain est foible, pour la pouuoir descouurir ! sur le poinct que nous estions au pied des Autels ; sur le poinct que nous allions estre immolez; sur le poinct qu'Hidaspes auoit le bras leué, pour poignarder sa propre Fille, en pensant faire vn action de pieté; & bref sur le poinct que nous allions mourir l'vn & l'autre, & mourir d'vne façon si pitoyable; le Destin changea la face des choses; ie fus reconnuë pour ce que i'estois, deuant la Ville de Meroé; mon Sacrificateur se trouua mon Pere; la Victime se trouua sa Fille; Hidaspes & Persine se trouuerent vne Heritiere; le Peuple d'Ethiopie, se trouua vne nouuelle Reine; & Theagene & Chariclée, qui sçauent que qui n'a point eu de mal, ne connoist pas le plaisir, se trouuerent presques heureux. Ie dis presques (genereux Prince) parce que nos aprehensions ne cesserent pas encores: & que la deuotion scrupuleuse de mon Pere, crût que la Nature estoit trop foible, pour l'empescher de s'acquiter de ce qu'il deuoit aux Dieux. Mais si ce zele trop exact, nous donna de la douleur, la voix Publique qui le fit cesser, ne nous donna pas moins de joye. Vous me direz (peut-estre) que ce bonheur inesperé, ne regardoit que moy seule; que ce qui me ſauuoit, ne vous ſauuoit pas; que la main qui m'épargnoit, voulut encor vous ſacrifier; que vous combatiſtes vn Taureau, dont la fougue eſtoit redoutable; que vous combatiſtes vn Geant, dont la force ne l'eſtoit pas moins; que l'on voulut me faire épouſer Meroebe; que l'on voulut vous mettre deuant les yeux le bandeau mortel, au meſme temps que l'on me mettoit le bandeau Royal ſur le front; & qu'il me fallut encor vne fois marcher ſur des charbons ardents, ſans autre ſecours que celuy de ma pureté, car i'auois quité ma Pantarbe. Mais enfin Theagene, ce bonheur nous fut commun; vous fûtes ſauué comme ie fus garantie; la main qui m'épargna ne vous frapa point; le Taureau ne vous fit ny peur ny mal; le Geant ne fit qu'augmenter voſtre gloire; Meroebe fut le Captif qui orna voſtre Triomphe; la flâme par ſon éclat, en donna à voſtre vertu & à la mienne; Chariclée & Siſimethre acheuerent nos proſperitez; & du pied des Autels des Dieux où nous eſtions, nous fûmes glorieuſement éleuez, ſur le Thrône des Rois où nous ſommes.

Aduoüez donc (mon cher Theagene) aussi bien que moy, qu'il n'appartient qu'à ceux qui ont esté infortunez, de se dire heureux; que ce n'est qu'apres les disgraces, que les felicitez sont douces; que ce n'est que par le trauail, que l'on peut iuger du repos; & que qui n'a point eu de mal, ne connoist pas le plaisir. Pour moy, ie trouue tant de satisfaction, à me souuenir de mes peines, & la memoire m'en est si agreable & si precieuse; que bien loin de vouloir la bannir de mon ame, ie souhaite non seulement qu'elle y soit toûjours, mais que cette glorieuse image, puisse estre toûjours en la memoire de tous les hommes. Qu'il se trouue vn Peintre assez fidelle, assez adroit, & assez heureux, pour en tracer vn Tableau, que la Posterité puisse voir; que nos auantures soient connuës, par tout où le Soleil est connû; que l'on parle de nos amours, en toutes les langues de la Terre; que l'Histoire Ethiopique, ne soit ignorée d'aucun; que nous ayons cent imitateurs, de nos plaisirs & de nos souffrances; que nous soyons la regle & le modelle de tous les autres Amans;

que de Siecle en Siecle l'Vniuers admire toûjours, Theagene & Chariclée.

EFFET
DE CETTE HARANGVE.

VEritablement on peut dire, que ces derniers souhaits, ont obtenu l'effet de cette Harangue: puis que la reputation de ce beau Roman ne finira iamais, & qu'il en est peu d'autres qui ne luy doiuent quelque chose. Son Autheur qui prefera la conseruation de cet agreable Liure, à celle de son Eueſché, ne rendit pas vn mauuais office, à tous ceux qui depuis luy, se sont voulus mesler d'en composer de semblables: & eux & moy, sommes obligez d'aduoüer, que quoy que nous ne l'ayons pas imité seruilement, il est pourtant certain que nous deuons beaucoup à ce Grand Exemple.

ARSESTE

ALCESTE
A
ADMETE.
QVINZIESME HARANGVE.

ARGVMENT.

ADmete Roy de Thessalie, & l'vn des plus vertueux Monarques de la Terre, estant tombé si dangereusement malade, que tout l'art des Medecins ne pouuoit plus rien pour sa guerison; eut recours au fameux Oracle de Delphes, qu'il enuoya consulter, & qui luy répondit qu'il viuroit, pourueu que quelqu'vn fust capable de vouloir mourir pour luy. Mais comme ce remede estoit aussi cruel qu'extraordinaire, aucun n'osa iamais le pratiquer en sa faueur. Le Pere mesme de ce miserable Prince, quoy qu'il fust accablé d'années, refusa d'allonger ses iours, en acourcissant les siens de quelques-vns: sa propre Mere quoy qu'aussi vieille que son Mary, ne voulut point sauuer la vie à son fils, par la perte de la sienne. Et ce pauure Roy malade, se vit abandonné de tout *le Monde, & priué de tout espoir de secours. Alceste seule, außi genereuse que belle, se presenta volontairement à la mort, afin d'estre la glorieuse Victime, que l'on deuoit immoler, pour le salut de son Espoux. Or comme Admete n'estoit pas moins genereux qu'elle, & qu'il ne l'aimoit pas moins, que luy mesme en estoit aimé; il ne pouuoit consentir, à se laisser sauuer la vie, par la mort d'vne personne qui luy deuoit estre si chere. De sorte que comme il s'oposoit de toute sa force à cette resolution, Alceste qui vouloit luy faire agreer vne chose où elle estoit absolument determinée, tâcha de luy persuader,* QVE L'AMOVR CONIVGALLE DOIT SVRPASSER TOVTES LES AVTRES.

ALCESTE
Viure pour ce qu'on adore
C'est ce qu'on sçait aujourd'huy,
Mais vouloir mourir pour luy,
C'est ce que le siecle ignore.
B.R

ALCESTE A ADMETE

NOn, non, que l'on ne craigne nullement de manquer de Victime, pour vn Sacrifice si necessaire au bien de toute la Thessalie : & que l'on ne s'imagine pas, qu'elles soient toutes assez lâches, pour s'enfuir du pied des Autels, où elles doiuent estre immolées pour vne si iuste occasion. Preparez donc (Saincts & venerables Ministres des Dieux) preparez donc seulement vos feux sacrez, vos Couteaux, vos Vases d'or, vos Rubans, & vos Couronnes, & commencez à l'heure mesme, de faire retentir les Voûtes du Temple, de ces Himnes & de ces Cantiques, que la pieté des Grecs a composez, pour de pareilles ceremonies. Oüy, prenez vos rangs & marchez, car la Victime vous suiura sans qu'on la meine: & vous n'auriez pas raison d'en douter, puis que cette Victime est Alceste. Ie voy bien (ô trop genereux Admete) que ce dessein vous afflige, autant qu'il surprend les autres; que ce remede vous tiendra lieu d'vn poison; & que ce sera vous faire mourir, que de vous sauuer la vie de cette sorte. Oüy, ie sçay que vous nommerez ma pitié cruelle; que vous regarderez mon zele comme vn Sacrilege; & que ie vous seruiray sans vous obliger: mais quoy que ie sçache toutes ces choses, & quoy que ie ne condamne pas mesme en vous ces beaux sentimens, il faut toutes-fois que ie suiue les miens; il faut que ie fasse voir à toute la Terre, ce que peut vne veritable passion; & que ie tâche de vous faire aduoüer à vous mesme, par les choses que ie vay dire, que l'Amour conjugale doit surpasser toutes les autres. En effet, de qui pouuez vous raisonnablement attendre, l'illustre preuue d'amitié cié que ie suis preste de vous donner, si ce n'est de vostre Alceste, qui seule en peut estre capable, & qui seule en faisant ce qu'elle doit, fait aussi ce qu'elle veut, & mesme ce qu'elle desire? seroce de vos ennemis, que vous attendrez ce témoignage d'affection aussi grand que difficile? nullement, mon cher Admete, nullement; ceux qui vous haïssent ne sçauroient agir de cette façon, puis que ceux mesme qui vous aiment ne le peuuent pas. Ceux qui voudroient vous pouuoir perdre, n'ont garde de vouloir vous sauuer en se perdant: & ceux qui voudroient vous pouuoir donner la mort, s'empescheront bien de vous conseruer la vie, en exposant la leur à ce danger inevitable. La haine ne produit iamais les mesmes effets de l'amour; la colere & la pitié ne peuuent se trouuer ensemble dans vn cœur; & ceux qui ne respirent que la vangeance & le sang, & qui ne cherchent que des Victimes pour les immoller à leur fureur, ne répandront iamais leur sang en faueur de leur ennemy, & ne s'immolleront iamais pour le pouuoir conseruer. Cette action ne demande pas seulement vne ame ferme & resoluë, que rien ne puisse ébranler: mais elle demande encor, vne ame tendre & pitoyable, qui souffre le mal qu'elle voit souffrir; qui prenne part à tout ce qui touche la personne aimée; qui confonde ses interests dans les siens; & qui prefere sa conseruation à la sienne. Ce n'est donc point de vos ennemis, que vous deuez attendre ce secours, & si vous ne pouuiez le receuoir que par eux, vostre perte ne seroit pas incertaine. Sera-ce de ceux qui ne vous connoissent point, que vous attendrez ce bon office? moins encor, mon cher Admete, moins encor; puis qu'il faut connoistre pour aimer, & qu'il faut aimer parfaitement, pour vouloir mourir pour vn autre. Oüy sans doute il faut sçauoir comme ie le sçay, qu'Admete est le meilleur Prince de l'Vniuers; qu'Admete est le plus acomply de tous les hommes; qu'Admete a toutes les vertus; qu'Admete n'a pas vn de tous les vices; que de sa conseruation, dépend celle de son Estat, comme de sa perte dépend celle de toute la Thessalie; & bref, que comme il n'eſt rien qui ne vaille moins que luy, il n'eſt rien que l'on ne doiue expoſer, pour garantir vne perſonne ſi chere. Il faut (dis-je) meſme ſçauoir, qu'Admete feroit indubitablement pour Alceſte, ce qu'Alceſte va faire aujourd'huy pour Admete: & que ſi l'on auoit conſulté ſes ſentimens, au lieu de conſulter l'Oracle, ce genereux Mary ſeroit mort pour ſa femme, comme cette femme va mourir pour ſon Mary. De ſorte qu'il eſt abſolument injuſte, & meſme impoſſible, d'eſperer que des gens qui ne vous connoiſſent point, viennent s'offrir volontairement, à ce coup inevitable. De qui pouuez vous donc attendre vn ſecours qui vous eſt ſi neceſſaire? ſera-ce de vos Eſclaues? non, non, ces ames baſſes & intereſſées, ne peuuent iamais eſtre capables d'vn deſſein ſi haut & ſi genereux: il faut porter vn Sceptre, & non pas des fers, pour conceuoir ſeulement vne penſée ſi heroïque: & comme l'amour vient de l'inclination qui eſt toute libre, des perſonnes qui n'ont point de liberté, ne peuuent agir de cette ſorte. Tous les valets ſont des ennemis domeſtiques; ils regardent tous leurs Maistres comme leurs Tirans; ils seruent tous par crainte & sans amitié; & quoy que la mort de leur Seigneur, ne fasse pas renaistre leur franchise, le changement de chaine leur tient quasi lieu de liberté. Oüy, quand ce dernier Maistre leur deuroit estre aussi rude, que le premier leur estoit doux, ils ne pourroient pas s'empescher en cette occasion, d'auoir vne maligne joye, qui bien loin de leur permettre d'empescher sa perte par la leur, les obligeroit à la haster, s'il estoit en leur pouuoir. Mais peut-estre sera-ce de vos subjets, que vous receurez ce témoignage glorieux, d'vne amitié sincere & fidelle : il s'en trouuera quelqu'vn, qui par vne si belle mort voudra s'imortaliser; & qui par vne si grande action voudra couronner toutes les siennes. De tant d'hommes que vous auez obligez, il s'en trouuera quelqu'vn, qui sera reconnoissant, & qui voudra payer vos bien-faits : de tant d'hommes qui ont interest au bien de la Thessalie, que vostre perte perdroit, il s'en trouuera quelqu'vn, qui preferera l'interest general, à l'interest particulier, & qui ſignalera hautement en cette rencontre, le zele qu'il aura pour ſa Patrie: le bien de ſes Enfans le touchera ; la conſeruation de ſa femme luy ſera chere, & le deſir de la gloire, luy fera tout oſer pour l'obtenir. Vous auez ſans doute lieu de croire (veu comme vous auez eſté bon Prince) que vous n'auez pas plus de ſubjets, que vous aurez de Victimes, & qu'il ne faut que compter les vns, pour ſçauoir le nombre des autres. Cependant mon cher Admete, ne vous flatez point ie vous en conjure, de cette imagination : les ſubjets ſont preſques tous perſuadez, que c'eſt pour eux que les Princes doiuent agir, & non pas eux pour les Princes. Ils croyent que les Aſtres & les Rois, n'ont eſté mis en l'eſtre des choſes, que pour leur vtilité : & que l'éclat des vns, & puiſſance des autres, n'eſt & ne doit eſtre en la Nature, ſimplement que pour leur bien. Ils croyent que leur obeïſſance eſt d'vn prix ineſtimable ; ils croyent qu'on ne ſçauroit trop acheter vne Couronne ; ils croyent que la felicité des Rois, égale celle des Dieux ; & comme le Peuple vous voit déja couronné, ne doutez pas qu'il ne vous trouue plus propre qu'aucun, à passer pour vne Victime. Ne tournez donc point les yeux en cette occasion, vers cette multitude autant ignorante qu'ingrate, & n'esperez pas vn sentiment genereux & beau, d'vn animal si peu raisonnable. Sera-ce parmy les Princes voisins, que vous trouuerez cette illustre pitié, que vous cherchez inutilement parmy les vostres? l'égalité de vos conditions, aura-t'elle fait naistre en vos cœurs, cette amitié reciproque, que l'on remarque quelques-fois entre des personnes priuées, & pourrez vous obtenir des étrangers, ce que vos subjets vous refusent? ha non, non, mon cher Admete, les Rois ont des subjets, des esclaues, & des flateurs, mais ils n'ont iamais d'amis. Tous les Princes bien loin d'empescher vostre perte s'en rejoüiront: & comme les maximes d'Estat, & celles de la Morale, sont fort differentes, & que vostre infortune leur peut estre vtile, ils songeront bien plustost à reculler leurs frontieres que vostre trépas, & à satisfaire leur ambition, qu'à sauuer ma vie & la vôſtre. Ie les voy déja ces ambitieux Riuaux de voſtre gloire, ces enuieux ennemis de vos proſperitez, ces lâches & ces dangereux voiſins, ſe ſeruir de cette funeſte occaſion; arracher les bornes qui ſeparent vos Eſtats des leurs; rauager toute la Theſſalie; vſurper injuſtement voſtre Sceptre & voſtre Couronne; exiler ou faire mourir vos enfans; & fonder leur Thrône ſur voſtre Tombeau. Car enfin, dequoy n'eſt point capable cette dangereuſe paſſion de vouloir regner, & quels obſtacles ſont aſſez forts, pour la pouuoir retenir? bien loin de reſpecter des Thrônes, elle renuerſeroit des Autels; bien loin de vouloir ſauuer des Rois, elle feroit perir les Dieux, ſi les Dieux pouuoient perir, & rien n'eſt ſacré pour elle. Ce ſeroit donc en vain, mon cher Admete, que vous attendriez la tranquilité, d'où l'on doit attendre l'orage, & voſtre ſalut de ceux qui ſouhaitent voſtre ruine. Il eſt vray (me direz vous) que ce n'eſt nullement de là, que doit venir cette aſſiſtance que i'attens: il faudroit auoir perdu la raiſon, pour auoir conceu cet eſpoir: & i'aurois mal connû les

Souuerains, si ie les auois pris pour de veritables amis. Mais i'en ay d'autres que des liens trop étroits, attachent à ma fortune, pour s'en pouuoir separer, & que le sang me rend trop proches, pour n'en estre pas aimé. Ils se souuiendront sans doute de ce que ie suis, & de ce qu'ils sont; ils voudront signaler en mesme temps, leur amitié & leur vertu; & i'espere que ie trouueray en eux, ce qu'ils trouueroient en moy, si i'estois en leur place, & qu'ils fussent en la mienne. Quoy, Seigneur! sera-ce de vos Parens, que vous receurez cette importante assistance, de laquelle nous parlons; eux qui sont hommes, qui sont ambitieux, qui sont plus pres de vostre Thrône que les étrangers, & qui n'y sçauroient monter, si la Parque ne vous en fait descendre? ha ne vous flatez point d'vne esperance si peu vray-semblable: & souuenez vous que pour l'ordinaire, les Rois n'ont guere plus de parens que d'amis; que le mesme rang qui separe leurs conditions, separe leurs coeurs; & que la Nature n'est point assez forte, pour s'opposer à cette passion dereglée, qui tirannise

tirannise tous les Grands. Quoy ! des Parens vous sauueroient la vie, eux qui regneroient par vostre mort ! quoy, des Parens mouroient pour vous, eux qui seroient Rois si vous mouriez ! ha non, non, Seigneur, c'est ce qui n'a point d'aparence ; c'est ce qui ne peut iamais estre ; & c'est sans doute aussi ce que vous ne croyez pas. Alceste (me direz vous peut-estre encor) ie sçay bien que le simple degré de Parent est trop bas, pour éleuer vn esprit à cette gloire supréme, qu'il faut obtenir en se sacrifiant pour autruy, & qu'on ne peut gagner qu'en se perdant : mais i'en ay qui me sont si proches, que mes interests sont les leurs ; qui m'aiment comme ie les aime, & comme ils me doiuent aimer ; & qui n'estans qu'vn mesme sang auec Admete, croiront regner quand ie regneray ; croiront viure quand ils mouront ; & n'auoir fait en faisant tout, qu'vne partie de leur deuoir. Sera-ce donc de vos Freres & de vos Sœurs, que vous receurez ces témoignages d'affection, que tant d'autres vous refusent aujourd'huy ? ha si vous l'auez creu, vous n'estes pas moins abusé que vous l'estiez, & vostre erreur n'est pas moins grande! la mesme ambition n'est pas seulement en leur ame, car elle y est beaucoup plus forte : & comme ils voyent de plus pres que tous les autres, la grandeur du Thrône, la majesté du Sceptre, & la richesse & l'éclat de la Couronne, ils souhaitent plus ardemment que tous les autres, d'en obtenir la possession. Leur Frere passe pour leur Tiran dans leur esprit; l'égalité de leur naissance, leur rend l'inégalité de leurs conditions insuportable; & ils ont vne peine étrange à conceuoir, par quelle raison il est iuste, qu'il soient subjets & qu'il soit Roy. Et puis à dire les choses comme elles sont, la simple amitié n'est iamais capable (à quelque degré que la proximité du sang la fasse monter) d'vne épreuue si dificile : tant que l'on n'aime que de cette façon, l'on s'aime toûjours vn peu mieux, que l'on n'aime qui que ce puisse estre: & l'on se flate si facilement en cette matiere, que mesme en ne faisant rien, l'on se persuade que l'on fait tout ce qu'on doit. L'interest particulier, dit dans le cœur de tous les Freres, qu'il y a des bornes en toutes choses, au delà desquelles le Sage ne doit point passer: que l'on se doit plus à soy mesme qu'à nul autre; que le principe de cette amitié, doit estre pour eux, comme il est en eux; qu'il faut s'aimer, & puis aimer; que l'on peut seruir ses Parens, pourueu que ce ne soit pas contre soy; que l'on peut mesme s'exposer à quelque dangereuse occasion pour les garantir, mais non pas à vn peril inevitable; & qu'enfin, ce seroit offenser la Nature, que de paroistre de bon naturel de cette sorte. O foibles & peu genereux amis! vous auez raison ie l'aduouë: ce n'est point à vous à sauuer Admete; ce n'est point à vous à faire vne si glorieuse action; ce n'est point à vous à remporter vne Palme, que vous ne meritez pas; & ce ne sera point à vous, que mon cher Seigneur demandera, cet illustre témoignage, d'vne amitié veritable. Sera-ce donc à ceux qui vous ont fait naistre, à mourir pour vous sauuer? quand ils vous accorderoient ce qu'ils vous refusent, voudriez vous leur deuoir deux fois la vie, & conseruer la voſtre par la perte de la leur ? non, non, mon cher Admete, vous eſtes trop iuſte pour auoir vne penſée ſi criminelle : & trop bon pour n'excuſer pas la foibleſſe de leur amitié, qui vient de celle de leur âge & de leur temperamment. Et puis, ceux à qui nous deuons tout, ne nous doiuent rien : c'eſt aſſez de nous auoir fait voir la lumiere ſans la perdre ; & c'eſt trop que de vouloir exiger d'eux, ce qu'ils ont pluſtoſt droict d'exiger de nous. Qu'elles viuent donc, ces cheres & ces venerables perſonnes, & d'autant plus qu'elles peuuent viure ſans que vous mouriez. Qu'elles laiſſent couler doucement & iuſques au bout, la glorieuſe & longue trame de leur deſtinée ; qu'elles deſcendent inſenſiblement au Tombeau ; & qu'elles ſoient certaines que quelque tard qu'elles y arriuent, elles y arriueront encor trop toſt, ſelon vos ſouhaits & les miens. Que reſte t'il donc à tenter, puis que tant de moyens nous manquent, & de qui receurez vous à la fin, cet important & pieux deuoir ? ſera-ce de vos Enfans ? ce ſont veritablement des Victimes innocentes, mais cela ne suffit pas, puis que les Dieux nous demandent des Victimes volontaires, & que celles cy n'ont point encor de volonté. En l'estat où vos maux & l'ordonnance du Ciel nous reduisent, pour entreprendre de vous sauuer, il ne faut pas seulement mourir, il faut vouloir mourir; & c'est vne chose dont ces Enfans sont incapables, par la foiblesse de leur âge, & par leur peu de raisonnement. Ce n'est donc point à vos ennemis; ce n'est donc point à des inconnus; ce n'est donc point à vos Esclaues; ce n'est donc point à vos subjets; ce n'est donc point à vos voisins; ce n'est donc point à vos Parens; ce n'est donc point à vos Freres, ny à vos Sœurs; ce n'est donc point à vostre Pere, ny à vostre Mere; ce n'est donc point à vos Enfans à mourir pour vous, c'est à vostre Alceste toute seule, que doit apartenir cet honneur. C'est à elle à se perdre pour vous sauuer; c'est à elle à vous faire voir la grandeur de son affection; & c'est à elle à faire voir à toute la Terre, par ce qu'elle va faire aujourd'huy, non seulement que l'Amour conjugale doit surpasser toutes les autres ; mais qu'elle les surpasse en effet. Oüy, mon cher Seigneur, elle les surpasse, & nulle autre ne peut entrer en comparaison auec elle, ny nul ne peut luy disputer ce qu'elle pretend, sans temerité, & sans injustice. Car pour redire en peu de paroles, ce que i'ay déja dit vne fois ; vos ennemis vous haïssent, & ie vous aime de tout mon cœur. Des inconnus ne sçauent point ce que vous valez, & ie sçay que vostre merite est sans prix comme sans égal. Vos Esclaues vous craignent plus qu'ils ne vous aiment, & ie vous aime plus que ie ne vous crains, quoy que ie vous respecte infiniment. Vos subjets croyent que vous leur deuez beaucoup, & qu'ils ne vous doiuent plus rien, & ie croy que vous ne me deuez que de l'affection, & que ie vous dois toute chose. Vos voisins voudroient renuerser vostre Thrône, & ie ne songe qu'à l'affermir. Vos Parens regardent vostre succession, & ie ne regarde que vostre personne. Vos Freres & vos Sœurs croyent qu'ils se doiuent sauuer plustost que vous, & ie crois que ie vous dois sauuer plustost que moy. Vostre

Pere & vostre Mere vous ont déja donné la vie, c'est assez; & ie voudrois en auoir mille à perdre, afin de conseruer la vostre. Vos Enfans ne peuuent vouloir ce qu'ils doiuent, & ie veux tout ce que ie dois; c'est à dire ie veux & ie dois mourir pour vous. Oüy, mon cher Admete, ie le dois & ie le veux, & rien ne m'en sçauroit empescher. Ce lien indissoluble, qui a joint nos volontez, & que la mort ne rompra point, veut que vostre interest soit le mien; que vostre conseruation soit la mienne; & que ie ne regarde qu'elle. Toutes choses nous doiuent estre communes, & comme i'ay partagé vos felicitez, il est iuste que ie partage vos malheurs. Et puis, comme ie mourois si vous mouriez, ie viuray si vous viuez: & bien que i'entre dans le Cercueil, ie demeureray sur le Thrône, si ie puis faire que mon cher Admete y demeure. Oüy, ie regneray quand il regnera; ie seray bien mieux dans son cœur, que ie ne seray dans la Sepulture; & comme la Parque ne peut rien sur l'Amour, cet Amour sera immortel malgré la Parque. Toutes les flâmes ont quelque chose de materiel, qui les oblige à finir, auec l'aliment qui les nourrissoit : mais la seule flâme de l'amitié conjugale, est si pure & si détachée de la matiere, qu'elle subsiste apres que nous ne sommes plus, & qu'on la voit encor briller dans les tenebres du Tombeau. Cessez donc, mon cher & bien aimé Seigneur, de vous opposer en mesme temps, à vostre conseruation, & à ma gloire : & n'esperez pas me détourner d'vn dessein qui ne peut que m'estre agreable, s'il vous est auantageux. Que si mon peu d'adresse est cause, que ie ne vous aye pû persuader, & que la raison aye esté mal soûtenuë par mon eloquence, ne m'écoûtez plus ie vous en conjure, mais répondez moy à vostre tour. Consultez vostre iugement ; examinez vostre raison ; cherchez les secrets sentimens de vostre cœur ; découurez les mouuemens les plus cachez de vostre ame ; & me dittes apres cela, si vous ne feriez pas pour moy, ce que ie veux faire pour vous ? si vous me verriez en danger sans me secourir ? si vous consentiriez à ma perte, lors que vous la pourriez empescher ? ou si plu-

stost,

stost, vous ne donneriez pas vostre vie pour sauuer la mienne, comme ie vay donner la mienne pour sauuer la vostre; & si vous ne feriez pas par amour, ce que ie vay faire, & par amour, & par raison? oüy sans doute vous le feriez; ie vous connois trop bien pour en douter; & la difficulté que ie rencontre à obtenir ce que ie demande, en est vne preuue assez claire. Pourquoy donc ne trouuez vous pas bon en moy, ce que vous approuueriez en vous? pourquoy me voulez vous rauir vne Couronne, pour laquelle il n'est rien que vous ne fissiez? pourquoy voulez vous qu'Alceste soit moins genereuse que son Mary? pourquoi voulez vous qu'elle se rende indigne de son affection, plustost que de se rendre digne & de son affection, & d'vne gloire eternelle? & pourquoy voulez vous que l'amitié conjugale aye la foiblesse des autres, puis qu'elle doit estre plus forte que toutes les autres? Non, non, mon cher Admete, ne vous opposez plus à vne resolution aussi iuste qu'elle est ferme: & n'atendrissez plus par vos soûpirs, vne ame qui n'est déja que trop affligée de ce qu'elle vous va quiter. Ie sçay que me separer de vous, c'est me separer de moy mesme; ie sçay que ie perds en vous perdant, ce que i'estime plus que le iour; ie sçay que i'abandonne vn Mary qui ne me haït pas; ie sçay que ie quitte des Enfans que i'aime beaucoup; ie sçay mesme que vostre vie vous déplaira, parce que vous la deurez à ma mort; mais apres tout, ie sçay aussi que vous mouriez si ie viuois; ie sçay que ie dois mourir pour vous faire viure; ie sçay que la raison le veut; ie sçay que le bien de la Thessalie le demande; ie sçay que celuy de mes Enfans en a besoin; & ie sçay enfin que l'Amour conjugale doit surpasser toutes les autres. Laissez donc viure vos ennemis, puis qu'ils ne sont pas assez genereux, pour vouloir mourir pour vous. Laissez donc viure ceux qui ne vous connoissent point, puis qu'il faut connoistre pour aimer; & qu'il faut aimer, & aimer beaucoup, pour se perdre pour ce que l'on aime. Laissez donc viure vos Esclaues, puis que ceux qui ne seruent que par contrainte, n'ont garde de se sacrifier volontairement.

Laissez donc viure vos subjets, puis qu'ils croyent que leurs Rois sont leurs tributaires, encor qu'ils les nomment leurs Souuerains. Laissez donc viure vos voisins; puis qu'il suffit d'empescher le progrez de leur ambition, sans leur demander vne preuue d'amitié, de laquelle ils sont incapables. Laissez donc viure vos Parens, puis que c'est assez de viure auec eux, & de leur faire voir occupée, vne place où leur vanité aspire. Laissez donc viure vos Freres & vos Sœurs, puis que ce n'est point de leur bon naturel que vous deuez attendre vostre guarison. Laissez donc viure vostre Pere & vostre Mere, puis qu'on ne les en sçauroit empescher sans vn effroyable crime. Laissez donc viure vos Enfans, puis qu'ils vous doiuent succeder, & qu'ils ne sçauroient vouloir estre immolez pour vous. Et laissez donc mourir Alceste, puis qu'elle le veut, puis qu'elle le doit, puis qu'elle vous en conjure, & puis que rien ne l'en sçauroit détourner. Adieu donc le plus aimable, & le plus aimé de tous les hommes; mais adieu pour la derniere fois. Que l'on marche, que l'on s'aduance vers le Temple ; ie vous quite; ie vay mourir ; si c'est mourir que de se perdre pour sauuer ce que l'on aime, & pour témoigner son affection.

EFFET
DE CETTE HARANGVE.

ADmete sans doute fut fort peu persuadé : il aimoit trop pour croire ce paradoxe ; & les yeux d'Alceste l'empeschoient bien d'écouter sa voix. Cependant elle mourut pour son Mary, cette Genereuse personne : & Euripide a feint qu'Hercule la retira des Enfers, pour nous dire que les belles & grandes actions, telles qu'estoit celle de cette Illustre Reyne, trouuent enfin toûjours quelqu'vn, qui par la force de son eloquence, les retire des Ombres du Tombeau, & des Tenebres de l'oubly, & qui les rameine à la lumiere.

PENELOPE
A
LAERTE.

SEIZIESME HARANGVE.

ARGVMENT.

Penelope, cette vertueuse femme d'Vlisse, de laquelle la reputation dure encore depuis tant de Siecles, & qui des bords peu frequentez de l'Isle d'Itaque, a fait voller sa renommée partout l'Vniuers; se trouuant vn iour extraordinairement affligée, de l'eloignement de son Mary, qui depuis la fin du siege de Troye, auoit erré pres de dix ans, à la mercy des vents & des flots, sans pouuoir reuoir son Pays; voulut soulager sa douleur par ſes pleintes, & faire aduoüer au Pere de ſon cher Eſpoux, par le diſcours que vous allez voir, QVE L'ABSENCE EST PIRE QVE LA MORT.

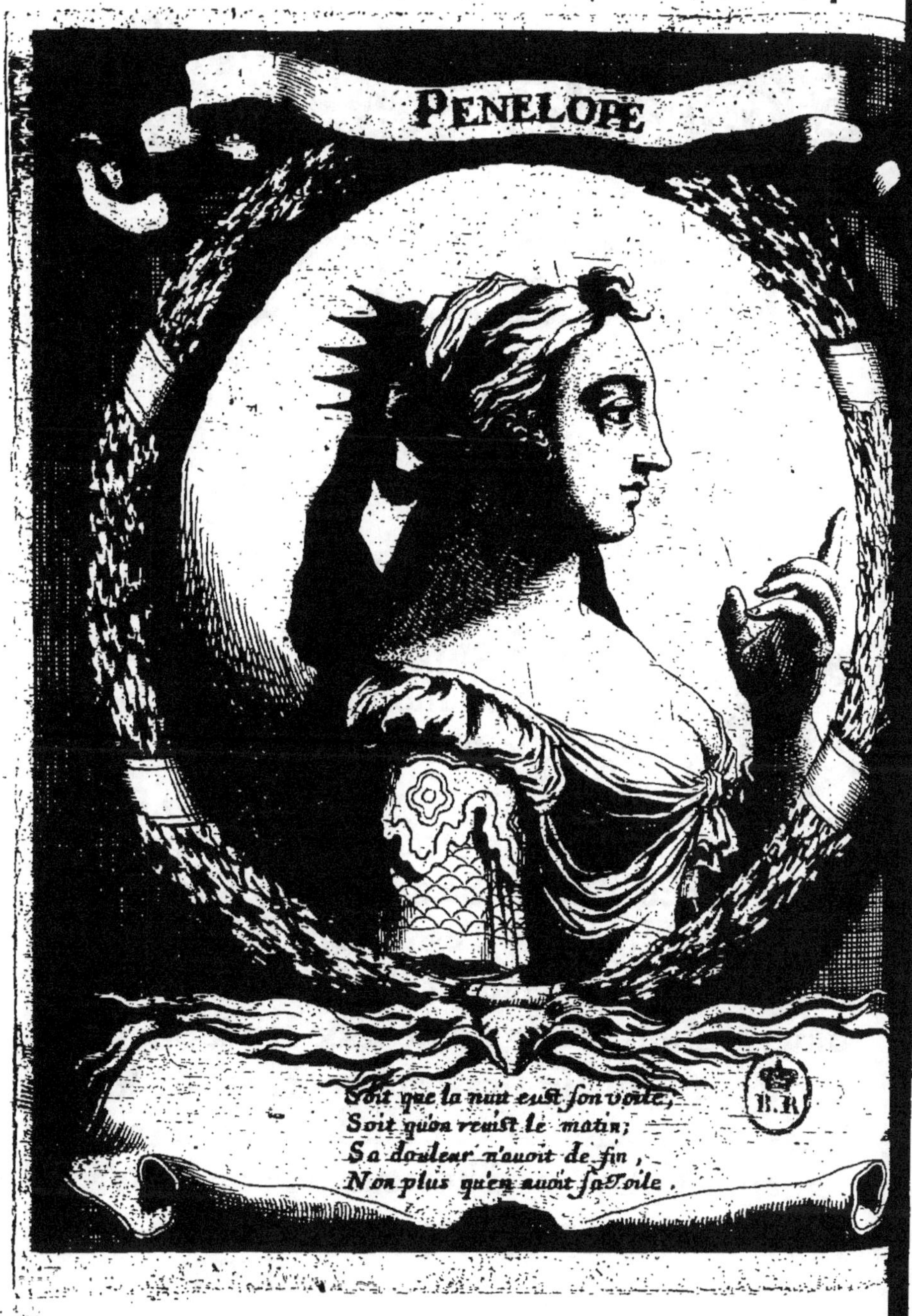

PENELOPE

Soit que la nuit eust son voile,
Soit qu'on veist le matin;
Sa douleur n'avoit de fin,
Non plus qu'en avoit sa Toile.

PENELOPE A LAERTE

CEluy qui entreprend de soûtenir, que la mort est le plus sensible & le plus grand de tous les maux ; ou n'a iamais aimé, ou n'a iamais esté absent de la personne aimée. Non, Seigneur, ce Monstre qui desole toute la Terre ; qui fait par la suite des temps, changer de face à tout l'Vniuers ; qui traite également & le vice & la vertu ; qui blesse des mesmes traits & les Rois & les Bergers ; & dont la peinture seulement, donne de l'horreur aux ames les plus fermes, n'est point ce que ie mets au

PENELOPE

Soit que la nuit eust son voile,
Soit qu'on veuist le matin;
Sa douleur n'avoit de fin,
Non plus qu'en avoit sa Toile.

nombre des choſes que l'on doit le plus aprehender. L'abſence que l'on peut dire auec verité, eſtre le commencement de toutes les douleurs, & la fin de tous les plaiſirs, a quelque choſe de plus rude & de plus inſuportable : car ſi la premiere eſt ce qui détruit la proſperité, la ſeconde eſt ce qui fait des malheureux parmy l'abondance, & meſme ſur le Thrône. Il y a toutesfois beaucoup de difference entre elles, car la mort nous rauit également, & le bonheur & l'infortune : ſi elle nous oſte des fleurs, elle ne nous laiſſe point d'épines : elle briſe de la meſme main, & nos Couronnes & nos fers : & pour tout dire, elle éteint en nous, en éteignant noſtre vie, toutes les flâmes de l'amour & de la colere, tous les reſſentimens de la haine, de la vangeance, & de toutes les autres paſſions. Elle fait (dis-je) mourir auec nous, & la joye & la douleur en meſme temps : au lieu que l'abſence non ſeulement nous dérobe tous les biens que la mort nous emporte, mais elle nous cauſe encor tous les maux que l'autre fait finir. La vie en cette occaſion, ne nous eſt laiſſée que pour estre sensibles à la plus aigre douleur que l'on puisse iamais sentir : & s'il se trouue quelquesfois des gens, qui preferent l'absence de la personne aimée à la mort, c'est qu'ils se laissent éblouïr par les aparences; c'est que ce funeste apareil auec lequel on nous la represente leur fait peur; c'est qu'ils la voyent plus des yeux du corps, que de ceux de l'ame; c'est qu'ils ne la considerēt que par où elle est effroyable;& c'est enfin qu'ils s'aiment vn peu mieux que leur Mestresse; qu'ils preferent les rayons du Soleil à l'éclat de ses yeux; & qu'ils aiment mieux ne la voir plus, que ne voir plus rien. Ha que ces gens là sont ignorans, des veritables sentimens que l'amour inspire! mais (me direz vous Seigneur) peut-estre ne considerez vous pas comme il faut, quelle doit estre la violence qui des-vnit cette étroitte liaison de l'ame & du corps : mais (vous répondray-je) vous ne considerez pas vous mesme comme il faut, quelle doit estre la violence qui des-vnit pour long-temps, ce que l'amour, la raison, & l'inclination, semblent auoir joint d'vne chaine eternelle. La mort, ſage Laerte, (comme vous le ſçauez mieux que moy) nous eſt auſſi naturelle que la vie : ſi c'eſt vn mal, c'eſt du moins vn mal qui ne nous ſurprend point, ou qui ne nous doit pas ſurprendre : dés que nous commençons de naiſtre, nous deuons commencer d'aprendre à mourir : en ouurant les yeux, nous deuons déja voir noſtre Tombeau ouuert : & tous les Rois qui ſont au monde, s'ils n'ont pas renoncé au ſens commun, ne peuuent ignorer en montant au Thrône, qu'ils deſcendront vn iour dans le Cercueil Il n'en eſt pas ainſi dans les choſes de l'amour : cette paſſion toute diuine, s'empare ſi fortement de ceux qu'elle poſſede, & la veuë de la perſonne aimée, occupe ſi abſolument celuy qui l'adore, que cette abſence eſt vn mal qui le ſurprend toûjours, & qui par conſequent le rend plus malheureux que la mort, que l'on doit toûjours attendre. Cet effroyable inſtant, qui ſepare deux perſonnes qui s'aiment parfaitement, eſt vne choſe que ie ne ſçaurois exprimer, quoy que ie l'aye éprouuée plus cruellement que nulle autre : mais pour vous la faire comprendre en quelque ſorte, imaginez vous, Seigneur, que vous eſtes ambitieux, & que l'on vous oſte vne Couronne; imaginez vous que vous eſtes auare, & que l'on vous dérobe tous vos Threſors; imaginez vous que vous eſtes victorieux, & que l'on vous arrache la victoire d'entre les mains; imaginez vous que l'on vous enchaine auec des fers dont la peſanteur eſt inſuportable; imaginez vous que vous perdez tout ce qui vous eſt cher au monde; imaginez vous que l'on vous priuė de la lumiere, & que vous demeurez dans les tenebres; imaginez vous que l'on vous arrache le cœur ſans vous faire mourir; & imaginez vous enfin, que non ſeulement ie ſouffris toutes ces douleurs, mais que la mort toute épouuentable qu'elle eſt, fut le terme de tous mes ſouhaits, lors que le terme du départ d'Vliſſe fut arriué. Ha Seigneur (encor vne fois) que ce funeſte moment eſt terrible! la mort eſt pluſtoſt vn endormiſſement de toutes les douleurs, que non pas vn mal ſenſible, & elle n'a rien de rude que le chemin qui nous y conduit. Mais l'abſence eſt vn enchainement d'infortunes, qui ne peuuent trouuer de bornes que par la fin de noſtre vie, ou par le retour de la perſonne aimée. Le dernier ſoûpir que la mort nous fait ietter, a toûjours cet aduantage d'eſtre le dernier: mais le premier que l'abſence nous oblige de faire eſt ſuiuy de tant d'autres, & accompagné de tant de larmes, de tant d'inquietudes, de tant de tourmens, ou pour mieux dire de tant de morts, que ce mal ne peut eſtre comparé à rien. Et puis à parler raiſonnablement, la mort & l'abſence, peuuent eſtre priſes l'vne pour l'autre, par le rapport qu'elles ont enſemble, puis que l'vne & l'autre nous priuent également, de tout ce que nous pouuons aimer: mais comme il eſt impoſſible, que la perte de toutes les richeſſes qui ſont en l'Vniuers, nous ſoit iamais auſſi ſenſible que l'abſence de la perſonne que nous aimons, puis qu'elle nous tient lieu de toutes choſes; il eſt impoſſible auſſi, que ce qui nous en priue ne nous ſoit pas plus rude que la mort, qui ne nous oſte que des biens que nous eſtimons moins qu'elle. Mais (me

direz

direz vous encor) la mort qui vous oste vne Couronne, qui renuerse vostre Thrône, qui vous priue de la lumiere, vous dérobe aussi à la personne que vous aimez : elle ne vous quite pas (il est vray) mais vous la quitez; & de cette façon, vous la perdez aussi bien de veuë, par la mort, que par l'absence, & mesme vous la perdez pour toûjours. I'aduouë (sage Laerte) que cette obiection est forte : neantmoins il n'est pas impossible de la détruire. Mourir deuant les yeux de ce que l'on aime, est quelque chose de plus doux, que de demeurer viuante, éloignée de son Amant, & de son Mary tout ensemble : mesler ses dernieres larmes auec les siennes, est moins insuportable, que de demeurer seule à pleurer continuellement : & laisser son ame entre ses bras, est plustost s'vnir à luy plus étroitement, que s'en separer. Enfin (pour le dire en peu de paroles) apres luy auoir dit adieu; apres auoir eu la satisfaction de connoistre la grandeur de son amour, par la grandeur de son déplaisir; apres auoir (s'il est permis de parler ainsi) resigné son ame entre ſes mains; l'on a toûjours cet aduantage de ceſſer de viure, en ceſſant de le voir; de perdre la lumiere en perdant ſa preſence; & de ceſſer d'eſtre ſenſible à la douleur comme à la joye. Le repos & l'obſcurité du Tombeau, valent mieux en ces rencontres, que la vie & la lumiere : cette funeſte lethargie, qui endort nos ſens pour toûjours dans la Sepulture, eſt le ſeul remede qui pourroit charmer tous les maux que ie ſouffre pour l'abſence de mon cher Vliſſe : & comme le ſommeil égale tous les iours les heureux aux miſerables, & les plus Grands Princes aux moindres de leurs ſubjets ; la mort auſſi met en meſme rang, les Amans qui ioüiſſent de la veuë de leurs Meſtreſſes, & ceux qui en ſont priuez. L'époiſſeur des tenebres que l'on trouue dans le Cercueil, ne nous permet plus de diſtinguer rien des choſes du monde : & la mort toute impitoyable qu'on nous la dépeind, ne l'eſt toutesfois pas ſi fort, qu'elle ne nous guariſſe promptement, de tous les maux qu'elle nous cauſe. Si elle fait perdre vne Couronne à vn ambitieux, elle luy oſte en meſme temps,

& la Couronne. & l'ambition, qui la luy rendoit agreable : si elle dérobe des Thresors à vn auare, elle arrache aussi tost de son cœur l'auarice qui les luy faisoit aimer : & si elle des-vnit deux personnes qui s'aiment, la moins malheureuse est sans doute celle qui perd la vie, puis qu'en la perdant elle perd le sentiment, la connoissance, & la memoire de l'objet aimé. Il n'en est pas ainsi de l'absence : nous mourons veritablement par elle à tous les plaisirs, mais ce n'est que pour viure à toutes les douleurs. Dés que nous perdons de veuë la personne qui regne en nostre cœur, toutes les passions y entrent en foule pour le déchirer. L'amour, la haine, la colere, la vangeance, la jalousie, la crainte, & l'esperance mesme, nous persecutent, & nous font la guerre. Nous n'aimons iamais dauantage, que lors que nous perdons de veuë, l'objet de nostre affection : nous ne haïssons iamais rien auec plus de violence, que ce qui nous dérobe vn Amant : nous ne sommes iamais plus irritez, que lors qu'on détruit nostre felicité : nous ne souhaitons iamais plus ardemment de nous vanger, que lors que l'on nous reduit aux termes de nous desesperer : nous ne sommes iamais plus jaloux, que lors que nous ne pouuons estre témoins des actions de ceux qui nous doiuent de la fidelité : nous ne sommes iamais plus à pleindre, que lors que nous craignons la mort en la personne aimée : & l'on peut mesme dire, que nous ne sommes iamais plus malheureux, que lors que nous sommes reduits au poinct, de n'auoir pour toute consolation, qu'vne esperance incertaine & douteuse, qui pour l'ordinaire sert plustost à accroistre nos déplaisirs, qu'à les soulager : tant il est vray, que l'absence est vn mal terrible & épouuentable; & tant il est vray, qu'elle fait du poison de tous les remedes qu'on luy presente. Ne vous imaginez pas (Seigneur) que i'aye apris ce que ie dis, ou par l'exemple d'autruy, ou par la raison, qui nous aprend souuent plusieurs choses, que nous n'auons pas éprouuées : non, Seigneur, ie ne dis rien que ce que ma propre experience m'a enseigné : & plust au Ciel que i'ignorasse encor de si facheuses veritez, & que la mort fust le seul mal que ie pusse aprehender. Lors que mon cher Vlisse fut resolu à partir, & qu'emporté par la force de son destin, il se separa de moy; l'amour (pour me rendre cette separation plus cruelle) me le representa plus aimable, que ie ne l'auois iamais veu: sa douleur augmentant ses charmes, son silence causé par l'affliction qu'il auoit de me quiter, me le rendit plus agreable, que son eloquence n'auoit iamais fait, quoy que son eloquence aye enchanté toute la Terre: enfin, sage Laerte, ie connus lors beancoup mieux que ie ne l'auois iamais connû, la valeur & le prix du bien que ie possedois, & du bien que i'allois perdre. Mon amour s'en augmenta, ie l'aduouë; & quoy que i'eusse creu toute ma vie, que ie ne pouuois aimer mon Mary plus ardemment que ie l'aimois, ie ne puis toutesfois nier, que ie ne ressentisse en ce funeste moment, que mon affection se redoubloit. Mais lors qu'apres l'auoir perdu de veuë, l'image de Menelas qui causoit son départ, se presenta à mon esprit, la haine s'en empara si fortement, qu'il n'est point d'injustes souhaits que ie ne fisse contre luy. La colere suiuit la haine, & le desir de la vangeance suiuit la colere: ie desiré qu'il ne pust reconquerir Helene; ie souhaité qu'il éprouuast toute sa vie, ce qu'il me faisoit éprouuer; & ie pense mesme que dans l'ardeur de mon ressentiment, i'eusse fait des vœux pour obtenir du Ciel qu'il eust esté batu, & que son armée eust esté deffaite par les Troyens, si ie ne me fusse souuenuë, qu'il ne pouuoit estre vaincu, que mon cher Vlisse ne le fust aussi, puis qu'il estoit engagé dans sa querelle. Mais Seigneur, trouuerez vous bon que ie vous monstre toutes mes douleurs, & que ie vous découure toutes mes foiblesses? oüy, puis que ce n'est que par là que ie puis vous prouuer, que l'absence est pire que la mort. Apres auoir donc ressenty tous les plus violents efforts de l'amour, de la haine, de la colere, & de la vangeance, ie me trouué encore attaquée par la ialousie: Vlisse alloit en vn lieu, où l'on pouuoit faire des prisonnieres, capables de donner des fers à leurs Vainqueurs & à leurs Maistres, comme l'exemple d'Agamemnon & d'Achille, nous l'ont enseigné depuis. Imaginez vous donc sage Laerte, le trouble que cette pensée excita dans mon cœur : il fut si grand, que si la crainte de la mort d'Vlisse pendant vn si dangereux voyage, n'eust moderé sa violence, ie croy que ie l'aurois accusé dans mon esprit, comme s'il eust esté déja coupaple; que ie luy eusse fait des reproches; & qu'il y eust eu quelques instants, ou peutestre ie l'eusse hay. Mais la pensée des perils où il s'alloit exposer, ne me vint pas plustost en l'imagination, que ce tumulte s'apaisa: ie n'en fus pas toutesfois moins malheureuse, puis qu'il n'est point de malheurs que ie n'aprehendasse pour luy, & par consequent que ie ne souffrisse. Ie le vy en estat de faire naufrage; ie le vy dans les combats; ie le vy blessé; ie le vy prisonnier; ie le vy prest d'expirer; & ie pense mesme que la seule crainte de sa mort m'auroit fait mourir, si l'esperance plus pour me faire souffrir que pour me soulager, ne m'eust conserué la vie. I'esperé donc, Seigneur, mais à dire les choses commes elles sont, ce fut si foiblement, & auec tant d'incertitude, que cet espoir me fut plustost vn mal qu'vn bien. Cette esperance mal fondée, n'auoit pas si tost mis vne agreable pensée dans mon cœur, que la crainte la détruisoit : si l'vne me faisoit voir Vlisse reuenu victorieux ; l'autre me le monstroit prest à perir dans les ondes : si l'vne me faisoit voir le Port, l'autre ne me representoit, que des tempestes & des écueils: enfin ie le voyois toûjours ou inconstant, ou mort : & le regne successif, de deux sentimens si contraires, tirannisoit si fort mon ame, que pour estre en estat de n'auoir plus rien à craindre, ny à esperer, ie souhaité la mort plns de cent fois. Vous pouuez connoistre de là, (si ie ne me trompe) que l'absence est plus à craindre qu'elle, puis qu'on la desire comme vn remede aux maux que cette derniere fait souffrir. En verité, Seigneur, ils sont si grands & si sensibles, que s'il estoit possible de pouuoir comprendre, qu'il pust y auoir vne plus aigre douleur, ny vne plus grande infortune, que la mort de la personne aimée, on pourroit mesme dire, que sa perte causeroit moins d'affliction, que la longueur d'vne absence, dont

la

la durée eſt incertaine. Oüy, Seigneur, celles qui n'aiment pas aſſez leurs Maris, pour les ſuiure dans le Cercueil, & qui ont aſſez de force, ou pour mieux dire aſſez d'inſenſibilité, pour ſouffrir cette ſeparation ſans ſe deſeſperer, ont plus de repos que ie n'en ay: ce mal qui ne peut iamais auoir de remede, ſe laiſſe ſoulager par le temps & par la raiſon, dans le cœur de celles qui le ſouffrent: elles ont cet aduantage, de ſçauoir qu'elles ſont ſeules malheureuſes, & que ceux qu'elles regrettent ſont en repos: elles ne craignent, ny leur inconſtance, ny leur mort, puis qu'elle eſt déja arriuée: & elles ne peuuent plus rien aprehender, ny de ce Monſtre impitoyable, ny de la fortune, puis qu'il ne leur demeure plus rien à perdre que la vie, qui ne leur eſt plus agreable. Mais que dis-je, inſenſée que ie ſuis! non, non, Seigneur, n'écoutez pas ce que la douleur me fait dire: & ne penſez pas que ie pûſſe iamais preferer la mort de mon cher Vliſſe à ſon abſence, quelque rigoureuſe qu'elle me ſoit. Qu'il viue, & qu'il viue meſme heureux éloigné de ſa Penelope, plûtoſt que i'aprenne qu'il ne viue plus : i'aimerois mieux ne le voir iamais, que le voir mourir; & i'aimerois mieux encor, aprendre qu'il fust inconstant, que d'aprendre la fin de sa vie. O Ciel, en quelle étrange necessité me reduisez vous, de faire des souhaits contre moy mesme! & de me mettre en estat que l'infidelité d'Vlisse, soit le moindre des maux que ie doiue craindre! encor vne fois, Seigneur, l'absence n'est elle pas pire que la mort, & n'ay-je pas raison de dire, que ie suis la plus malheureuse personne de mon sexe? ceux qui meurent ont cette triste consolation en perdant la lumiere, de pouuoir penser que depuis le commencement des Siecles, tous les hommes ont éprouué ce qu'ils éprouuent, & que tant que le monde durera, tous ceux qui naistront éprouueront la mesme chose: mais de toutes les Princesses Grecques, dont les Maris ont suiuy Menelas, ie suis la seule qui n'ay point eu de nouuelles du mien; ie suis la seule qui soûpire encor; ie suis la seule qui n'ay point de part à la joye Publique; & ie suis la seule qui n'ose preparer des Couronnes, ne sçachant ſi ces Couronnes doiuent eſtre de Laurier ou de Cipres. La victoire n'a eſté funeſte que pour moy ſeulement : & Polixene & Hecube meſme, (quoy que les plus malheureuſes d'entre les Troyennes) le ſont toutesfois moins qne Penelope. La premiere mourut auec conſtance, & par conſequent auec gloire : & la derniere eut du moins cet aduantage, de pouuoir pleurer ſur les Corps de ſes Enfans, & de vanger la mort de ſes Fils ; au lieu que ie pleure ſans ſçauoir quel objet doiuent auoir mes larmes. Peut-eſtre helas ! que ne penſant pleurer que pour l'abſence d'Vliſſe, ie ſuis obligée de pleurer pour ſon inconſtance, ou peut-eſtre encor pour ſa mort. Car Seigneur, le moyen de penſer qu'il ſoit viuant, & qu'il ne ſoit pas criminel, puis qu'il ne vient point? il ſçait qu'il eſt Roy d'Itaque, & que ſes Subjets ont beſoin de luy ; il ſçait que vous eſtes ſon Pere, & que vous ſouhaitez ſon retour ; il ſçait que Thelemaque eſt ſon Fils, & qu'il deſire le connoiſtre, car il eſtoit ſi ieune quand il partit, que le temps luy en a dérobé le ſouuenir ; il ſçait enfin que Penelope eſt ſa femme ; & que de ce bien-heureux retour, dépend ſa felicité. Cependant il y a bien-toſt vingt ans qu'il eſt party ; il y a bien-toſt dix ans que les Grecs ont vaincu ; & nous ne ſçauons encor, ſi nous le deuons pleindre comme vn malheureux, ou l'accuſer comme vn coupable. Quoy qu'il en ſoit, il eſt toûjours certain que i'ay ſujet de me pleindre, & de me deſeſperer : de quelque coſté que ie me tourne, ie voy toûjours de nouueaux ſujets de douleur : voſtre vieilleſſe m'afflige ; la ieuneſſe de mon Fils, me donne de l'inquietude ; ceux qui me veulent conſoler, augmentent mes déplaiſirs ; ceux qui ne prennent point de part à mes maux les irritent ; & les diſcours des vns, & le ſilence des autres, me ſont également inſupportables. Ce qui m'eſt toutesfois le plus cruel, c'eſt que le temps & l'affliction, n'ont point effacé ſur mon viſage, ce peu de beauté qui charma autresfois Vliſſe : ce n'eſt pas ſi ie le dois reuoir, que ie ne fuſſe bien aiſe de l'auoir conſeruée : mais en l'eſtat où ie ſuis, ie trouue qu'il m'eſt honteux, de pouuoir encor faire des conqueſtes. Cependant vous n'ignorez pas, quel est ce nombre d'importuns, qui me persecutent & que ie méprise: pour moy ie doute si ie leur dois cacher, ou ma personne, ou mes larmes: car à dire les choses comme elles sont, ie ne pense plus auoir rien d'aimable, ny rien digne d'estre estimé, que l'excessiue douleur que me cause l'absence de mon cher Mary. Cependant Helene n'a quasi pas eu plus d'Esclaues que i'ay de Captifs, quoy qu'Helene & Penelope soient des personnes bien differentes: & quoy que i'aporte autant de soin à rompre leurs fers, qu'elle en aportoit à leur en donner. O Ciel! qui entendit iamais de pareils discours d'amour, à ceux que ces indiscrets me tiennent, pour me faire aprouuer leur passion, & pour me prouuer que leurs intentions sont legitimes? Vlisse est mort (me disent ces insensez) & par consequent nostre amour ne vous offence pas: ha si Vlisse est mort (leur repliquay-je auec des larmes) il ne faut qu'vn Cercueil pour Penelope: & s'il ne l'est pas, vous estes cruels & peu iudicieux, de venir soûpirer aux pieds d'vne personne, qui soûpire pour son absence, & qui ne vous peut iamais regarder que comme ses ennemis, plustost que comme ses Amans. Iugez apres cela, Seigneur, si l'on peut rien adiouster aux maux que ie souffre? laissez moy donc la liberté, de preferer la mort à l'absence : l'vne fait plus souffrir le corps que l'esprit, & l'autre tourmente plus l'esprit que le corps : l'vne fait finir toutes les infortunes, l'autre fait naistre toutes les douleurs : l'vne est vn mal qui ne dure qu'vn instant, l'autre est vn desespoir qui peut durer toute la vie : l'vne n'est qu'vn assoupissement de toutes les passions, l'autre est vn Tiran qui les fait regner successiuement en nostre ame : enfin la mort n'est qu'vne seule mort, & l'absence est vn enchainement de supplices, de tourmens, d'inquietudes, de craintes, de jalousies, de coleres, de desespoirs, & de morts continuelles. L'on fait des vœux qui se contredisent; l'on fait des souhaits dont on se repent; l'on attend toûjours, ce que l'on craind de ne voir iamais; l'on espere & l'on aprehende en mesme temps; l'on se forme des perils qui n'ont iamais esté; l'on accuſe auec injuſtice, ceux que l'on pleind & que l'on cherit auec raiſon ; l'on ſe hait quelquesfois ſoy meſme; l'on blâme ſa propre douleur, & l'on ne voudroit pas en eſtre conſolé ; l'on cache ſes larmes, & l'on ne voudroit pas que le temps les euſt eſſuyées; l'on enuie le bonheur d'autruy; l'on fuit la ſocieté, & la ſolitude eſt inſuportable; l'on voit tout ce que l'on ne veut point voir, & l'on ne voit point ce que l'on voudroit voir toûjours; l'on cherche ce que l'on eſt bien aſſuré de ne trouuer pas ; & pour tout dire en vne ſeule parole, l'on ſe trouue en eſtat de preferer la mort à l'abſence, & de faire des vœux pour obtenir ce que tout le monde craind, & ce que tout le monde fuit.

EFFET
DE CETTE HARANGVE.

L'On peut croire que le retour d'Vlisse fut l'effet de cette Harangue, & que l'equité du Ciel, l'acorda à des sentimens si tendres & si passionniz: puis qu'apres auoir erré tant d'années, sur la Mer & sur la Terre, il se reuit entre les bras de Penelope sa femme, de Laerte son Pere, & de Thelemaque son Fils; & que cette illustre & sage Personne, le reuit enfin dans Itaque, où elle l'auoit tant souhaité.

ENONE

A

SES COMPAGNES.

DIX-SEPTIESME HARANGVE.

ARGVMENT

APres que Paris fut mort, la malheureuse Enone qu'il auoit abandonnée, en receut vne affliction infinie. Le souuenir de ses bonnes qualitez, luy fit oublier son inconstance: & elle versa plus de larmes pour sa perte, qu'elle n'en auoit répandu pour son infidelité. La tendresse de son naturel, luy fit perdre la memoire de l'injure: & la force de l'inclination, luy fit conseruer la memoire de son amour, ou pour mieux dire son amour mesme. Ce fut donc par des sentimens si passionnez, qu'elle s'opposa aux consolations que les Bergeres du Mont Jda luy vouloient *donner: & ce fut par les mesmes sentimens, qu'elle leur dit pour les empescher de blasmer Paris, en pensant la consoler,* QVE LA HAINE NE DOIT POINT ALLER AV DELA DV TOMBEAV.

ENONE
O Genereuse Personne,
Que chacun doit Admirer!
Plaindre qui la fit pleurer;
Et pleurer qui l'Abandonne!
B.R

ENONE A SES COMPAGNES.

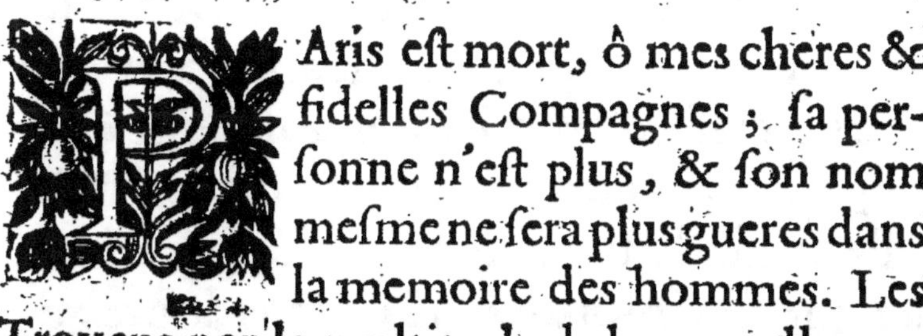

PAris eſt mort, ô mes cheres & fidelles Compagnes ; ſa perſonne n'eſt plus, & ſon nom meſme ne ſera plus gueres dans la memoire des hommes. Les Troyens par la multitude de leurs malheurs, oublieront ſa perte : les Grecs par le nombre de leurs victoires, ne ſe ſouuiendront plus de ſa deffaite : & Helene par ſon inconſtance ordinaire, effacera bien-toſt de ſon eſprit, celuy qu'elle eſtoit plus obligée de ſuiure dans le Cercueil, que dans ſes Galeres. Qui ſera-ce donc d'entre les viuans, qui prendra ſoin de faire reuiure en ſon cœur cet aimable Berger ? ſouffrira t'on que le plus accomply des hommes, ſoit enſeuely dans vn oubly eternel ? que les Ombres du Tombeau, offuſquent toute ſa lumiere ? & qu'il ſoit enfin comme s'il n'auoit iamais eſté ? ha non, non, la choſe n'ira pas ainſi : Enone, la malheureuſe Enone, n'abandonnera pas le ſoin de conſeruer le ſouuenir de ſes excellentes qualitez : elle l'a aimé lors qu'il l'aimoit ; elle l'a pleuré lors qu'il a ceſſé de l'aimer ; & elle le pleure auec amertume, maintenant qu'il n'a plus de part à la vie. Il a ceſſé d'eſtre inconſtant pour elle, en ceſſant de viure : il eſt donc bien iuſte qu'elle ceſſe de ſe pleindre de luy, & qu'elle pleigne ſon infortune. Il eſt ſans doute genereux de porter l'amour au delà du Tombeau : il y a quelque choſe de grand & de noble, à reuerer les Cendres de la perſonne aimée : mais il y a de la lâcheté, à vouloir porter la haine & la colere au delà du Monument. Il y a (dis-je) quelque choſe de cruel & d'inhumain, de pourſuiure auec opinjaſtreté, ceux qui ne ſe peuuent plus deffendre :

deffendre : & il y a de l'injustice en ces rencontres, d'oublier les bien-faits, & de ne se souuenir que des outrages. Tant que nostre ennemy est viuant, nous pouuons, & nous deuons mesmes quelques-fois nous en vanger, sans craindre de choquer ny la raison, ny la generosité : la vangeance est vn sentiment que la Nature inspire, & que la Vertu tollere en quelques occasions : cependant, dés que cet ennemy entre dans le Cercueil, il faut que la haine que nous auions pour luy sorte de nostre esprit; ne pouuant plus nous vanger sur sa personne, il faut rendre justice à sa memoire; la mort qui luy a rauy la lumiere, nous doit auoir satisfaits, quelque outrage que nous ayons receu; mais lors que cet ennemy a esté nostre Amant; mais lors que cet ennemy a possedé nostre cœur; mais lors que cet ennemy se peut vanter, que l'amour a fait naistre nostre haine; mais lors que cet ennemy nous est encor plus cher que la vie; mais lors que cet ennemy n'est mal auecques nous, que parce qu'il ne peut pas se repentir de l'inconstance qui nous l'a rauy; mais lors que nous portons enuie à celle qui nous l'a dérobé; mais lors que nos pleintes, nos impatiences, nos chagrins, nos menaces, & nos coleres, ne ſont que des marques de la paſſion que nous auons encor pour luy; s'il arriue (dis-je) que la mort le priue du iour, & nous priue en meſme temps, de l'eſpoir de le voir en eſtat de nous demander pardon de ſon crime; il faut (mes Compagnes) il faut luy témoigner noſtre affection d'vne autre ſorte. Ce n'eſt plus par des injures, par des reproches, & par des imprecations, qu'il faut témoigner que l'amour eſt encor dans noſtre ame: au contraire, il faut ſoûpirer auec tendreſſe; il faut pleurer auec amertume; & il faut regreter toute ſa vie, celuy que l'on a vne fois aimé plus que ſoy meſme, quelque coupable qu'il ſoit deuenu. Ha, que i'éprouue bien par la triſte experience que i'en fais, que la veritable paſſion, n'eſt iamais intereſſée! croirez vous (ſages Bergeres) ce que ie m'en vay vous dire? ie voudrois que Paris euſt eſté vainqueur de tous les Grecs, comme il l'a eſté du vaillant Achille; ie voudrois que Menelas ne fuſt plus en eſtat de luy redemander Helene ; ie voudrois meſme qu'il fuſt conſtant pour cette inconſtante, & qu'il fuſt toûjours ingrat pour la fermeté d'Enone, pourueu qu'il veſcuſt encore. Enfin ie l'aimerois mieux voir aux pieds de ma Riualle, qu'entre les bras de la mort. Ce ſentiment (me direz vous) eſt plus remply de generoſité que d'amour, puis que quiconque aime bien, ne peut iamais conſentir qu'on l'abandonne. Ne vous y trompez pas, mes Compagnes, & ne vous laiſſez point perſuader, qu'il ſoit permis de ne regarder que ſon intereſt en la perſonne aimée. Nous n'aimons pas toûjours, parce que l'on nous aime, mais parce ſeulement que ce que nous aimons nous ſemble digne d'eſtre aimé : & à parler veritablement, quoy que vous m'ayez entendu dire contre Paris, ie ne l'ay iamais hay. I'ay diſtingué ſa perſonne de ſon crime : & dans mes plus grands tranſports, ma haine a eſté iuſques à ma Riuale, & n'a point eſté iuſques à mon Amant. Il y a eu meſme pluſieurs inſtants, où i'ay excuſé dans mon cœur, les erreurs de l'vn & de l'autre : pourquoy (disoy-je quelques-fois) veux-je tant de mal à Helene, de ce qu'elle cherit ce que i'adore? pourquoy trouuay-je étrange, que les charmes de Paris ayent fait en Grece, ce qu'ils ont fait sur le Mont Ida? quels bisarres sentimens (adjoustois-je) sont ceux que l'amour inspire? ie hay tout ce qui n'aime point Paris ; & ie hay encor dauantage, celle qui l'aime plus que sa propre gloire : ses ennemis sont les miens, & cependant ie suis la plus mortelle ennemie de sa nouuelle Amante. Ceux qui ne le seruent pas, & ceux qui le seruent, me sont des objets de haine. Ha que ie suis injuste, de ne pouuoir souffrir que toute la terre honore, celuy que i'apelle mon vainqueur ; & de vouloir estre seule, à porter des chaines & des fers! mais (poursuiuois-je) tant que Paris a esté dans nos Bois ; i'ay aimé tout ce qu'il a aimé : s'il s'est diuerty à la Chasse, la Chasse a fait mes plus grands plaisirs : si la pesche luy a tenu lieu d'vne occupation agreable, la pesche a fait vne partie de ma felicité : i'ay aimé ses amis, ses diuertissemens, ses Troupeaux, ses Chiens, & toutes les choses qui ont esté à luy : ses inclinations ont reglé les miennes ; ses opinions ont détruit en mon esprit, tout ce qui s'y pouuoit opposer ; ma volonté ne luy a iamais esté rebelle ; il m'a fait aimer le Soleil où l'ombrage selon sa fantaisie ; & pour tout dire en peu de paroles, ie haïssois tout ce qu'il n'aimoit pas, i'aimois tout ce qu'il aimoit, & ie ne m'aimois moy mesme, que parce que ie croyois estre aimée de luy. Cependant (disoy-je encor en mon cœur) ie n'ay pas plustost oüy dire, qu'il estime & qu'il adore la beauté d'Helene, que ie la hay, que ie la deteste, & que ie la voudrois détruire, s'il estoit en mon pouuoir : ha non, non, (adjoûtois-je) excusons en cette Princesse, la mesme passion qui regne en nostre ame, & portons ce respect à Paris, de ne haïr pas ce qu'il aime. Mais (me direz vous mes cheres Compagnes) apres auoir excusé vostre Riuale, comment pouuiez vous excuser vn infidelle ? ie l'excusois comme ie l'excuse aujourd'huy : & certes à dire les choses comme elles sont, il estoit aussi digne de ma compassion que de mes reproches. Son inconstance a esté vn effet de son merite, de mon malheur, & de son destin. Le moyen d'estre aimé d'Helene, & de n'estre pas inconstant? cet Astre de la beauté, qui n'a iamais éclairé personne sans l'éblouïr, pouuoit il échauffer le cœur de Paris sans le reduire en Cendre, & sans en effacer l'image de la malheureuse Enone? il y auoit trop d'inégalité en ce combat secret, que Paris sans doute sentit dans son cœur, lors qu'il falut m'abandonner, pour esperer d'en remporter la victoire : le souuenir d'vne simple Bergere, ne pouuoit pas s'opposer, à la presence de la plus belle Princesse qui fut iamais : la peinture d'Enone qu'il auoit en l'ame, ne luy faisoit voir que des Guirlandes de fleurs sur sa teste, & l'autre mettoit effectiuement, vne Couronne à ses pieds. Il se ressouuenoit peut-estre, que lors qu'il me visitoit, ie ne quitois que des sieges de Gazon, pour aller au deuant de luy; & il voyoit qu'Helene descendoit du Thrône pour le receuoir. Se seruir d'vne Houlette auec adresse, ou tenir vn Sceptre de bonne grace, sont des choses toutes differentes:

tant que Paris a esté Berger, i'ay eu assez de charmes pour le conquerir, & pour conseruer ma conqueste : mais dés qu'il a commencé de viure comme vn Prince, il a commencé d'aimer vne Princesse, & de mépriser vne Bergere. Paris mourut pour Enone, le iour qu'il l'abandonna : & ie puis dire maintenant qu'il est mort pour Helene, & qu'il est ressuscité pour Enone, puis qu'il a quité sa Riuale, & qu'il viura toûjours dans mon cœur. En l'estat que la cruauté de la mort l'a mis, il n'est plus ny Prince ny Berger : il n'a emporté ny Sceptre ny Houlette dans le Cercueil : l'obscurité du Monument, ne luy permet plus de se faire Iuge de la beauté d'Helene, ny de la mienne : & si quelque connoissance luy demeure, c'est sans doute celle de la difference de l'amour que luy a porté cette belle Grecque, à celle que ie luy porteray toute ma vie. Oüy (discretes Bergeres) ie suis quasi assurée, que l'aimable Paris se repent de ce qu'il a fait : il voudroit pouuoir reuiure, pour me donner de nouuelles marques de sa seruitude, & pour me demander pardon d'vne faute, où le pouuoir de la destinée l'a forcé. Mais quand il seroit encor aussi coupable dans le Tombeau, qu'il vous l'a paru en quitant Enone, il ne faut pas qu'Enone se rende criminelle à son exemple : s'il a esté inconstant, il ne faut pas qu'elle soit inhumaine ; s'il l'a quitée auec ingratitude, il ne faut pas qu'elle le quitte auec injustice, & qu'elle change le dessein qu'elle a de le pleurer toûjours. Lors que la femme de Menelas, m'eut dérobé le cœur de Paris, & que la renommée me l'eut fait sçauoir, vous vistes quelle fut la douleur que i'en ressentis : cependant il m'estoit encor permis d'esperer, que la mesme inconstance qui me l'auoit rauy me le redonneroit ; qu'il changeroit vne seconde fois à mon aduantage ; que la beauté de mon ame, reuiendroit en sa memoire, & l'obligeroit peut-estre, à la preferer à la beauté d'Helene. Ie pouuois (dis-je) penser, que les Grecs ayant reconquis cette Helene, Enone pourroit reconquerir l'aimable Paris : mais aujourd'huy que Paris est perdu pour toûjours, pourquoy ne voulez vous pas que je m'en afflige, ou pour mieux dire, que ie m'en desespere? la premiere fois que ie le perdis, celle qui me l'auoit dérobé pouuoit me le rendre, ou par vice, ou par vertu: mais cette impitoyable qui l'a enleué, ne rend iamais rien de tout ce qu'elle prend. Elle cache sous la Terre, tous les Thresors qu'elle dérobe: ou pour mieux dire encor, elle aneantit toutes ses conquestes; elle ne se fait des sujets, que pour les faire perir; & ne gagne tout, que pour tout perdre. Pourquoy donc (ô cruelles personnes que vous estes) ne voulez vous pas que ie pleigne le pitoyable destin de Paris? mais (me direz vous) il estoit coupable: mais (vous répondray-je) il a cessé de l'estre en cessant de viure. Croyez, aimables Filles, croyez, que puis que i'ay pû aimer Paris, lors qu'il estoit Amant d'Helene, il me doit bien estre permis de l'aimer, maintenant qu'il ne l'est plus, & qu'il est dans la Sepulture. Puis que ie l'ay pû aimer inconstant, ie puis sans doute l'aimer mort: & puis à parler selon la raison, ie tiens qu'il est non seulement injuste, non seulement cruel, mais impossible encor, que la haine puisse aller au delà du Tombeau. Les plus inhumains & les plus irreconciliables, s'ils voyoient les Monumens de leurs ennemis ouuerts, en auroient de la compassion, & ne pourroient retenir leur haine, à la veuë d'vn si pitoyable objet. Quand vn Prince ambitieux, verroit celuy qui luy auroit voulu arracher la Couronne de dessus la teste, reduit en Cendre, & toute son ambition renfermée dans vn Vrne, il le pleindroit plustost que de le haïr : & il pleureroit sans doute, comme le vaillant Achille pleura, aux funerailles d'Hector, quoy qu'il fust son ennemy. Iugez donc s'il est possible, de voir vn Amant en cet estat déplorable, sans verser des larmes? de voir tout ce que l'on a aimé entierement détruit, sans s'en affliger? & de voir vne partie de soy mesme dans le Cercueil, sans en sentir la separation auec amertume? c'est vn sentiment naturel, que de haïr ce qui nous peut nuire : mais de vouloir mal à ce qui n'est plus en pouuoir de nous en faire, c'est aller contre la Raison & contre la Nature. Tous les malheureux doiuent attirer la compassion ; tous les morts doiuent faire verser des larmes ; & la haine enfin ne doit au plus s'attaquer qu'aux heureux, lors qu'ils sont insolens, & qu'ils nous persecutent ; & ne doit iamais s'attaquer aux miserables, qui ne nous peuuent plus nuire. Quand i'aurois hay Paris tant qu'il a vescu, ma haine respecteroit son Tombeau : elle sortiroit de mon cœur, pour faire place à la pitié : & ie pleindrois par generosité, celuy dont ie me serois pleinte auec justice. Iugez donc si ie puis commencer de haïr dans les bras de la mort, celuy que i'ay pû aimer aux pieds de ma Riuale ? non, non, n'esperez pas me persuader, qu'il est iuste de porter la haine au delà du Cercueil : ce sentiment est trop bas pour le suiure, & trop injuste pour l'écouter. Il choque toutes les vertus Heroïques, & ne peut produire rien de bon : c'est estre lasche inutilement, que de conseruer de la haine, pour vn ennemy dont on ne se peut plus vanger : c'est se vanger sur soy mesme que d'en vser ainsi : puis que pour l'ordinaire, cette passion incommode plus ceux chez qui elle est, que ceux à qui elle s'attache : & si les hommes estoient equitables, il n'y auroit que la haine du vice, qui passast pour iuste dans leur esprit. Car à raisonner sans interest, & sur toutes les conditions; ceux qui haïssent leurs Souuerains, feroient mieux de les respecter, ne pouuant s'en vanger sans se perdre, & sans perdre leur innocence: ceux qui veulent mal à leurs égaux, feroient mieux ne les pouuans aimer, de les tenir pour indifferens: & ceux qui ne peuuent souffrir leurs inferieurs, feroient mieux aussi de les mépriser que de les haïr. La haine est vne passion farouche, qui fait du mal à tout ce qui l'aproche: les traits qu'elle tire sur ceux qui l'ont fait naistre, rejallissent iusques dans le coeur de celuy qu'elle possede: il sent vne partie du mal qui fait à ses ennemis: & n'est iamais sans inquietude & sans chagrin, tant que cette fascheuse hostesse est dans son ame. Que s'il est donc vray, que ce soit manquer de courage, que de vouloir mal à ses égaux; & que ce soit manquer de vertu, que de persecuter ses inferieurs; il est encor plus certain, que c'est manquer tout à la fois, & de prudence, & d'equité, & de courage,

& de vertu, que de conseruer la haine au delà du Tombeau, principalement lors que ceux qu'il enferme, ont esté aimez de nous pendant qu'ils ont vescu. Mais (me direz vous) ils se sont rendus coupables : mais (vous répondray-je) la mort les iustifie en les punissant. Pourquoy donc voudriez vous, que par vne haine injuste, i'allasse insulter sur vn malheureux innocent? l'amour de Paris pour Helene ayant cessé d'estre, la haine d'Enone pour Paris, deuroit cesser tout de mesme si elle en auoit eu, puis que sans doute il n'a plus de sentimens injustes pour elle. Quel objet auroit cette haine, sages & discrettes Bergeres? en l'estat qu'est ce déplorable Prince, que peut-on voir en luy, qui ne demande des larmes de compassion? ce n'est plus cet Esclaue reuolté qui m'abandonna, & qui ne fit neantmoins que changer des chaines de roses, en des fers plus precieux, mais plus pesants; ce n'est plus cet aimable infidelle, qui tout inconstant qu'il estoit, me plaisoit encor plus que tout le reste du monde; ce n'est plus cet adorable Berger, qui fut si long-temps l'ornement de nos Campagnes ; ce n'est plus ce Prince genereux , qui vangea la mort du vaillant Hector ; ce n'est plus ny le rauisseur , ny l'Amant d'Helene ; mais c'est celuy de la malheureuse Enone, que la mort a détruit, & que la pieté des Troyens a reduit en Cendre. Voyez, mes Compagnes, si cette Vrne funeste peut donner des sentimens de haine, & si au contraire, elle n'excite pas de la pitié ? il est vray que celuy qu'elle enferme, m'a fait verser beaucoup de larmes par son changement : mais à dire les choses comme elles sont, ie pense que i'en dois quasi plutost accuser ma fermeté que son inconstance. Car encore que ce soient deux causes toutes differentes, & directement oposées, elles ont toutefois produit deux effets tous semblables dans mon cœur : l'vne en me donnant sujet de me pleindre, & l'autre de me desesperer. I'auois toûjours creu que le plus aigre effet d'vne injure, consistoit en la delicatesse du ressentiment de celuy qui la receuoit, & i'ay bien connû à mes despens, que la chose estoit comme je la pensois : car si i'eusse pû obtenir de moy, de ne me soucier pas du changement de Paris ; ou que tournant ailleurs ma pensée, i'eusse fait auec raison, ce qu'il faisoit auec injustice ; i'eusse vescu en repos, & ie pourrois aujourd'huy estre capable de quelque consolation. Vous voyez donc bien que la douleur la plus violente que ie souffre, ne vient pas de ce que Paris a faussé sa foy à Enone, mais de ce qu'Enone luy garde la sienne. Elle ne vient pas de ce qu'il esteignit les feux qu'il auoit pour elle, mais de ce qu'elle conserue encor la flâme qu'elle a euë pour luy. Son inconstance a fait son crime, ie l'aduouë ; mais moy seule ay fait mon malheur. Ne nous pleignons donc plus de luy, & pleignons seulement sa perte. Que sçay-je (discrettes Bergeres) si ce n'a pas esté plustost la main d'Enone, que celle de Philotecte, qui l'a reduit en cet estat déplorable ? que sçay-je si c'est pour le rauissement d'Helene, ou pour l'abandonnement d'Enone, que le Ciel l'a puny ? que sçay-je si mes larmes n'ont point attiré le malheur sur sa teste ? que sçay-je si les imprecations que i'ay faites, dans les premiers transports de ma douleur, n'ont point esté écoutez trop fauorablement des Dieux? & que sçay-je enfin, si je ne suis point la seule cause de sa mort? Ha s'il est ainsi, trop iustes Dieux, que vous auez mal expliqué mes sentimens! que vous m'auez esté rigoureux, en voulant m'estre fauorables! & que vous m'auez outragée, en me voulant vanger! il falloit exaucer les vœux secrets de mon cœur, & non pas écouter les pleintes de ma bouche: il falloit me redonner Paris, & non pas me le rauir pour toûjours: il falloit recompenser ma constance par son repentir, & non pas punir son infidelité, par vn châtiment qui m'est plus rude, qu'il ne luy est rigoureux: enfin il valloit mieux encor le laisser viure coupable & impuny, que le faire mourir pour me rendre la plus malheureuse personne qui fut iamais sur la Terre. Mais le Destin en a disposé autrement: Helene toute criminelle qu'elle est, échape à la Iustice des Dieux; & Enone toute innocente qu'elle a vescu, ne laisse pas de sentir leur rigueur auec amertume. Car non seulement elle pleure la perte de Paris; non seulement elle aime celuy qui ne l'a pas toû-

jours

iours aimée; mais elle craint encor, que son innocence, sa vertu, & son amour, n'ayent contribué quelque chose à sa perte. Oüy, mes cheres Compagnes, peu s'en faut que ie ne sois affligée, de n'auoir pas esté criminelle; de n'auoir pas esté inconstante; & de n'auoir pas hay Paris; puisque si i'auois merité mon infortune, il n'auroit peut-estre pas ressenty la fureur du Ciel. Mais puis qu'il plaist au Destin qu'il soit malheureux, & que ie sois innocente, ne ternissons pas du moins nostre gloire, par vne haine remplie de cruauté & de foiblesse. Aimons dans le Cercueil, celuy que nous auons aimé dans nos bois: & ne nous laissons iamais persuader, que la haine doiue aller au delà du Tombeau. L'inconstance mesme de Paris, est plus excusable que ne seroit mon inhumanité, si ie le haïssois dans la Sepulture: car quoy que vous me puissiez dire, ce sentiment ne peut iamais estre raisonnable. Toutes les passions doiuent mourir auec ce qui les a fait naistre: & le feu de l'amour seulement, à ce priuilege particulier, de pouuoir estre conserué, dans les Cendres de la personne aimée. L'on peut enfermer son cœur & ses plaisirs, dans l'Vrne de son Amant; l'on peut errer toute sa vie, à l'entour de son Tombeau; l'on peut reuerer sa memoire comme sa personne; enfin l'on peut aimer ce qui n'est plus; mais l'on ne doit iamais haïr ce qui a cessé d'estre, ny penser à se vanger, de ce qui n'est plus en pouuoir de nous nuire. En vn mot, si vn homme qui jette ses Armes dans vn Combat particulier, desarme son ennemy quand il est genereux, & l'empesche de le poursuiure, parce qu'il ne le pourroit faire sans aduantage; quel manquement de generosité n'est-ce pas, de poursuiure au delà du Monument, celuy que la Mort a vaincu; celuy qu'elle a desarmé, de tout ce qui le pouuoit defendre; celuy qui ne peut plus repousser la force par la force; celuy qui ne peut mesme plus fuir, ceux qui le suiuent auec opiniastreté? oüy mes Compagnes, que les plus enragez aillent dans les Tombeaux de leurs ennemis, & qu'ils y portent auec eux la haine, la vangeance, & la fureur: quand ils auront employé toute leur cruauté; qu'ils auront violé le respect que l'on doit aux morts; qu'ils auront dissipé les Ombres de ces funestes lieux par leur violence; que trouueront ils qui puisse estre vn digne objet de leur haine, de leur vangeance, & de leur fureur? ils trouueront vn peu de poussiere enfermée dans vne Vrne. Ne voilà pas (mes Compagnes) vn pitoyable objet pour faire naistre la haine? ha non, non, ne vous y trompez plus! croyez auec moy, qu'il faudroit que ie cessasse de haïr Paris, si i'auois commencé de le faire: & croyez encor auec plus de raison, que l'ayant toûjours parfaitement aimé, ie ne dois pas commencer de luy vouloir mal. Car puis qu'il y a de la lascheté à haïr son ennemy, lors qu'il a perdu la lumiere, il y auroit de l'inhumanité à haïr son Amant, lors qu'il est priué du iour. Les coups qu'Achille donna au vaillant Hector apres qu'il fut mort, ont des-honnoré sa victoire: tant il est vray que la haine est injuste, dés que nos ennemis ont perdu la vie. La fureur des bestes sauuages, s'allentit aussi tost qu'on cesse de leur resister: pourquoy donc ne voudroit-on pas que les hommes fissent par raison, ce qu'elles font par vn instinct naturel ; & pourquoy voudroit-on qu'ils fussent plus cruels que les Tigres ? pour moy dont les sentimens sont trop tendres, pour estre capables d'vne passion si barbare que celle là ; i'aimeray toute ma vie le malheureux Paris, tout inconstant qu'il a esté ; i'arroseray ses Cendres de mes larmes ; ie conserueray son image dans mon cœur ; ie chasseray de ma memoire, tout ce qui pourroit me le rendre moins aimable ; ie me souuiendray de tout ce qui me l'a fait aimer ; ie ne le regarderay point comme le fils de Priam qui m'a abandonnée, ie le considereray comme vn simple Berger, qui m'a fidellement seruie tant qu'il l'a esté ; enfin ie ne le verray iamais des yeux de l'esprit, comme le Captif d'Helene, mais comme l'Amant d'Enone. De sorte que bien loin de porter la haine au delà du Tombeau, ie conserueray ma premiere flâme, malgré les ombres du Cercueil : & ie porteray l'amour que i'ay dans l'ame, du Monument de l'aimable Paris, à celuy de la malheureuse Enone.

EFFET
DE CETTE HARANGVE.

IL paroist bien que ces paroles, ou de semblables, persuaderent les Compagnes de cette belle affligée, & que sa douleur eut toute la liberté qu'elle demandoit : puis que pour representer l'excez de son affliction, & l'abondance de ses larmes; l'antiquité nous a dit, qu'elle se fondit toute en eau, & qu'elle fut attirée par le Soleil, comme vne vapeur de laquelle il fit apres éclater des foudres, capables d'effrayer tous les inconstans, & de faire peur à tous les coupables.

GENIEVRE

A

ARIODANT

DIX-HVITIESME HARANGVE.

GENIEVRE

A

ARIODANT

DIX-HVITIESME HARANGVE

ARGVMENT.

ARiodant, apres auoir creu sa Mestresse infidelle, par les artifices de Polimnesse son Riual, aprist enfin son innocence, de la bouche mesme de celuy qui l'auoit trompé, & vit clairement le tort qu'il auoit eu de la soupçonner. De sorte que s'estimant presques aussi coupable, que l'estoit cet artificieux ennemy, qui l'auoit engagé dans ce crime, il ne pût reuoir la belle Genievre, sans vne étran-

ge confusion. Ce fut donc pendant ce desordre, que cette Princesse deffendit ainsi sa vertu calomniée, & qu'elle le contraignit d'auoüer, QVE LES APARENCES SONT TROMPEVSES.

GENIEVRE
B.R.
Sa vertu fut soupçonnée,
Mais elle le fut a tort;
Et sur le point de sa mort,
Elle se vit Couronnée.

GENIEVRE A ARIODANT.

IL est donc vray, qu'Ariodant a pû croire Genievre coupable ! il est donc vray, qu'il a pû la condamner sans l'entendre ! il est donc vray, qu'il l'a creuë non seulement sans constance & sans amour, mais sans honneur & sans vertu ! il est donc vray, qu'il a fait vn outrage si sanglant, à celle qu'il adoroit autrefois ! il est donc vray, qu'il a exposé sa vie & sa reputation, luy qui deuoit plustost mourir pour deffendre l'vne & l'autre ! Ha, puis que toutes ces choses sont vrayes (comme ie n'en sçaurois douter) il ne faut plus s'assurer à rien, il ne faut plus se fier en l'affection de personne; il ne faut plus aimer aucun; il ne faut plus souffrir d'en estre aimée; & il faut viure auec tout le monde, comme si tout le monde estoit ennemy. Oüy Ariodant, vous m'auez donné sujet d'établir ces maximes en mon esprit, par l'offence que vous m'auez faite: & si ie ne les suy toûjours, ie donneray plus de marques de ma foiblesse que de mon iugement, ou pour me flater encor vn peu, plus de preuues de ma bonté, que de celles de ma justice. Quoy injuste & inhumain que vous estes, vous auez oublié que les aparences sont trompeuses? que les conjectures le sont aussi? & que tout ce qui vient de nos ennemis doit estre suspect, quand mesme il nous seroit fauorable, à plus forte raison lors qu'il nous est si contraire! ignorez vous que les plus innocens, ont souuent esté creus les plus coupables? que les Iuges les plus exacts, & les plus des interessez, ont souuent absous des criminels, & condamné des malheureux, qui n'auoient commis aucun crime? & bref que la connoissance humaine est si foible, & si facile à deceuoir, qu'elle ne doit iuger des actions d'autruy qu'en tremblant, de peur de faire vn iugement temeraire, & de peur de commettre vne injustice, quoy qu'elle aye intention d'estre juste ? le crime duquel on m'a accusée est si honteux, que ie doute si la pudeur me doit permettre de me deffendre, puis que pour me deffendre, il faut parler de ce crime, qui est si contraire à la pudeur : neantmoins l'innocence & la gloire, sont des choses si precieuses, qu'elles meritent bien qu'on fasse vn effort pour les conseruer : & d'autant plus, que la rougeur mesme qu'vn pareil discours me mettra sans doute sur le visage, sera encor vne marque de cette pudeur, que mon Sexe doit toûjours auoir, & que ie n'ay iamais perduë. Vous dites donc (si la confusion que i'ay ne trouble ma memoire, comme elle trouble mon esprit) que le perfide Duc d'Albanie, vous fit vne fausse confidence ; vous assura qu'il estoit absolument maistre de mon cœur ; & que pendant que vostre credulité abusée, ne receuoit que des paroles, son affection receuoit de moy, les dernieres marques de la mienne. Mais ô Dieu, Ariodant, à quoy songiez vous, lors que ce lasche & cet artificieux ennemy ; vous parla de cette sorte ? qu'estoit deuenuë vostre raison, & qu'estoit deuenu vostre courage ? ne falloit-il pas à l'heure mesme, au lieu de croire cet insolent, le punir de son imposture, & luy faire aduoüer deslors, ce qu'il a depuis confessé ? ne falloit-il pas plustost croire vostre Riual vn meschant, que croire vostre Mestresse vne infame ? & quelle raison auiez vous, d'adjoûter plus de foy aux paroles de Polimnesse, qu'aux sermens de l'infortunée Genievre ? auiez vous oublié que qui dit Riual, dit ennemy, & que lors que cet ennemy n'est pas genereux, il n'est rien qu'il n'entreprenne & qu'il ne fasse, pour trouuer vne occasion de nuire ? auiez vous oublié que l'estime doit estre inseparable de l'amour, & qu'à moins que de voir soy mesme le crime de la personne aimée, on ne doit iamais l'en croire capable ? ouy, tous les témoins doiuent estre suspects ; les yeux mesmes le doiuent estre la premiere fois ; & tant qu'vne verité si importante peut estre douteuse, l'amour doit l'emporter sur la jalousie. & l'esprit suiuant encor son ancienne inclination, doit plustost pan-

cher

cher vers l'accusé, que non pas vers l'accusateur, qu'vn interest si pressant & si remarquable doit toûjours rendre fort suspect. Et puis, à bien raisonner sur les choses, quelle aparence auoit cette pretenduë infidelité? pourquoy feindre de n'aimer pas Polimnesse, luy qui estoit de condition à épouser Genievre? & pourquoy feindre d'aimer Ariodant, luy qui ne passe icy que pour vn simple Cheualier? l'vn estoit le plus Grand Seigneur du Royaume de mon Pere; l'autre n'auoit rien en Escosse, & n'osoit mesme reuoir l'Italie, qui est son Païs natal. L'vn estoit de ma nation, l'autre estoit vn étranger. Ie connoissois l'vn particulierement, ie ne connoissois quasi pas l'autre. Et si mon inclination & vostre merite n'auoiēt assujety mon cœur, & triomphé de ma raison, ie ne voy pas qui m'auroit obligée à feindre; ie ne voy pas pourquoy i'eusse méprisé Polimnesse; ie ne voi pas pourquoy i'eusse estimé Ariodant; & ie pense que vous ne sçauriez dire vous mesme à quoy cet artifice auroit esté bon. I'ay caché l'affection que i'auois pour vous, parce que i'auois lieu de craindre que le Roy mon Pere ne l'aprouuast pas: mais il ne m'auroit nullement

esté necessaire, de cacher celle que i'aurois euë pour le Duc d'Albanie, que mon Pere n'auroit pas manqué d'aprouuer. Il est vray (me direz vous) qu'à examiner les choses de cette façon, & qu'à les considerer à loisir, le crime dont vous estiez accusée, auroit eu fort peu d'aparence : mais outre qu'vne atteinte si sensible, trouble toûjours le iugement, & luy oste le pouuoir de bien discerner la verité du mensonge; le témoignage des yeux est si pressant, que l'on n'a rien à dire contre luy; & que biẽ loin d'absoudre vn autre, il obligeroit à se condamner soy mesme. I'auouë que ce témoignage est considerable; qu'il est peu de témoins plus fidelles que les yeux; & que leur raport ne peut manquer de faire vne forte impressiõ en nôtre ame: toutefois ces témoins ne sont pas irreprochables; ils peuuent estre trompez comme tous les autres; & si vous m'écoutez attentiuement, ie pense que ie vous feray aduoüer, que vous auez eu tort de les croire. Vous dittes donc, qu'en suite de cette fausse confidence, de laquelle nous auons déja parlé, le perfide Polimnesse, vous promit de vous faire voir son Triomphe &

vostre deffaite, ou pour mieux dire, son crime & mon infamie: & qu'en effet, il vous conduisit comme tout le monde estoit endormy, dans vne basse court du Palais fort peu frequentée, & qui est derriere mon Aparment. Mais pourquoy ne vous souuintes vous point en cette occasion, que l'obscurité de la nuit, n'est pas moins fauorable aux fourbes qu'aux Amans? qu'elle est la Mere des fausses illusions, & la complice de tous les trompeurs? pourquoy ne soupçonnastes vous point d'artifice, le soin que le Duc d'Albanie aportoit, à vous éloigner du Balcon où ie deuois paroistre? pourquoy ne le suiuistes vous pas de plus pres? pourquoy obseruastes vous si religieusement, l'ordre qu'il vous donna de vous éloigner, aussi-tost que vous m'auriez veuë? & pourquoy crustes vous voir alors, ce que vous voyez bien maintenant, que vous ne vistes point du tout? O Dieu, quels fantômes ne se forme point, vne imagination blessée! quelles ombres ne prend elle pas pour des corps! & quelles choses impossibles, ne croit elle pas certaines! vous me vistes sur vn Balcon; vous me vistes ietter vne eschelle de corde ; vous me vistes receuoir vostre Riual ; & cependant vous ne me vistes, ny vous ne me pustes voir en ce lieu là, puis que i'en estois bien éloignée. Mais de grace, Ariodãt, faites moy sçauoir à quoy vous me pustes reconnoistre de si loin, dans vn lieu si sombre, & pendant vne nuit si tenebreuse ? ay-je vne taille si extraordinaire en grandeur ou en petitesse, que celle d'aucune Dame de la Cour n'en aproche ? auez vous les yeux de ces oyseaux qui voyent mieux la nuit que le iour ? ou plustost, ne fustes vous pas absolument aueugle en cette rencontre ? vous creustes me reconnoistre (dittes vous) à l'habillement que ie portois ; comme en effet nous auons sceu depuis que la coupable Alinde s'en estoit parée, par l'ordre du perfide qui la trompoit, à dessein de vous tromper. Mais apres tout, cette preuue suffisoit elle, pour me condamner sans m'entendre ? cette robe estoit elle le manteau Royal que l'on ne peut iamais auoir que sur le Thrône ? & cette étoffe si brillante, m'estoit-elle si particuliere, que nulle autre que moy n'est pust auoir de semblable ? de plus, comment pustes vous remarquer cet habit, si vous ne pustes remarquer mon visage ? & comment ne remarquier pas mon visage, si vous pustes bien remarquer mon habit ? estoit-ce que vous auiez plus regardé l'vn que l'autre, & qu'il auoit plus touché vostre inclination ? pour moy i'auois toûjours creu, que l'image de la personne aimée, estoit si bien empreinte en l'ame d'vn veritable Amant, qu'il ne pouuoit iamais prendre vne autre pour sa Mestresse. Il me sembloit que comme elle occupe sa memoire aussi bien que son cœur, & que son esprit n'a presques point d'autre objet, vne main, vn cheueu, son ombre mesme, suffisoit pour la distinguer de toute autre, & pour ne s'y tromper iamais. Que si vous me dites que l'obscurité de la nuit, vous doit estre vne excuse legitime, ie vous répondray aussi-tost, que cette mesme obscurité vous condamne, puis que sans considerer les erreurs qu'elle peut faire commettre, vous m'auez cruë coupable, & vous m'auez condamnée. Plus ie considere vostre faute, moins ie la trouue pardonnable ; plus ie considere vostre erreur, plus ie la trouue mal fondée : car quelle aparence y auoit-il, qu'vne Princesse de ma condition, vint elle mesme à vne heure si étrange, ouurir les fenestres de ce Balcon; ietter vne eschelle de corde; & s'exposer à estre veuë, dans vne occupation si indigne d'elle? comment eussay-je pû me démesler de toutes mes femmes? n'en couche t'il point dans ma chambre? n'y a t'il point de bougie allumée? leur auoy-je fait confidence à toutes, d'vne passion si honteuse? ou si ie leur auois fait prendre à toutes, vn bruuage assoupissant, qui les auoit endormies? pourquoy ne me confier pas à vne d'elles, pour enuoyer receuoir Polimnesse, sans y aller moy mesme auec autant de honte que de danger? estoit-ce pour témoigner mieux mon impatience amoureuse? estoit-ce pour obliger dauantage mon Amant? non, non, quoy que ie n'aye iamais eu de pareils intrigues, & que i'y sois fort ignorante, ie n'ay pas laissé de sçauoir, qu'vne femme, qui veut donner beaucoup d'amour, ne doit pas montrer toute la sienne: & que la pudeur est vne chose si excellente, si agreable, & si necessaire aux personnes de mon sexe, que les plus perduës tâchent adroitement d'en conseruer quelque ombre en leurs actions, de peur de se faire hair, en se voulant trop faire aimer. Mais dites moy encor ie vous en conjure, par quelle maxime d'Estat, par quelle politique d'amour, & par quel stratageme de guerre, il falloit que le Duc d'Albanie entrast dans mon Apartement par vn Balcon, luy qui y passoit les iournées entieres, & qui m'y voyoit tous les iours ? ne m'auroit-il pas esté plus facile & moins dangereux, de le faire cacher dans vn Cabinet, où il seroit entré vers le soir, sans estre veu de personne, que non pas de l'exposer à cette escalade, qui pouuoit estre découuerte par quelqu'vn ? comme en effet elle la fut, non seulement par vous, mais par Lurcain vostre Frere qui vous suiuit; qui fut trompé comme vous le fustes; qui m'accusa depuis au Roy mon Pere; & qui (suiuant la loy de ce Royaume) me mit en danger d'estre brulée toute viue, quoy que ie fusse innocente, & quoy que i'eusse plus de pureté, que la flâme qui me deuoit deuorer. Mais encor vne fois, Ariodant, à quoy pouuoit seruir cette escalade, aussi bizarre que perilleuse? estoit-ce pour redoubler la satisfaction par les peines,

& l'amour par les dificultez ? estoit-ce pour faire acheter ce que ie donnois, & pour en diminuer l'obligation ? estoit-ce pour exposer mon Amant, à estre assassiné par les Gardes du Roy mon Pere, qui pouuoient le surprendre en cette action dans le Palais ? & bref estoit-ce pour me ruiner d'honneur, & pour passer pour vne infame, non seulement dans cette Cour, mais encor par toute la terre ? ha injuste & inhumain que vous estes, vous me mandastes par celuy qui fut témoin de vostre desespoir, que vous mouriez pour auoir trop veu; mais vous mouriez au contraire pour auoir mal veu, & pour n'auoir pas consideré comme vous deuiez, que les aparences sont trompeuses. Veritablement ie ne m'étonne pas moins de ma bonté, que ie m'étonne de vostre aueuglement, & l'vne n'est pas moins inconceuable que l'autre. Car ie devrois vous chasser, & ie vous souffre; ie devrois ne vous voir iamais, & ie vous regarde toujours; ie devrois vous haïr, & ie vous aime; c'est trop, c'est trop, ie le confesse, & d'autant plus, que si mon cœur ne peut s'empescher de commettre cette lascheté, il devroit au moins la cacher,

cacher, & ne donner pas vne nouuelle gloire à vn ingrat, qui deuroit mourir de confusion & de regret. Ie sçay bien que vous me direz, que vostre faute mesme fut vne marque de vostre affection; puis que ne pouuant souffrir mon inconstance pretenduë, vous vous alliez tuer de vostre propre main, si vostre Frere ne vous en eust empesché. Mais pourquoy voulez vous faire passer dans mon esprit, vn outrage pour vne grace, & vn crime pour vne action glorieuse ? que n'eussent point imaginé contre moy, l'ignorance & l'imposture, lors que le iour eust fait voir ce funeste & sanglant spectacle, duquel la nuit eust caché la cause ? que n'eust point dit la médisance en cette rencontre, sur vn accident si étrange ? & que n'eust point pensé le Roy mon Pere luy mesme, voyant vn homme mort sous les fenestres de mon Apartement, & vn homme que l'on sçauoit bien qui ne me haïssoit pas ? comme les aparences sont trompeuses, chacun auroit fait vn iugemẽt à sa mode, chacun auroit cherché, ce que personne ne pouuoit trouuer, chacun auroit fantasié selon sa foiblesse ou sa malice, le sujet de cette tragique auanture : mais dans cette diuersité d'opinions, tous se seroient accordez en ce poinct que i'estois coupable, & que ma reputation estoit perduë. Et puis, quelle procedure estoit la vostre en cette occasion ? pourquoy ne tuer pas plustost vostre Riual que vous mesme ? pourquoy ne chercher pas plustost à vous vanger qu'à vous perdre ? & pourquoy le laisser paisible possesseur d'vn bien, que vous auiez tant estimé, & que ie vous auois tant promis ? ie sçay que vous me direz, que vostre desespoir n'en demeura pas encore là : & qu'Ariodant ne pouuant viure sans Genievre, se déroba de ce Frere officieux qui luy voulut sauuer la vie, & qu'il fut se precipiter dãs la Mer pour y mourir, du haut d'vn Rocher innaccessible. Mais croyez vous que cette action desesperée me puisse plaire, & que ie vous la puisse pardonner ? ne songez vous point qu'elle m'ostoit tout ce que i'aimois, sans que ie pusse sçauoir la cause d'vne perte si sensible ? ne songez vous point que vostre mort auroit auancé la mienne, & que mon suplice auroit esté d'autant plus cruel, que i'aurois absolumẽt ignoré pour quelle raison ie le souffrois, & pour quelle raison vous auriez voulu nous perdre? ce n'est pas vne foible consolation aux malheureux, de sçauoir d'où procede leur infortune: & c'est vn étrange desespoir aux innocens, d'ignorer d'où vient leur disgrace. Ie sçay bien que vous me direz encor, que lors que vostre Frere m'accusa injustement; que lors que par la Loy du Païs, ie fus exposée au danger du feu; que lors que par l'absence du genereux Zerbin mon Frere, mon innocence demeura sans protection; l'Amour fut plus fort en vostre ame que la Nature; que vous pristes d'autres armes que les vostres; & que vous vintes inconnû, pour combatre Lurcain en ma faueur, sans considerer quel estoit le sang que vous vous exposiez à répādre. Mais outre que ie ne croy pas que nul pretexte puisse iamais authoriser vn fratricide, pensez vous que cette espece de iustification, m'eust esté fort auantageuse? vous m'auriez veritablement sauué la vie, mais vous ne m'auriez pas sauué l'honneur, que i'estime plus que la vie. Le Dieu que nous adorons, est bien nommé le Seigneur des Armées, mais il n'est pas apellé celuy des duels : c'est bien luy qui decide le sort des Batailles, & qui donne la victoire aux Rois, mais ce n'est pas luy qui preside à ces Combats desesperez, que l'injustice des hommes authorise, & que la coûtume fait passer pour legitimes. Certes c'est prouuer l'innocence d'vne étrange sorte, que de la prouuer par vne voye, où le plus fort est le plus iuste ; où le plus heureux est le plus equitable ; où il faut tuer pour empescher qu'on ne tuë ; & où la condamnation ou la grace, dépendent de l'adresse d'vn cheual, d'vne espée rompuë, ou d'vne pierre qui fera broncher non pas le plus criminel, mais le moins heureux. Non, non ; la malice des hommes est trop subtile, & leur inclination est trop maligne, pour se contenter d'vne preuue si peu conuainquante, & pour se détromper par là, d'vne fausse opinion qu'elle auroit conceuë. Si le Ciel n'auoit point touché le cœur de Dalinde de repentir ; si elle n'auoit point aduoué sa faute ; si ce mesme Ciel n'auoit point conduit Renaud dans ce Bois où les gens de Polimnesse l'alloient égorger, par l'ordre de leur barbare Maistre ;

Diſons plus, ſi ce Heros qui a combatu le perfide Duc d'Albanie, luy auoit d'abord percé le cœur; que ce meſchant fuſt mort ſans parler; & qu'il n'euſt pas confeſſé ſon crime: iamais ma reputation n'auroit eſté ſans tache; iamais ie n'aurois recouuert ce Threſor que i'auois perdu; & iamais la gloire de la malheureuſe Genievre, n'auroit eu ſon premier éclat. Toûjours quelque doute fuſt demeuré dans l'eſprit de tout le monde; toûjours la médiſance en euſt parlé en ſecret; toûjours vous meſme m'auriez cruë coupable; & toûjours mon ame auroit plus ſouffert que mon corps n'a penſé ſouffrir. Aduoüez donc, injuſte & inhumain que vous eſtes, que vous m'auez miſe en vn danger, duquel ie ne pouuois eſtre retirée que par vn miracle; que vous auez eu tort de me condamner ſans m'entendre; que vous n'auez pas eu de ma vertu, les ſentimens que vous en deuiez auoir; que ſi ie vous pardonne, ma bonté ne ſera pas moins grande que voſtre faute; & que vous ſerez non ſeulement ſans amour, mais ſans raiſon, ſi vous n'aduoüez aujourd'huy, que les aparences ſont trompeuſes.

EFFET
DE CETTE HARANGVE.

IL est si dificile de n'estimer pas ce que l'on aime, qu'vne moindre éloquence que celle de Genievre, n'auroit pas mãqué de persuader Ariodant. Il fut donc sans doute persuadé, non seulement de l'innocence de sa Mestresse, & de la fausseté des aparences, mais du tort qu'il auoit eu de les croire à son preiudice. Et cette belle & vertueuse Princesse, connoissant son amour & son repentir, se seruit de la liberté que luy en donna le Roy son Pere (qui aimoit passionnement Ariodant) à recompenser les peines qu'ils auoient souffertes l'vn & l'autre, par les felicitez de leur Mariage.

SOPRHONIE

A

OLINDE

DIX-NEVFIESME HARANGVE.

ARGVMENT.

CE seroit faire vn outrage aux honnestes gens, que de croire qu'il y en eust aucun d'eux qui n'eust pas leu la Hierusalem du Tasse: ainsi supposant que chacun a veu ce merueilleux Poëme, ie n'ay rien à dire pour l'Argument de cette Harangue, sinon qu'apres que la vaillante Clorinde eut obtenu la grace de Sophronie, & celle de son Amant, cette belle & genereuse Heroïne, parla ainsi au genereux & fidelle Olinde, pour tomber d'acord auec luy, QVE LA MORT EST PLVS FACHEVSE EN LA PERSONNE AIMEE QV'EN SOY MESME.

SOPHRONIE
Par toy mon ame est charmée,
Esprit genereux et fort,
Qui ne peux craindre la mort,
Que pour la personne aymée.
B.R

SOPHRONIE A OLINDE.

ENfin quelque seuere que soit ma vertu, il faut qu'elle cede à la vostre ; & quoy que ie n'aye iamais rien aimé, il faut que ie confesse que i'aime. Oüy, fidelle & genereux Olinde, il est iuste, puis que vous venez estre le Compagnon de mon exil, & que vous l'auez pensé estre de mon suplice, de ne vous cacher pas vne chose, qui peut vous estre agreable. I'auois tousiours pensé que cette haute vertu de laquelle ie fais profession, deuoit estre scrupuleuse ; que celles qui faisoient des conquestes volontairement, & qui auoient soin de les conseruer, estoient plus foibles que fortes, & plus ambitieuses que raisonnables; qu'on ne pouuoit souffrir d'estre aimée sans se haïr soy mesme, ny montrer sa beauté sans crime; & bref que celle de mon Sexe, de laquelle on parloit le moins, auoit sans doute la plus belle reputation. C'estoit de cette opinion fausse ou veritable, que procedoit la froideur que i'auois pour vous; c'estoit de ce raisonnement, que venoient tous mes mépris & toutes vos peines; c'estoit par ces maximes que ie pretendois triompher d'vne passion, qui triomphe de tout le monde; & c'estoit par elles que i'esperois conseruer iusques à la mort, cette liberté auec laquelle i'estois née. Mais le moyen de tenir contre vn ennemy, qui ne nous attaque que pour se rendre? mais le moyen de n'estimer pas celuy qui se veut perdre pour nous sauuer? mais le moyen de luy voir mépriser pour l'amour de nous, la flâme qui le deuoit deuorer, & de n'en sentir pas allumer vne autre dans son cœur? non, non, cela n'est pas possible: ce ne seroit plus vertu, ce seroit stupidité, ce seroit ingratitude: & quelque precieuse que soit la franchise, il la faut donner, & se donner à soy mesme, pour recompenser vne action qu'on ne sçauroit payer à moins, & qui est si grande, que ie doute si ce don mesme peut suffire à la payer. Lors que ie pris la resolution d'exposer mes iours pour le salut public; d'aduoüer vne action que ie n'auois point faite; & d'estre la victime qui deuoit apaiser la fureur d'vn Tiran : ie n'auois pour objet que de sauuer mes Citoyens; que de donner la victoire à Godefroy; & que de perdre la vie, pour la conseruer à mes amis, à mes Parens, & bref à tous les ennemis des infidelles. L'image de tant de suplices, & de tant de sang répandu, comme le cruel Aladin en vouloit faire verser, me faisoit plus d'horreur en autruy qu'en moy mesme : & ie n'eus point de peine à me resoudre de perdre la lumiere, puis qu'en la conseruant, elle m'eust fait voir vn si lamentable objet, & vn si horrible spectacle. Ie fus donc à la mort auec joye, pour empescher la mort de mes compatriotes : mais à dire les choses comme elles sont, ce ne fut point pour sauuer Olinde en particulier. Ie le confondois dans la multitude, ou pour mieux dire encor, ie ne songeois pas seulement qu'il fust en l'estre des choses. Ie ne le haïssois pas, il est vray; mais ie ne l'aimois point aussi, & ne croyois pas seulement en estre aimée. Cependant ie ne vous eus pas plustost veu fendre la presse, pour vous venir accuser, & pour vous charger de mon suplice; que non seulement ie connus vostre vertu, vostre affection, & vostre generosité; mais que i'admiré l'vne, que ie receus l'autre, & que ie voulus vous imiter en la derniere. Le dard de la Mort fit en cette occasion, ce que celuy de l'Amour n'auoit pû faire en toute ma vie: ie ne pus resister à tant de vertu: & de tant de milliers de personnes qui m'enuironnoient, & de tant de Chrestiens que ie voulois sauuer, ie ne regardé quasi plus que le seul Olinde: & ce fut lors veritablement, que ie connus que la mort est plus effroyable en la personne aimée qu'en soy mesme. Vous me communiquastes ce beau sentiment, en l'ayant pour moy; il passa de vostre cœur dans le mien; & le seul desir d'épargner vostre vie, me fit desirer auec vne nouuelle ardeur de perdre la mienne. Quoy (disois-je

en

en moy mesme) celuy que Sophronie a méprisé, veut mourir pour elle ! celuy qu'elle n'a iamais regardé, ou qu'elle a regardé auec indifference, veut perdre le iour pour la sauuer: ha non, non, (poursuiuois-je) il est bien plus iuste que Sophronie meure, pour celuy qui l'a toûjours considerée auec estime; pour celuy qui l'a aimée plus que luy mesme; & pour celuy qui trouue la mort de la personne qu'il adore, plus insuportable que la sienne. Il veut mourir (adjoustois-je) pour vne insensible, mourons donc pour vn Amant vertueux: & faisons du moins par reconnoissance, ce que le genereux Olinde fait par affection. Mais si l'austerité de ma premiere vertu, me permet de le dire encor vne fois, cette reconnoissance n'estoit guere differente, de l'amour qui vous faisoit agir. Oüy Olinde, ie vous aimé assez, pour disputer auec opiniastreté contre vous, vne victoire dont la mort estoit le prix: ie regardois le Bucher qui m'estoit preparé comme vn Char de Triomphe, si ie pouuois surmonter cette genereuse obstination, qui vous faisoit opposer à mon entreprise: & sans me souuenir que ie ne deuois auoir pour vnique objet de mon dessein, que ce grand nombre d'Innocens que i'auois voulu conseruer par ma perte, il y auoit quelques instants, où ie n'auois presques plus dans l'esprit, que la seule conseruation d'Olinde. Ces Montagnes de morts, ces Fleuues de sang, & ce nombre effroyable de suplices, dont ie m'estois imaginée que Hierusalem seroit remplie, si ie ne mourois pas; & dont la seule imagination occupoit toute mon ame, & la faisoit transir d'effroy, n'estoit plus la seule qui la tourmentoit: & malgré ma pieté, ma vertu, ma raison, & ma volonté propre, ie voyois encor le genereux Olinde, ou mourant, ou mort, pour l'insensible Sophronie. Ce pitoyable objet, ne me rendoit pourtant pas cruelle à mes Citoyens, à mes Amis, à mes Parens, ny à tous les Chrestiens ensemble: mais si ie l'ose dire, quand ie n'aurois eu en cette occasion, ny Citoyens, ny Amis, ny Parens, ny compatriotes à sauuer, ie n'aurois pas laissé de vouloir mourir, pour celuy qui vouloit mourir pour moy. En effet, il semble à bien raisonner sur les choses, que ce n'est qu'en la personne aimée, que la mort doit faire peur aux persõnes raisonnables: car si nos ennemis meurent, elle ne fait que ce que peut-estre plusieurs desireroient qu'elle fist, quoy que ce desir fust criminel. Que si au contraire elle nous enleue quelqu'vn de nos Amis, ceux qu'elle nous laisse tâchent de nous consoler, & de reparer par leurs soins, la perte que nous auons faite: si elle nous oste nos plus proches Parents, nous moderons nostre douleur, pour adoucir celle de ceux qui leur auoient donné la vie. Que si à la fin elle nous priue de ceux qui nous ont donné la lumiere, leur vieillesse nous aprend à viure & à nous consoler: car comme ils ont vescu apres la mort de leurs Peres, nous viuons apres qu'ils ont cessé d'estre, sans nous desesperer & sans les suiure dãs le Cercueil. Mais lors que cette impitoyable nous veut oster vn Amant qui veut mourir pour nous, il n'est ny raison ny sagesse, qui puisse ny qui doiue nous empescher, de donner nostre vie pour sauuer la sienne. De toutes les manieres dont on peut estre vaincu, celle là est la plus honteuse, qui fait que nous nous laissons surmonter en vertu par quelqu'vn: ne trouuez donc pas estrange, si apres la generosité que vous auez euë, de vouloir mourir pour moy, i'ay aussi voulu mourir, non seulement pour executer mon premier dessein, mais encor pour vous empescher de perir. I'ay donc disputé auec ardeur, cette funeste victoire, dont le Champ de Bataille ne deuoit pas demeurer au victorieux; afin que si ie ne pouuois vous surpasser en grandeur de courage, ie pusse au moins vous égaler en quelque sorte en vous imitant. Mais que dis-je! c'est ce que ie ne pouuois iamais faire: vous vouliez mourir pour vne insensible, & ie voulois mourir non seulement pour sauuer vn grand Peuple, mais pour sauuer celuy qui se vouloit perdre pour moy. Vous vouliez mourir pour vne personne qui méprisoit vostre affection, & ie voulois mourir pour vne personne qui méprisoit la mort pour me conseruer la vie. Aduoüons donc apres cela, que vous estes le victorieux; que ie vous dois ceder l'honneur du Triomphe; & que ie n'ay autre part à la victoire, que celle d'auoir fait tous mes efforts pour la remporter. La Bataille est perduë, ie l'aduouë; mais ie n'ay pas fuy le peril. Ie n'ay point demandé la vie; ie n'ay point ietté mes armes; l'on m'a donné l'vne, & l'on m'a arraché les autres: aussi comme i'ay esté vaincuë sans honte, ie suy mon vainqueur sans repugnance. Mais est-il possible que Sophronie ait changé de sentimens? que cette solitaire soit deuenuë sociable? que cette insensible ne le soit plus, & qu'on la puisse aimer sans luy faire vne injure? Oüy Olinde, lors que l'on a la generosité, de ne faire la premiere declaration de son amour qu'au bord du Cercueil; lors (dis-je) que l'on ne témoigne son affection, que sur le poinct que l'on se va mettre en estat de n'en pouuoir demander de recompense; & pour tout dire en peu de paroles, lors que l'on donne des marques infaillibles de son amour, en faisant voir que la mort est plus douce en soy mesme qu'en la personne aimée; ie pense qu'il est permis de receuoir cette affection fauorablement, & que la flâme qui passe d'vn cœur à l'autre en ces occasions, le purifie plustost qu'elle ne le consume. Aduoüons donc que la vertu d'Olinde a touché la nostre: mais pour demeurer neantmoins toujours, dans nos premiers sentimens, disons luy aussi, que s'il n'eust pas voulu mourir pour Sophronie, Sophronie n'auroit pas vescu pour luy. Il n'y auoit que cette action Heroïque, qui pût luy persuader, que l'on pouuoit aimer sans crime : toutes ces autres choses dont on se sert dans les amours ordinaires, ne sont que des marques de la foiblesse, & de ceux qui les font, & de celles qui s'en laissent persuader : mais quiconque est capable de vouloir mourir pour sa Mestresse, merite sans doute que sa Mestresse veuille aussi mourir pour luy. Car à dire les choses comme elles sont, quiconque veut donner sa vie, a certainement donné son cœur : & quicõque refuseroit son cœur, à celuy qui a voulu dõner sa vie, seroit sans doute plus remply d'ingratitude que de vertu. Ne rougissons donc point d'vne chose que la raison nous conseille : & persuadons à toute la Terre, que la mort est plus rude en la personne aimée qu'en soy mesme. Puis que c'est par ce beau sentiment, que vous auez touché mon esprit, il importe à ma gloire qu'il passe en celuy de tous les hommes, pour le plus iuste & le plus genereux que l'on puisse auoir. En effet, de toutes les choses qui peuuent auecques raison, faire hazarder la vie, il n'en est point de plus genereuse, ny de plus équitable que celle là : la conseruation de sa Patrie, ny le desir d'acquerir de l'honneur, ne sont point si des-interessez que l'autre : la gloire qui suit ces grandes actions, éblouït pour l'ordinaire ceux qui les font, & leur persuade que son éclat dissipera, vne partie des ombres du Tombeau : mais vn Amant qui veut mourir pour sa Mestresse, ne regarde qu'elle en ce funeste instant. Il ne peut ignorer que si quelques-vns le loüent, les autres le blâment ; & que ce n'est qu'en luy mesme, qu'il peut trouuer la recompense de ce qu'il fait ; puis que celle pour qui il meurt, ne peut plus luy donner que des soûpirs & des larmes. Les autres meurent pour viure eternellement, en la memoire de tous les hommes : mais pour luy, il meurt pour empescher sa Mestresse de perdre la vie, & pour viure seulement en son souuenir. O que cette amour est des-interessée, & que cette mort est glorieuse ! mais lors qu'il arriue que non seulement celuy qui va mourir est nostre Amant, mais qu'il va mourir pour nous sauuer, il y auroit de l'iniustice, de l'ingratitude, & de la cruauté, à ne vouloir pas mourir pour luy, & à ne trouuer pas la mort plus insuportable en sa personne qu'en soy mesme. Lors que ie me souuiens de cet instant, où vous m'inspirastes tout à la fois, des sentimens d'estime & d'admiration, en voulant vous perdre pour moy; ie suis toute étonnée, de ce qui se passa dans mon cœur. Vn moment auparauant, ie ne vous connoissois quasi pas; vn moment apres, ie vous connus assez pour vous estimer plus que tout le reste du monde. Vn moment auparauant, vous m'estiez indifferent; vn moment apres, ie vous aimois plus que moy mesme. Vn moment auparauant, ie n'aurois pas voulu viure pour vous; vn moment apres, ie voulu mourir pour vous. Enfin pour dire la verité, i'apris en vn seul instant, ce que i'auois ignoré toute ma vie. La Mort introduisit l'Amour dans mon cœur, & pour donner des marques de ce qui l'auoit fait naistre, le desir de mourir s'accreut encor dans mon esprit. Ie me preparois auparauant à mourir auec constance; mais depuis cela, ie me preparé à mourir auec joye,

joye, pourueu que ie vous conseruasse: & sans sçauoir precisément, si ce que ie sentois pour vous estoit compassion, reconnoissance, generosité, ou amour, ou toutes ces choses ensemble; ie sçay seulement, que la mort me parut plus effroyable en vostre personne qu'en la mienne; & que ie desiré auec ardeur, ce que tout le monde craind, & ce que tout le monde fuit. Mon cœur cessa sans doute d'estre à moy, & ie receus le vostre comme mien, puis que i'abandonné l'vn pour deffendre l'autre; & que ie n'eus plus de soin plus pressant, que celuy de la conseruation de vostre vie. Lors que ie regardois mon Bucher, ie n'imaginois rien de si terrible en la mort que ie voulois souffrir: mais lors que ie le regardois comme pouuant estre le vostre, ce Monstre effroyable se presentoit à moy, auec tout ce funeste equipage, qui le rend si redoutable à toute la Terre. Enfin Olinde, ie vous aimé, & ie vous aime, parce que vous m'auez aimée plus que vostre vie: & i'ay mesme cet aduantage, de croire que la nostre ne sçauroit estre malheureuse, puis que le plus grand des malheurs, a commencé nostre bonheur. Vous m'auez voulu empescher de descendre dans la Sepulture, il est croyable que vous me suiurez dans mon exil : allons donc mon cher Olinde, quitons la Iudée sans affliction : & quand mesme Godefroy seroit vaincu, ne laissons pas de nous estimer heureux, puis que nous sçauons certainement, par l'experience que nous en auons faite, que nous sommes incapables d'éprouuer la plus aigre douleur de toutes les douleurs, qui est la mort de la personne aimée. Oüy Olinde, ie crois qu'apres auoir voulu mourir l'vn pour l'autre, nous aurons ce funeste auantage, lors qu'il faudra quiter la vie, que nous la quiterons ensemble. Non, la mort qui nous a joints, ne nous des-vnira point ; le mal qui vous mettra dans le Cercueil, me mettra dans la Sepulture ; nous n'aurons qu'vne mesme vie, qu'vne mesme souffrance, & nous n'éprouuerons qu'vne seule mort ; qui sans doute ne pourra rien auoir d'effroyable, puis que nous ne la souffrirons point l'vn sans l'autre, & que nous n'aurons qu'vn mesme Tombeau.

EFFET
DE CETTE HARANGVE.

CEs deux illustres Personnes, estoient trop fortement persuadées, d'vne maxime si genereuse, pour faire qu'Olinde ne tombast pas d'acord de ce que Sophronie luy disoit : & ie suis marry que ie ne puis aussi bien vous aprendre la suite de leurs auantures, comme ie puis vous asseurer, que cet Amant n'auoit garde de contredire sa Mestresse. Mais le silence du Tasse excuse le mien; & si vostre curiosité n'est pleinement satisfaite, ne vous en prenez pas à moy, qui ne le suis non plus que vous : & qui apres auoir veu paroistre vne Heroïne auec tant d'éclat dans les premiers Liures, suis au desespoir de ne la retrouuer plus dans tous les autres. Ne condamnez pas toutefois ce Grand Homme : car sans doute il auoit des raisons ausquelles vous ne songez pas, & que ie ne sçaurois vous dire.

ARMIDE
A
RENAVD.

VINGTIESME HARANGVE.

ARMIDE

À

RENAUD

VINGTIÈME HARANGUE.

ARGVMENT.

APres que les Chreſtiens eurent vaincu les Infidelles, & pris la Ville de Hieruſalem; Armide qui s'eſtoit armée inutilement, & qui demeuroit ſans vangeance, ſe voulut tuer de ſa propre main, dans l'excez de ſon déplaiſir. Mais Renaud luy retint le bras; la conſola dans ſon affliction; & fit changer ſa douleur en ioye, par les nouuelles marques de ſon amour. Nous ſuppoſons donc qu'en ſuite de cette reconciliation, & quelques iours apres que ce grand tumulte d'vne Bataille gagnée, & d'vne Ville priſe, fut *aucunement apaisé ; cette galante & belle personne, entreprit de iustifier toutes ses actions à Renaud, & de luy persuader,* QVE TOVT EST PERMIS EN L'AMOVR COMME EN LA GVERRE.

ARMIDE
Toy qui fis verser des larmes
Aux plus genereux Amans,
Sans faire d'Enchantemens,
Tu n'auois que trop de charmes.

ARMIDE A RENAUD.

NE pensez pas, genereux Cheualier, qu'il soit impossible de iustifier Armide : si elle est coupable, c'est d'vne autre maniere qu'on ne le croit : ses artifices, ses tromperies, & ses enchantemens, ne sont pas des crimes : & si elle a failly en quelque chose, c'est de ne s'estre pas fiée à ses propres charmes, & d'auoir eu recours à des choses moins puissantes, pour executer ses desseins. Elle a fait vn outrage à sa beauté, ie l'aduoue; mais elle n'a point violé le droict des gens, ny la coustume de tous les Siecles, ny celle de toutes les Nations. Depuis qu'il y a des hommes, l'Amour & la Guerre ont esté introduits dans le monde : & depuis que la Guerre & l'Amour, ont esté l'occupation & le diuertissement des Heros, les artifices, les tromperies, les fourbes, les impostures, & tout ce qui peut faire emporter la victoire, en l'vne ou en l'autre de ces Guerres, n'a plus esté consideré comme des crimes. Tout ce qui sert à vaincre est innocent : il n'importe si on dérobe les Palmes & le Mirthe dont on se couronne, pourueu que l'on soit couronné : il n'importe si c'est à la force ou à l'adresse que l'on doit les conquestes que l'on fait, pourueu que l'on soit vainqueur : il n'importe que ce soit par la fraude ou par la sincerité, que l'on conserue ses conquestes : il n'importe que les chaines que l'on donne à ses Esclaues soient de fer ou de diamans, pourueu qu'ils ne s'échapent pas : & il n'importe enfin par quelles voyes l'on acquiert ou l'Empire, ou le cœur d'vn Amant, pourueu que l'on obtienne ce que l'on souhaite. Vous sçauez trop bien les loix de la Guerre, pour ignorer les violences qui la suiuent : mais vous ne sçauez sans doute pas qu'elle n'a point de priuilege, dont l'Amour ne iouïsse aussi bien qu'elle. L'vne & l'autre sont au dessus des Loix, de la Sagesse, & de la Raison : la force est leur droict ; le desir leur regle ; & la possession de ce qu'ils souhaitent est leur terme. Pour y arriuer tout est également permis, & également innocent : il n'importe (dis-je) si on prend vne Ville par assaut ou par intelligence ; il n'importe si on gagne vn cœur par le déguisement ou par le merite ; il n'importe si on combat ses ennemis, ou si on les suborne ; il n'importe si on enleue sa Mestresse, ou si elle suit volontairement ; enfin en ces deux sortes de Guerres, tout ce qui sert est permis, & tout ce qui nuit est criminel. Or genereux Cheualier, soit que vous me consideriez comme Guerriere, ou comme Amante, ie n'ay rien fait que de iuste, & rien qui ne me soit permis. Mais pour vous persuader toutes ces choses, repassez vn peu en vostre memoire, ce que la guerre fait faire : est il rien de plus injuste en aparence, que d'vsurper des Royaumes, & de renuerser des Thrônes ? est il rien de plus cruel, que de desoler des Prouinces toutes entieres ? est il rien de plus inhumain, que de reduire des Villes en cendre? & est il rien de plus effroyable, que de noyer des Campagnes de ſang, de faire des Montagnes de morts, & de tuer quelquesfois cent mille hommes, pour le ſeul intereſt d'vn Prince, & quelquesfois meſme pour le caprice d'vn particulier? cependant toutes ces choſes ont eſté commiſes, par tous les Conquerans anciens & modernes, & toutes ces choſes n'ont point terny leur reputation. Pourquoy donc voudroit on que l'Amour qui auſſi bien que la guerre, n'eſt autre choſe qu'vn deſir de vaincre, n'euſt pas droict de iuſtifier les actions qu'il fait faire, quoy que ſelon la raiſon commune, il ſemble qu'elles ne ſoient pas iuſtes? Ha non, non, ſon pouuoir s'étend bien plus loin que cela: & comme au iour d'vne Bataille, il eſt permis de mettre ſi l'on peut le Soleil & la pouſſiere aux yeux de ſes ennemis; de meſme lors qu'il s'agit de combatre l'opiniaſtreté d'vn Amãt, on peut ſans crime ébloüir ſa raiſon, ſeduire ſon iugement, & ſe ſeruir du menſonge, lors que la verité eſt inutile. Il arriue fort ſouuent à la guerre, que l'on dreſſe des embuſcades;

que l'on cache vne partie de ses troupes, pour attirer les ennemis au combat; que l'on fait semblant de craindre, ceux pour qui on prepare déja des fers; que l'on fuit ceux que l'on veut vaincre; & que l'on trompe enfin, ceux qui se laissent tromper. Estois-je donc criminelle, lors que par l'interest de ma Patrie, & & pour la gloire de ma beauté, i'entrepris de deserter l'armée de Godefroy? estois-je coupable d'inuenter vn mensonge qui seruoit à mon dessein, plustost que de dire vne verité qui m'eust esté nuisible? vous sçauez toutefois, illustre Cheualier, qu'en cette iournée mes victoires ne furent point sanglantes: ie n'employé que mes propres charmes, pour faire mes Esclaues de vos plus fameux Cheualiers: quelques larmes feintes, quelque tristesse en aparence, & quelque negligence vn peu affectée, furent les plus fortes armes dont ie me seruis. Ie dérobé les cœurs auec tant d'adresse, que chacun en particulier, creut plustost m'auoir donné le sien, qu'il ne me soupçonna d'vn si noble larcin. Tous mes Captifs creurent qu'ils s'enchainoient eux mesmes, & ne blâmerent point la main qui veritablement les enchainoit. Apres cela Renaud, trouuerez vous que l'Amour ne puisse pas iustifier ces innocens artifices, puis que la guerre iustifie bien les actions les plus criminelles? non, non, ne vous y trompez pas: l'vne n'a point de priuilege, dont l'autre ne doiue iouïr: & Mars tout redoutable qu'on le dépeind, n'a point plus de pouuoir que cet aimable Enfant qu'on apelle Amour. Leur Empire est également absolu, & leur tirannie également legitime. Les euenemens en toutes ces deux rencontres, iustifient les desseins les plus inconsiderez & les plus criminels: en l'vne & en l'autre, quand l'on est heureux l'on est sage & innocent: & pourueu que l'on obtienne ce que l'on souhaite, l'on ne peut manquer d'auoir part à la gloire, quoy que les moyens par lesquels on l'a obtenu ne soient pas fort iustes. Les Tirans deuiennent Rois legitimes; les Rauisseurs deuiennent les Maris de celles qu'ils ont enleuées; & il n'est rien enfin que la Guerre & l'Amour n'authorisent & ne permettent. Leurs Loix sont au dessus des autres Loix; elles font gloire de les enfraindre; & de ne faire pas marcher

leurs

leurs Subjets, dans les ſentiers du vulguaire. Ceſſez donc de croire qu'il ſoit impoſſible de iuſtifier Armide : puis que ſoit qu'on la conſidere comme Guerriere, ou comme Amante, tout ce qu'elle a fait ne peut eſtre que legitime. Vous me direz (peut-eſtre) que ie ſuis d'vn Sexe qui ne me permet pas de ioüir de ces priuileges : que la guerre ſe doit faire pour nous, & non pas par nous : & que c'eſt à nous à donner de nouueaux ſubjets à l'Amour, & non pas à nous à nous ranger ſous ſon Empire. Mais pour vous répondre en peu de paroles, & ſans aller chercher des exemples dans l'antiquité ; voyez en la perſonne de Clorinde, la iuſtification d'Armide. N'a t'elle pas ioüy durant ſa vie & apres ſa mort, de tous les priuileges de la Guerre, & ſa reputation n'eſt elle pas ſans tâche, quoy qu'elle ne ſe ſoit pas aſſujetie aux Loix de mon Sexe? ſelon la bien ſeance ordinaire, Clorinde eſtoit vne vagabonde, qui paſſoit toute ſa vie parmy des hommes & ſous les armes : la douceur qui eſt ſi naturelle à mon Sexe, s'eſtoit noyée dans le ſang qu'elle répandoit : elle alloit ſeule par les Campagnes ; elle alloit de nuict par les Forests & parmy les Troupes : cependant sa renommée est glorieuse, & son nom est immortel. On ne peut pas dire encor, que mesme dans les combats, elle n'ait point vsé de surprise, pour vaincre ceux qu'elle a attaquez : elle quita ses armes de peur d'estre connuë par les vostres, lors qu'elle fut embraser cette grande Machine que vous auiez éleuée contre Hierusalem, & il n'est point de ruse de guerre, dont elle ne se soit seruie. Cependant Clorinde est l'ornement de son Sexe, de sa Nation, & de son Siecle : pourquoy donc, genereux Cheualier, voudroit on qu'Armide fust plus criminelle pour les artifices dont elle s'est seruie, que ne l'a esté Clorinde ? celle cy n'a dû iouïr, que des priuileges que la guerre donne à ceux qui la font : mais pour moy, ie porte des écharpes de plus d'vne couleur ; ie puis me ranger sous diuerses Enseignes ; ie suis de plus d'vn Party ; & si comme Guerriere i'ay quelques droicts à la liberté dont ie parle, comme Amante ie dois iouïr d'vn double aduantage. Et puis à dire les choses comme elles sont, ie ne me suis pas seruie de mon pouuoir, auec toute la rigueur qui m'estoit permise :

pour l'interest de ma Patrie, i'ay fait quelques prisonniers, ie l'aduouë; mais pour Renaud, ie ne pense pas qu'il ait droict de se pleindre de sa captiuité, puis que pour luy faire porter des fers sans repugnance, ie m'enchainé aussi bien que luy. Le cachot où vous fustes mis ne fut pas fort obscur, puis que le Soleil n'a iamais éclairé vn plus beau lieu, que l'Isle qui fut vostre prison : la pureté de l'air, la diuersité des fleurs, le chant des oyseaux, & celle qui y commandoit, ne vous deuoient pas rendre cette captiuité fort facheuse. Lors que vous y entrastes vous estiez Esclaue, mais vous y regnastes comme Roy, & vous en sortistes commes Tiran. Ie vous y auois fait viure parmy les plaisirs, & vous m'y laissastes parmy les douleurs. Iugez apres cela si ie suis coupable pour les enchantemẽs que i'ay faits, puis qu'ils ont esté tous vtiles à ma Patrie, ou aduantageux à Renaud. Armide s'est seruie de sa beauté, de son esprit, de son adresse, & de ses charmes, (ie l'aduouë) pour surmonter tous ceux que le hazard luy a fait rencontrer : mais n'auroit elle pas esté coupable de ne le faire point ? à quoy bon auoir des armes fort tranchantes, & ne s'en seruir pas? que si ie suis coupable, ce n'est pas seulement (comme ie l'ay déja dit) pour auoir eu recours à d'autres charmes que les miens; ce n'est pas (dis-je) pour auoir enchanté les autres; mais c'est pour auoir enduré que les charmes des autres ayent esté plus forts que mes enchantemens. Oüy Renaud, à parler raisonnablement, si Armide est coupable, c'est de vous auoir aimé, & de vous aimer encor. Comme Guerriere, l'on ne doit point aimer vn ennemy: comme Amante, l'on doit haïr vn infidelle: comme Guerriere, l'on doit mal traiter vn Esclaue fugitif: comme Amante, on doit mépriser celuy qui a abandonné l'objet de son amour: & comme toutes les deux ensemble, ie puis dire que ie n'ay fait autre crime, que celuy de n'en faire pas assez. Si i'eusse bien seruy ma Patrie, i'eusse perdu Renaud, & ie ne luy aurois pas donné mon affection: si i'eusse bien écouté la vengeance que son peu d'amour inspira dans mon ame lors qu'il m'abandonna, i'aurois sans doute mieux sceu tirer de l'Arc le iour de la Bataille que ie ne fis. Oüy Renaud, ce fut plustost manque de volonté que manque d'adresse, que ie faillis à blesser l'infidelle cœur qui ne conseruoit plus mon image. Car à dire les choses comme elles sont, quiconque est conduit par l'amour & par la vengeance, ne peut gueres manquer de venir à bout de ce qu'il entreprend, si ce n'est que l'amour soit encore plus forte que l'autre. Voilà ma foiblesse Renaud, voilà mes crimes : i'ay trahy ma Patrie, & ie me suis trahie moy mesme; au lieu de vous charger de fers, ie vous ay couronné de fleurs; au lieu de vous mener en Triõphe, ie me suis attachée à vostre Char, & vous ay reconnu pour vainqueur. Vne Princesse est descenduë du Thrône, pour se faire l'Esclaue d'vn Cheualier : & ce qui est le plus extraordinaire, à vne personne ieune, & si ie l'ose dire, belle & glorieuse; elle a continué d'aimer, lors mesme qu'on ne l'aimoit plus. Ha s'il est vray qu'Armide aye fait vne semblable chose (comme on n'en sçauroit douter) qu'elle est coupable ! & qu'elle est criminelle ! mais si elle est coupable, ce n'est pas du moins à Renaud à la punir de ses erreurs, puis qu'elles luy ont esté aduantageuses, & qu'il en a esté la seule cause. Et puis, (afin de n'abandonner pas mon premier sentiment) pour iuger d'vne action, il ne faut pas simplement l'examiner en elle mesme ; il faut en connoistre la cause, auant que d'en déterminer souuerainement, puis que selon ce qu'elle est, l'action est bonne ou mauuaise. La Guerre authorise toutes les violences ; l'Amour permet toutes les tromperies. La Guerre ne respecte rien ; l'Amour ne craind que ce qui le peut détruire. La Guerre fait gloire de troubler le repos de toute la Terre ; l'Amour fait vanité de porter le desordre par tout l'Vniuers. Enfin la Guerre & l'Amour, ont chacun en particulier vn flambeau, dont il leur est permis d'embrazer toute le monde impunément quãd ils en ont enuie. Leur domination est sans bornes, comme leurs Loix sont sans regles: ils se seruent du vice ou de la vertu, selon qu'ils en ont besoin: & comme tous les objets prennent la couleur du verre à trauers lequel on les regarde, de mesme toutes les actions sont vertueuses ou criminelles, selon la cause qui les fait faire. Vn homme qui se rendroit maistre des Thresors d'autruy, & qui n'auroit que l'auarice pour ſon objet, ſeroit vn voleur qui meriteroit de perdre le iour auec infamie: mais vn Prince qui vſurperoit vn grād Empire par ambition, ſeroit vn illuſtre Conquerāt, qui ne mourroit iamais en la memoire des hommes: tant il eſt vray, que la difference des choſes, ſe fait plus par leur origine que par leur progrez. Toutes les riuieres prennent quaſi toûjours le nom de leur ſource, & non pas celuy des Pais où elles paſſent: il ne faut donc pas determiner de la vertu d'Armide, ſimplement par les choſes qu'elle a faites, mais par la noble cauſe qui les luy a fait faire. A la conſiderer de la premiere façon, c'eſt vne Enchantereſſe; c'eſt vne artificieuſe; c'eſt vne cruelle perſonne; c'eſt vne fille qui a renoncé à la modeſtie de ſon Sexe; & bref, ſi on vouloit faire ſon portraict de cette maniere, il eſt certain qu'il ne ſeroit gueres beau; mais il eſt vray auſſi, qu'il ne luy reſſembleroit pas. Que ſi au contraire, on veut la conſiderer, comme vne Princeſſe qui n'a rien fait que comme Guerriere ou comme Amante, tous ſes charmes ſeront innocens; tous ſes artifices luy ſeront glorieux; ſa cruauté ſera equitable; ſa modeſtie ſera ſans tache,

& l'on fera vne peinture d'elle, qui sans doute luy ressemblera, & qui (si ie ne me trõpe) ne sera pas vn objet fort desagreable. Les violences dont Godefroy s'est seruy, pour prendre Hierusalem, ne des-honnoreront point sa victoire: tant s'en faut, ceux que l'on surmonte sans peine, ternissent en quelque façon, la gloire de leurs vainqueurs. Vne Bataille qui n'est point sanglante, n'est presques pas honnorable: il faut pour meriter que la Renommée couronne les Guerriers, enchainer des Princes; faire vn nombre infiny d'illustres prisonniers; & pouuoir éleuer au milieu du Champ de Bataille, vn grand Trophée d'armes rompuës. Il faut (dis-je) que toute la Campagne soit couuerte de morts ou de mourans; enfin (s'il est permis de parler ainsi) plus on fait de crimes en ces occasions, plus on est glorieux. Ce que ie dis de la Guerre, ce peut dire de l'Amour: plus on est ingenieux; plus on est violent; plus on employe d'artifices; & plus on merite d'estre couronné. Ne me refusez donc pas cet honneur; illustre Cheualier, puis que ma vertu en est digne, aussi bien que ma beauté. Faites moy vne

Guirlande,

Guirlande, où les Palmes & les Roses treuuent place; puis que comme Guerriere & comme Amante, i'ay droict de pretendre d'estre couronnée de la main de Renaud; & de porter des marques de la gloire que i'ay acquise, en ces deux Guerres innocentes. En l'vne, i'ay affoibly l'Armée de Godefroy, de ses plus fameux Cheualiers; & en l'autre, ie me suis assujety le cœur le plus Heroïque, qui ait iamais esté embrazé, de ce feu qu'on apelle Amour. Prenez donc garde, genereux Cheualier, qu'en me contredisant, vous ne parliez contre vous mesme: & puis que ie voy que vous ne voulez pas nier que ie n'aye esté vostre vainqueur; imitez ces Braues, qui ne manquent iamais de loüer la valeur de ceux qu'ils ont surmontez, ou de ceux qui les ont vaincus, afin d'augmenter leur gloire, ou de diminuer leur honte. Aduoüez donc, puis que vous auez esté mon Esclaue, & puis que ie suis maintenant vostre Captiue; que ie suis innocente des crimes dont on m'accuse; que ie merite d'estre loüée, des choses que le vulgaire me peut reprocher; & que puis que tout est permis en l'Amour comme en la Guerre,

Armide n'a rien fait ny contre les Loix, ny contre la Raison, ny contre la Sageſſe : & que ſi par ſa beauté elle merite quelque part en l'eſtime de Renaud, elle peut encor par ſa vertu, meriter le titre de vertueuſe, comme de belle, & viure eternellement, en la memoire de tous les hommes.

EFFET
DE CETTE HARANGVE.

Comme le Tasse ne nous a pas dit precisément, si Renaud épousa Armide, nous ne sçaurions precisément assurer, s'il fut bien persuadé par cette Harangue. Neantmoins, puis qu'il dit à cette belle ennemie, que si elle vouloit changer de Religion, il la rendroit la premiere de l'Orient; & qu'elle luy répondit, qu'elle estoit preste de faire tout ce qu'il luy plairoit; nous deuons croire que la fin de cette Guerre, fut la fin des inquietudes d'Armide: & que Renaud eut pour elle, toute l'amour & toute la fidelité, que ie souhaite en finissant ce Volume, que puissent auoir pour les Dames qui l'auront leu, tous ceux qui leur en ont promis.

FIN.

PRIVILEGE DV ROY.

LOVIS PAR LA GRACE DE DIEV, ROY DE FRANCE ET DE NAVARRE: A nos amez & feaux Conseillers, les gens tenans nos Cours de Parlemens, Maistre des Requestes ordinaires de nostre Hostel, Baillifs, Seneschaux, Preuosts, leurs Lieutenans, & tous autres de nos Iusticiers & Officiers qu'il appartiendra, Salut. Nostre cher & bien amé *le Sieur de Scudery, Gouuerneur de Nostre-Dame de la Garde*, nous a fait remonstrer qu'il a composé vn Liure intitulé, *Les Femmes Illustres, ou les Harangues Heroïques, auec des Figures, au nombre de vingt. Sçauoir, Polixene à Pirrhe, Bradamante à Roger, Marphise à Bradamante, Laodamie à Prothesilas, Amarille à Titire, Clorinde à Tancrede, Erminie à Arsete, Helene à Paris, Hecube aux Femmes Troyennes, Angelique à Medor, Andromache à Vlisse, Briseis à Achille, Didon à Barcé, Chariclée à Theagene, Alceste à Admete, Penelope à Laerte, Enone à ses Compagnes, Genieure à Ariodant, Sophronie à Olinde, & Armide à Renaud.* Lequel Liure il desireroit faire imprimer, s'il nous plaisoit luy accorder nos

Lettres sur ce necessaires. A CES CAVSES, desirant traicter fauorablement ledit Exposant, Nous luy auons permis & permettons par ces presentes, de faire imprimer, vendre & debiter ledit Liure en tous les lieux de nostre obeïssance, par tel Imprimeur ou Libraire qu'il voudra choisir, en vn ou plusieurs volumes, en telles marges, en tels caracteres, & autant de fois que bon luy semblera, durant l'espace de six ans entiers & accomplis, à compter du iour que châque volume sera acheué d'imprimer pour la premiere fois: Et faisons tres-expresses defenses à toutes personnes de quelque qualité & condition qu'elles soiēt, de l'imprimer, faire imprimer, vendre ny distibuer en aucun lieu de nostre obeïssance durant ledit temps, auec figures, ou sans figures, ny d'en distraire aucune chose, ny d'en emprunter le titre & le frontispice sans le consentement de l'Exposant, ou de ceux qui auront droict de luy, à peine de quinze cens liures d'amende payables par chacun des contreuenans, appliquables vn tiers à Nous, vn tiers à l'Hostel Dieu de Paris, & l'autre tiers à l'Exposant, ou au Libraire qu'il aura choisi, de confiscation des exemplaires contrefaits, & de tous despens, dommages & interests; à condition qu'il sera mis deux exemplaires dudit Liure en nostre Bibliotheque publique, & vn en celle de nostre tres-cher & feal le sieur Seguier, Cheualier, Chancelier de France, auant que de l'exposer en vente, à peine de nullité des presentes. Du contenu desquelles, Nous vous mandons, que vous fassiez ioüir plainement & paisiblement l'Exposant, & ceux qui aurôt droict de luy, sans souffrir qui leur soit fait ny donné aucun empeschement. Voulons aussi qu'en mettant au commencement ou à la fin dudit Liure vn Extraict des presentes, elles soient tenuës pour deuëment signifiees, & que foy y soit adioustee, & aux coppies collationnees par l'vn de nos amez & feaux Conseillers & Secretaires, comme à l'original. Mandons au premier nostre Huissier ou Sergent sur ce requis, de faire pour l'execution des presentes tous exploicts necessaires, sans demander autre permission : CAR TEL EST NOSTRE PLAISIR; Nonobstant Clameur de Haro, Chartre Normande, & autres Lettres à ce contraires. Donné à Paris le 10. iour de Decembre, l'an de grace 1641. & de nostre regne le trente-deuxiesme. Signé, Par le Roy en son Conseil, SAVLGER, & scellé de cire iaune.

LEdit SIEVR DE SCVDERY a cedé & transporté son Priuilege, à Toussainct Quinet, & Nicolas de Sercy, Marchands Libraires, pour en ioüir paisiblement, suiuant l'accord fait entr'eux.

Les Exemplaires ont esté fournis.

Acheué d'imprimer pour la premiere fois le 10. May 1644.

Comme